民法 1
総則

岸上晴志　中山知己　清原泰司
鹿野菜穂子　草野元己

不磨書房

──── 〔執筆分担〕 ────

岸上 晴志（中京大学教授）　　　第1章，第4章
中山 知己（桐蔭横浜大学教授）　第2章，第7章
清原 泰司（桃山学院大学教授）　第3章，第8章
鹿野 菜穂子（立命館大学教授）　第5章，第6章
草野 元己（三重大学教授）　　　第9章，第10章
　　　　　　　　　　　　　　　第11章

──── 〔執筆順〕 ────

はしがき

(1) 本書の執筆方針

　本書は，主として，大学で民法総則を講義する際のテキストとして作られたものである。民法総則の講義は，多くの大学で1・2年生（1・2回生）に配置されているため，受講する学生にとっては，まだ十分に民法というものの全体像が分かっていないまま講義を受ける可能性があり，教科書を読んでみても内容を十分に把握できないという懸念がある。これは，教える側にとっても大きな問題であり，毎年テキストを選択するにあたって悩むところである。

　そこで，われわれは，次のような執筆方針に基づき，本書を出版することにした。それは，初めて民法を学ぶ学生にも分かりやすいよう基本的知識の習得を第一の目標とするとともに，第二段階として，さらに深く学ぼうとする学生にも対応でき，法学部の教科書として十分耐えうる内容とする，というものである。このような方針のもと，本書では，以下の四点の工夫を試みた。

① 初めて「民法総則」に接する読者に理解しやすく，興味を持って学習してもらうため，各セクションの冒頭（あるいは本文中）にできるだけ〔設例〕を入れ，〔設例〕に基づいて論述を進める。

② 〔設例〕に続く（ただし，〔設例〕のないセクションもある）本文の主要部分では，判例・通説から説き起こし，そのセクションで習得すべき基本的事項を分かりやすく説明する。

③ より深く勉強する読者のために，必要に応じて各セクションに ◇論点◇と ◇発展・研究◇ を設ける。◇論点◇ では，各セクションにおける「重要な論点」を少数説や自説にも触れながら検討する。問題を掘り下げて発展させる必要がある場合は，◇発展・研究◇ の項目で論述する。

④ 本文中にカコミ記事を挿入し，重要語句・重要概念・関連事項を解説する。

(2) 本書により学習する際の留意点

読者諸氏が本書を用いて学習するにあたっては，次の点に留意しながら，より効果的な学習を進めていただきたい。

① 上述のように，本書は多くのセクションで，〔設例〕に基づいた説明がなされている。そこで〔設例〕を図示するなどして，その内容をよく把握した上で，各セクションのテーマに取り組む。

② 必ずしも最初から◇論点◇や◇発展・研究◇を読む必要はない。◇論点◇や◇発展・研究◇は省いて通読し，民法総則の基本を一応理解した上で，再度，◇論点◇と◇発展・研究◇を含めて勉強するという方法もある。

(3) その他

本書には，平成12（2000）年4月1日に施行される成年後見制度に関する説明が盛り込まれている。その意味で，本書はアップ・ツー・デートな内容のものになったと思う。

最後に，本書の編集・発行にあたっては，不磨書房の稲葉文彦氏，編集工房INABAの稲葉文子氏に，企画の段階からひとかたならぬお世話になった。心からお礼を申し上げる次第である。

2000年2月

執筆者を代表して

草 野 元 己

目　次

第1章　序　論

§1　民法はどのような法律か［民法の意義］……………3
〔設例〕
  1　民法とは ……………………………………………3
  2　私法としての民法 …………………………………4
  3　一般法としての民法 ………………………………5
  4　実体法としての民法 ………………………………6
◇発展研究◇　社会法 ……………………………………6

§2　民法はどのように定められていて，どのように適用されるのか［民法の法源・解釈・効力の及ぶ範囲］……………7
〔設例〕
  1　はじめに ……………………………………………8
  2　民法の法源 …………………………………………8
  3　民法の解釈 …………………………………………10
  4　民法の効力の及ぶ範囲 ……………………………12
◇発展研究◇　慣習法と事実たる慣習 …………………13

§3　民法はどのようにできてきたのか，その基本的な考え方はどのようなものか ……………………………14
  1　はじめに ……………………………………………14
  2　民法の歴史 …………………………………………14
  3　近代市民法における基本原則とその修正 ………16
  4　民法の構造 …………………………………………18

§4　私たちの生活関係にはどのような権利があり，それをどのように使うべきか［私権とその行使］……………19
〔設例〕
  1　はじめに ……………………………………………20

2　私権の種類 …………………………………………………20
　　3　行使の方法 …………………………………………………21
　◇発展研究◇　民法1条における各項の関係 ……………………………25

第2章　人（自然人）――権利の主体（その1） ……27
§1　権利能力とは何か ……………………………………27
〔設例〕
　　1　権利能力の意味 ……………………………………………27
　　2　権利能力の始期 ……………………………………………28
　　3　権利能力の終期 ……………………………………………30
　　4　外国人の権利能力 …………………………………………31
　◇発展研究◇　人工授精と胎児の取扱い ………………………………31
§2　意思能力と行為能力 …………………………………32
〔設例〕
　　1　意思能力と行為能力の関係 ………………………………33
　　2　旧制度と成年後見制度の導入 ……………………………35
§3　未成年者 …………………………………………………37
〔設例〕
　　1　意義 …………………………………………………………37
　　2　保護者 ………………………………………………………38
　　3　例外 …………………………………………………………38
§4　成年後見制度 ……………………………………………39
　　1　後見 …………………………………………………………39
　　2　保佐 …………………………………………………………42
　　3　補助 …………………………………………………………44
　　4　任意後見 ……………………………………………………45
§5　制限能力者の相手方の保護 …………………………49
　　1　催告権 ………………………………………………………49
　　2　詐術による取消権の否定 …………………………………50
§6　住　所 ……………………………………………………50

〔設例〕
　　　1　住所 …………………………………………………………………51
　　　2　居所・仮住所 ………………………………………………………51
　◇論点◇　住所の意義 ……………………………………………………52
§7　不在者の財産の管理と失踪宣告 …………………………………………52
　〔設例〕
　　　1　意義 …………………………………………………………………52
　　　2　不在者の財産管理 …………………………………………………52
　　　3　失踪宣告 ……………………………………………………………53
　◇論点◇　相対的構成と絶対的構成 ……………………………………55

第3章　法人──権利の主体（その2） …………………………57
§1　法人とは ………………………………………………………………………57
　〔設例〕
　◇論点◇　1　法人化のメリット …………………………………………58
　　　　　　2　法人学説 ……………………………………………………59
　発展研究　1　民法上のその他の団体 ……………………………………60
　　　　　　2　法人格否認の法理 …………………………………………61
§2　法人はどのように分類されるか ……………………………………………62
　　　1　形態による分類 ……………………………………………………63
　　　2　目的による分類 ……………………………………………………63
　◇論点◇　社団法人と財団法人の相違 …………………………………64
　発展研究　1　民法法人制度の問題点 ……………………………………65
　　　　　　2　法人の分類のまとめ ………………………………………65
§3　民法法人はどのようにして設立されるか …………………………………66
　　　1　民法法人の設立 ……………………………………………………66
　　　2　民法法人の登記 ……………………………………………………68
　　　3　NPO法人の設立 …………………………………………………69
§4　民法法人にはどのような機関があるか ……………………………………71
　〔設例〕

                1　理事 ………………………………………………………71
                2　監事 ………………………………………………………72
                3　社員総会 …………………………………………………72
        ◇論点◇　理事の代表権制限・54条の「善意」とは ……………73
        ◇発展研究◇　54条の「善意」の立証責任は誰にあるか ………74
    §5　法人の能力と目的の範囲 ……………………………………74
        〔設例〕……………………………………………………………74
        ◇論点◇　目的の範囲（判例の考え方）……………………77
    §6　法人の不法行為責任とは ……………………………………80
        〔設例〕
                1　法人の不法行為責任の要件 ………………………82
                2　理事等の個人責任 …………………………………84
        ◇論点◇　法人の不法行為責任と表見代理責任との関係 ……85
        ◇発展研究◇　代表権濫用の場合の代表行為の効力 …………86
    §7　民法法人の消滅とは …………………………………………88
    §8　権利能力なき社団とは ………………………………………88
        〔設例〕
        ◇論点◇　1　権利能力なき社団の不動産登記能力 ……………90
                2　権利能力なき社団の財産の帰属関係と構成員の責任……91
                3　権利能力なき社団の代表者の責任 ………………93

第4章　物──権利の客体 ……………………………………………95
    §1　物の意義 ………………………………………………………95
    〔設例〕
                1　物とは ……………………………………………………95
                2　物の概念 …………………………………………………96
        ◇発展研究◇　1　電気は物か ……………………………………98
                2　遺体の所有権は誰に帰属するのか ………99
                3　集合物概念の必要性 ………………………99
    §2　不動産と動産 …………………………………………………100

〔設例〕
　　　1　不動産と動産に区別する意味 …………………………100
　　　2　不動産 …………………………………………………101
　　　3　動産 ……………………………………………………102
　◇発展研究◇　1　海面下の土地所有権 …………………………103
　　　　　　　　2　貨幣における特殊性 …………………………103
§3　主物と従物 ………………………………………………………103
　〔設例〕
　　　1　従物とは ………………………………………………104
　　　2　従物の要件 ……………………………………………104
　　　3　従物の効果 ……………………………………………105
　　　4　従たる権利 ……………………………………………105
　◇発展研究◇　従物と付加物 ……………………………………105
§4　元物と果実 ………………………………………………………106
　〔設例〕
　　　1　果実とは ………………………………………………106
　　　2　天然果実 ………………………………………………107
　　　3　法定果実 ………………………………………………107
　◇発展研究◇　使用利益と法定果実 ……………………………107

第5章　法律行為 ……………………………………………………109
§1　法律行為とは何か ………………………………………………109
　　　1　法律行為とは …………………………………………109
　　　2　法律要件の一つとしての法律行為 …………………109
　◇発展研究◇　1　準法律行為 …………………………………110
　　　　　　　　2　意思によらない契約関係の成立は可能か ……111
§2　法律行為の分類 …………………………………………………111
　　　1　意思表示の結合の仕方による分類 …………………111
　　　2　一定の方式を要するか否かによる分類 ……………112
　　　3　法律効果が生ずる生活関係による分類 ……………113

§3 法律行為自由の原則とその修正 ………………………………… 113
　1 法律行為自由の原則とは …………………………………… 113
　2 私的自治の原則とは ………………………………………… 114
　3 法律行為自由の原則の修正 ………………………………… 114
§4 法律行為の解釈 ………………………………………………… 115
〔設例〕
　1 法律行為の解釈とは ………………………………………… 115
　2 狭義における法律行為の解釈（表示行為の意味の確定） …… 116
◇発展研究◇ 補充的解釈と修正的解釈 ……………………………… 117
§5 内容の社会的相当性：公序良俗違反［90条］ ……………… 119
〔設例〕
　1 公序良俗の意義 ……………………………………………… 119
　2 公序良俗違反行為の分類 …………………………………… 120
　3 公序良俗違反の効果 ………………………………………… 123
§6 内容の適法性：強行法規違反 ………………………………… 124
〔設例〕
　1 任意規定と強行規定 ………………………………………… 124
　2 任意規定と強行規定の区別 ………………………………… 125
　3 取締規定 ……………………………………………………… 125
◇発展研究◇ 脱法行為とその効力 …………………………………… 126

第6章 意思表示 ……………………………………………………… 128
§1 意思表示とは何か ……………………………………………… 128
　1 意思表示とは ………………………………………………… 128
　2 意思表示における意思と表示 ……………………………… 128
　3 意思の欠缺と瑕疵ある意思表示 …………………………… 129
　4 意思欠缺と意思表示の解釈 ………………………………… 129
　5 意思主義と表示主義 ………………………………………… 130
§2 心裡留保 ………………………………………………………… 130
〔設例〕

	1	心裡留保とは何か ································131

   1 心裡留保とは何か ································131
   2 心裡留保による意思表示の効力 ················131
   3 93条の適用範囲 ································131
 ◇論点◇ 1 心裡留保と第三者 ································132
    2 心裡留保における無効の主張権者 ············132
 ◇発展研究◇ 93条但書の類推適用 ································133

§3 虚偽表示 ································134
 〔設例〕
   1 虚偽表示とは何か ································134
   2 94条の適用範囲 ································135
   3 虚偽表示の効力〈1〉：当事者間（94条1項）················135
   4 虚偽表示の効力〈2〉：第三者に対する関係（94条2項）······135
 ◇論点◇ 94条2項の類推適用 ································137
 ◇発展研究◇ 転得者の法的地位 ································139

§4 錯　誤 ································140
 〔設例〕
   1 錯誤による意思表示とは ························140
   2 錯誤無効の要件 ································141
   3 錯誤の類型 ································141
   4 錯誤の効果 ································144
   5 95条の適用範囲 ································146
 ◇論点◇ 1 「動機の錯誤」の取扱い ························146
    2 錯誤と詐欺の二重効 ································149
 ◇発展研究◇ 1 瑕疵担保責任と錯誤 ································150
    2 和解と錯誤 ································151
    3 錯誤と詐欺の接近 ································152

§5 詐欺による意思表示 ································152
 〔設例〕
   1 詐欺による意思表示とは ························153
   2 詐欺の要件 ································153

　　　　3　詐欺の効果 …………………………………………………………154
　◇発展研究◇　取消後の第三者との関係 ……………………………………156
　§6　強迫による意思表示 ………………………………………………157
　〔設例〕
　　　　1　強迫による意思表示とは ……………………………………157
　　　　2　強迫の要件 ……………………………………………………158
　　　　3　強迫の効果 ……………………………………………………159
　§7　意思表示の効力はいつ発生するのか …………………………160
　〔設例〕
　　　　1　意思表示の効力発生時期の持つ意味………………………160
　　　　2　原則としての到達主義（97条1項） ………………………161
　　　　3　到達とは ………………………………………………………161
　　　　4　表意者の死亡と能力喪失 ……………………………………162
　◇発展研究◇　例外としての発信主義 ………………………………………164

第7章　代　理 ………………………………………………………………166
　§1　代理とはどのような制度か ………………………………………166
　　　　1　代理の意義 ……………………………………………………166
　　　　2　代理の基本的構造――三面関係 ……………………………167
　　　　3　代理の種類 ……………………………………………………169
　　　　4　類似の制度 ……………………………………………………170
　§2　代理権 …………………………………………………………………171
　　　　1　代理権の発生原因 ……………………………………………171
　　　　2　代理権の範囲 …………………………………………………172
　　　　3　代理権の消滅 …………………………………………………175
　　　　4　復代理 …………………………………………………………175
　◇論点◇　1　授権行為の性質 ……………………………………………177
　　　　　　2　代理人の権限濫用 …………………………………………177
　§3　代理行為 ………………………………………………………………178
　〔設例〕

　　　　1　顕名主義 ……………………………………………………………178
　　　　2　代理人の能力 ……………………………………………………180
　　　　3　代理行為の効果 …………………………………………………180
　§4　無権代理 …………………………………………………………………181
　　〔設例〕
　　　　1　無権代理とは何か——無権代理行為の法律状態 …………181
　　　　2　本人の権利——追認権・追認拒絶権 ………………………182
　　　　3　相手方の権利——催告権・取消権 …………………………183
　　　　4　無権代理人の責任 ………………………………………………184
　　　　5　単独行為の無権代理 ……………………………………………184
　　◇論点◇　1　責任追及の相手 ……………………………………………185
　　　　　　　2　116条但書の意味 ……………………………………………185
　　　　　　　3　無権代理人による本人の相続 ……………………………186
　　◇発展研究◇　1　共同相続人の一人が無権代理人である場合 …………187
　　　　　　　2　本人が無権代理人を相続する場合 ………………………188
　　　　　　　3　類似の事例 ……………………………………………………188
　§5　表見代理 …………………………………………………………………189
　　〔設例〕
　　　　1　表見代理とは何か ………………………………………………189
　　　　2　代理権授与表示による表見代理（109条）……………………190
　　　　3　代理権踰越による表見代理（110条）…………………………192
　　　　4　代理権消滅による表見代理 ……………………………………195
　　　　5　表見代理の効果 …………………………………………………195
　　◇論点◇　法定代理への適用の可否 ………………………………………196
　　◇発展研究◇　正当理由における付随義務論 ……………………………196

第8章　無効と取消 ……………………………………………………………198
　§1　無効と取消の相違とは …………………………………………………198
　§2　無効とは …………………………………………………………………199
　　〔設例〕

                1　無効の効果 …………………………………………200
                2　無効行為の転換 ……………………………………201
        ◇論点◇　無効行為の追認 ………………………………………201
    §3　取消とは ……………………………………………………………202
        〔設例〕
                1　取消権者 ……………………………………………203
                2　取消の効果 …………………………………………203
                3　取り消しうる行為の追認 …………………………205
                4　法定追認 ……………………………………………206
                5　取消権の消滅 ………………………………………206
        ◇論点◇　制限能力者の「現受利益」とは ……………………207

第9章　条件と期限 …………………………………………………………209
    §1　条件とは何か ………………………………………………………209
        〔設例〕
                1　条件とは ……………………………………………209
                2　条件（条件事実）となりうる事実 ………………211
                3　条件を付けることのできない法律行為（条件に親しまない
                    行為）………………………………………………212
                4　条件の成就 …………………………………………213
                5　特殊な条件をともなう場合 ………………………214
                6　期待権（条件付き権利）の保護 …………………215
        ◇発展研究◇　条件不成就の擬制 ………………………………217
    §2　期限とは何か ………………………………………………………217
        〔設例〕
                1　期限とは ……………………………………………217
                2　期限を付けることのできない法律行為（期限に親しまない
                    行為）………………………………………………218
                3　期限の到来 …………………………………………219
                4　期限付き権利（期限到来前の法律行為の効力）……219

		5	期限の利益	220
◇発展研究◇		1	出世払債務	222
		2	期限の利益喪失約款	222

第10章 期　間 ·· 224

§1　期間とは何か ·· 224
§2　期間はどのように計算するのか ······································ 224

〔設例〕
1　時・分・秒を単位とする期間の計算方法 ······················ 225
2　日・週・月・年を単位とする期間の計算方法 ················· 225
3　前に遡って計算する期間 ·· 226
4　起算日に関する特則 ··· 226

◇発展研究◇　商法520条および信義則 ································· 227

第11章 時　効 ·· 228

§1　時効とはどのような制度か ·· 228

〔設例〕
1　時効の意義 ··· 228
2　時効という制度はなぜ存在するのか（時効の存在理由） ········ 229

◇論点◇　1　通説に対する批判 ·· 230
　　　　　2　時効の存在理由に関するさまざまな考え方 ········· 231

◇発展研究◇　沿革からの探究 ··· 232

§2　時効の法律構成 ·· 232

1　なぜ問題となるのか ··· 232
2　学説 ·· 233

◇論点◇　「立証困難の救済」という存在理由と権利得喪構成 ········ 234

§3　所有権の取得時効（その1）［時効完成の要件］ ····················· 234

〔設例1〕
1　占有 ·· 235
2　10年または20年占有が継続すること（時効期間） ··············· 236

3　取得時効の目的物 ……………………………………………239
　◇論点◇　1　所有の意思の推定をくつがえすには ………………240
　　　　　　2　相続と取得時効 ……………………………………240
　〔設例2〕
§4　所有権の取得時効（その2）［時効完成の効果］ ……………242
　　　1　所有権の取得 ……………………………………………242
　　　2　遡及効 ……………………………………………………242
　　　3　時効取得の対抗 …………………………………………243
　◇論点◇　遡及効はなぜ認められるか ………………………………243
§5　自己の物の時効取得 ………………………………………………243
　〔設例〕
　◇発展研究◇「自己の物の時効取得」を認める必要はあるか ……244
§6　所有権以外の財産権の取得時効 …………………………………245
　　　1　時効完成の要件 …………………………………………245
　　　2　時効完成の効果 …………………………………………246
§7　債権の消滅時効（その1）［時効完成の要件］ …………………246
　〔設例〕
　　　1　はじめに …………………………………………………247
　　　2　時効はいつから進行を開始するのか（消滅時効の起算点）…248
　　　3　時効期間 …………………………………………………249
　◇論点◇　1　消滅時効の存在理由 …………………………………252
　　　　　　2　消滅時効の起算点 …………………………………252
　　　　　　3　期限の利益喪失約款の付いた債権の消滅時効 ……253
§8　債権の消滅時効（その2）［時効完成の効果］ …………………254
　　　1　債権の消滅 ………………………………………………254
　　　2　遡及効 ……………………………………………………254
　◇論点◇　遡及効の例外 ………………………………………………254
§9　債権以外にどのような権利が消滅時効にかかるか ……………255
　　　1　所有権 ……………………………………………………255
　　　2　所有権以外の物権 ………………………………………255

3　物権的請求権 …………………………………………………256
　　　4　形成権 ……………………………………………………………256
　◇論点◇　抗弁権の永久性 ………………………………………………256
　　〔設例〕

§10　時効の中断 ……………………………………………………………258
　　〔設例1〕
　　　1　時効の中断とは何か ……………………………………………258
　　　2　なぜ時効の中断が認められるのか（時効中断の根拠）…………258
　　　3　どのような場合に時効は中断するか …………………………259
　　〔設例2〕
　　　4　だれに中断の効力が及ぶか ……………………………………264
　　　5　中断後の時効の進行 ……………………………………………265
　◇論点◇　1　一部請求と中断の範囲 …………………………………266
　　　　　　2　裁判上の催告 ……………………………………………266

§11　時効の停止とはどのような制度か …………………………………267
　　　1　停止とは …………………………………………………………267
　　　2　どのような事情が生じたときに停止するのか（停止事由）……267

§12　時効の援用とは何か …………………………………………………268
　　〔設例〕
　　　1　援用の性質 ………………………………………………………268
　　　2　だれが援用できるのか（時効の援用権者）……………………270
　　　3　どこで援用するのか（援用の場所）……………………………271
　　　4　いつまでに援用するのか（援用の時期）………………………271
　　　5　援用の撤回 ………………………………………………………271
　　　6　援用の相対効 ……………………………………………………272
　◇論点◇　援用の実質的根拠 ……………………………………………272

§13　時効利益の放棄と時効完成後の債務の承認 ………………………273
　　〔設例〕
　　　1　時効完成前の放棄 ………………………………………………273
　　　2　時効完成後の放棄 ………………………………………………273

        3 時効完成後の債務の承認 ……………………………………274
        4 時効利益の放棄および援用権喪失の効果 ……………275
    ◇発展研究◇ 時効完成後の承認による援用権喪失の根拠 ……………275
  §14 時効類似の制度にはどのようなものがあるか ……………276
    〔設例〕
        1 除斥期間 ……………………………………………………276
        2 権利失効の原則 ……………………………………………278

事項索引
判例索引

xix

文献略語
【体系書】

幾代	幾代通『民法総則〔第2版〕』（現代法律学全集5）（青林書院, 1984）
内田	内田貴『民法1〔第2版〕総則・物権総論』（東京大学出版会, 1999）
於保	於保不二雄『民法総則講義（復刻版）』（新青出版, 1996）
川島	川島武宜『民法総則』（法律学全集17）（有斐閣, 1965）
北川	北川善太郎『民法総則』（民法講要Ⅰ）（有斐閣, 1993）
四宮＝能見	四宮和夫＝能見善久『民法総則第5版』（法律学講座双書）（弘文堂, 1999）
舟橋	舟橋諄一『民法総則』（法律学講座双書）（弘文堂, 1954）
星野	星野英一『民法概論Ⅰ（序論・総則）』（良書普及会, 1971）
松坂	松坂佐一『民法提要総則〔第3版・増訂〕』（有斐閣, 1982）
柚木(下)	柚木馨『判例民法総論下巻』（有斐閣, 1952）
我妻	我妻栄『新訂民法総則』（民法講義Ⅰ）（岩波書店, 1965）

【注釈書】

新注民(1)	谷口知平＝石田喜久夫編『新版注釈民法(1)総則1』（有斐閣, 1988）
新注民(2)	林良平＝前田達明編『新版注釈民法(2)総則2』（有斐閣, 1991）
注民(3)	川島武宜編『注釈民法(3)総則3』（有斐閣, 1973）
注民(4)	於保不二雄編『注釈民法(4)総則4』（有斐閣, 1967）
注民(5)	川島武宜編『注釈民法(5)総則5』（有斐閣, 1967）

判例集等略語

大(連)判	大審院(連合部)判決(決定)
最(大)判	最高裁判所(大法廷)判決(決定)
高判	高等裁判所判決(決定)
地判	地方裁判所判決(決定)
民(刑)録	大審院民(刑)事判決録
民(刑)集	大審院民(刑)事判例集
	最高裁判所民(刑)事判例集
高民集	高等裁判所民(刑)事判例集
下民集	下級裁判所民(刑)事判例集
判時	判例時報
判タ	判例タイムズ
金法	金融法務事情
新聞	法律新聞
判決全集	大審院判決全集
評論	法律評論

ファンダメンタル 法学講座

民 法 1
総 則

第1章 序　論

§1　民法とはどのような法律か［民法の意義］

〔設例〕　AはBに刃物で全治1週間のけがを負わせてしまった。AとBにはどのような法律が関係してくるか。

1　民法とは

　〔設例〕のような事件が起こった場合，まず誰もが思い浮かべるのは，Aの罪状についてであろう。免責事由（たとえば正当防衛）などない限り，Aは傷害罪（刑204条）に該当する。裁判所で刑の宣告を受け（10年以下の懲役もしくは30万円以下の罰金），刑事上の罰を受けなければならない。
　一方，被害者Bは，けがの治療に病院に行き，病院に治療費を支払わなければならない。また，けがのために仕事を休まなければならなかったとすると，そのことに対する補償も必要となる。したがって，Bにはその治療費と賃金相当分の損害が生じるので，それをAに請求することになる（709条）。
　このように，AがBに対して行った行為は，少なくとも二つの法律に関係してくる。それは，法律が何を目的として作られているかによって，適用される領域や対象が異なるからである。すなわち，他人にけがを負わせる行為は，社会秩序の上で許されないことであり，社会からの制裁が科せられる。一方，被害者に対しては，個人間で財産上もしくは精神上の損害を与えたのであるから，その賠償も当然負担しなければならない。民法とは，後者の個人（私人）間の法律関係を規律しているものである。

2 私法としての民法

(1) 私法と公法の区別

先に述べた刑事上や裁判上の問題，また選挙や納税などの国家社会維持の目的で制定されているものを公法という。それは，国民としての生活関係，すなわち国家が個人（私人）を規律しているものであり，命令服従という指導原理が存在する。

これに対して，商売上の取引や不動産の貸借などで生じるような私人間の紛争を調整する目的で制定されているものを私法という。それは，市民としての生活関係を規律するものであり，そこには個人の自由平等という指導原理が存在する。そして民法は，私法のもっとも根源をなすもの（私法の基本法）といわれている。

いわゆる六法（この場合は，法律のうちもっとも基本となる六つの法律の意味。「六法全書」というときの六法は法律全体をさす）とは，憲法，刑法，刑事訴訟法，民事訴訟法，民法，商法をいうが，このうち前四者が公法であり，後二者が私法である（民事訴訟法は，一見私法のようにみえるかもしれないが，公的機関である裁判所における法であるから公法に分類される）。

(2) 私法と公法の融合

法の歴史という観点からすると，公法・私法という分類がなされるようになったのは，近代市民国家の成立以後のことである。それは，個人の自由平等を尊重し，国家の統治と個人の生活を明確に分離するためにとられたものといえる。しかしながら，その後の資本主義の発達は，経済的強者による独占等を生むことになり，個人間の実質的な自由平等を保てなくなってしまった。すなわち，公法と完全に分離したかたちでの私法というレベルでは解決がつかなくなり，形式的な平等や自由競争による私的自由への弊害に対して国家が介入していく必要性が生じてきたのである。ここにおいて，もはや，公法・私法間の明確な線引きは不可能となっただけでなく，それ自体無意味なものとなってきた。

現行日本民法においてさえ，罰則規定（84条，84条ノ2）や強制履行に関する公法的性質をもつ規定（414条）が存在するが，労働法や経済法などの分野（後述◇発展・研究◇「社会法」参照）の出現は，まさに公法と私法の融合した

形態を有する法（公私混合法）の必要性から発したものといえよう。

3　一般法としての民法
(1)　一般法と特別法
　通常，「民法」という場合は，民法典をさす（形式的意味の民法）。しかし，民法が私人間の紛争を調整するものと定義される場合は，それらに関連する民法典以外の法も含めて民法と呼ぶ（実質的意味の民法）。この場合，民法典を一般法と呼び，その他の法を特別法と呼ぶ。そして両者が同じ場面を想定していながら異なる効果を規定をしている場合は，「特別法は一般法に優先する」という原則が成立する。すなわち特別法のみが適用されるのである。この原則は，特別法が一定の事態に何らかの意義を認めて，一般法を修正していると考えるからである。

(2)　民法の特別法
　民法周辺の特別法には，大きく分けて二つの種類のものがある。一つは，民法を補充するもので，民法自体もその存在を予定しており（民法施行法，不動産登記法（→民法177条），戸籍法（→民法739条など）），そういった意味で，民法の付属法とも呼ばれる。もう一つは，民法を修正するもので（たとえば借地借家法と民法の賃貸借の関係，失火責任ニ関スル法律と民法の不法行為の関係など），その際，特別法に抵触する民法の規定は適用されないことは前述したとおりである。
　商法もまた民法の特別法とされるが，それは商法が，一般人とは異なる商人間での商取引という特殊な事項に関して適用されるもの，すなわち，本来民法の取り扱うべき範囲内のことであっても商事という一部特殊な領域に属する部分で行われていることから，そのようにいえるのであり，商法には新たに加わった理念（営利性・円滑性・迅速性など）が存在する。たしかに，民法は商法の基礎となるべき法ではあるが，もはや，現代では，多少の交錯はあるものの「市民の法としての民法」と「企業の法としての商法」という区分が確立されているといってもよいであろう。もっとも，諸外国の立法例においては，両者を区別せず民商統一法典を持つ国も少なくない（イギリス，アメリカ，スイス，イタリア等）。

労働法や経済法も，前者は雇用関係，後者は私法上の取引関係を基礎としている点で，民法の特別法といえなくもない。しかし，いずれも公法的色彩が強く，もはや民法とは別個の指導原理を持つものとして類別されている（後述◇**発展・研究**◇「社会法」参照）。

4 実体法としての民法

民法は，個人の権利・義務およびその内容を規定している実体的な法である。したがって，個人の権利を実現させるためには，個人自らが行うのではなく（自力救済の禁止），公権力によってなされなければならない。その手続を規定しているのが，民事訴訟法などの手続法である（民事執行法，人事訴訟法，家事調停法など）。結局，実体法としての民法は，権利実現のための紛争解決の手段として，公権力を行使してもらうためには，手続法の助けを借りなければならないことになる。

◇ 発展・研究 ◇

社 会 法

社会法とは必ずしも確定した概念ではないが，ここでは，私法の指導原理から発したものの，社会の変化（主に自由主義的資本主義社会の発達による経済的強者・弱者の出現）に伴い，実質的な部分でその指導原理が維持できなくなったため，それを公権力によって社会政策的に修正すべく制定された法の分野をいうことにする。平等な市民を前提とした「市民法」に対置した概念として存在する。たとえば，利率の上限などを制限する利息制限法や賃借人の立場を保護する借地借家法などもこの社会法に属するが，ここでは先に触れておいた労働法，経済法についてみてみることにする。

(1) 労 働 法

労働三法（労働基準法，労働組合法，労働関係調整法）とその付属法の総称であるが，そのもっとも底流にある法的関係は，民法上の雇傭契約である。民法における使用者と労務者の関係は平等であるため，対等な地位に立つ。しかし，使用者と労働者の関係は，現実において社会的にも経済的にも対等の関係とは言い難い。したがって合理的な労働条件を維持するために，資本家の搾取

に対抗する労働者の団体行動を認め，かつ労働者保護の種々の法規制を設けているのである。それ故，労働法の出発点は私法的ベースをもつため民法の特別法という性格を有するといっても，もはや独立した領域を確立していると見るべきであろう。

(2) 経 済 法

資本主義経済から生じる歪みを是正するために，公権力の介入を認める法の総称をいうのであり，どこまでを経済法に含めるかは，必ずしも明確とはいえないが，独占禁止法や経済統制に関する法などがその代表的なものである。本来，経済活動は，民法の指導原理に基づいて，個人の自由に委ねられるべきものである（私的自治の原則）。しかし，大企業による私的独占を許すと消費者たる一個人はあまりにも無力であり，意思を決定すべき選択の自由さえ失ってしまう。そのために公的介入を認めるものであるが，商法の特別法となりうるものはあっても，民法の特別法というには，おのおのの指導原理が余りに離れすぎているといってよいであろう。もっとも，近時立法化が進んでいる消費者保護に関する諸法も経済法に含まれるのであれば，その領域は民法に近い。

§2 民法はどのように定められていて，どのように適用されるのか
[民法の法源・解釈・効力の及ぶ範囲]

〔設例〕 一休さんは，川岸に立って考え込んでしまいました。その川には見渡したところ一本の橋しか架かっていません。一休さんは向こう岸に渡りたいのですが，その橋のたもとには「このはしとおるべからず」と書いた立て札があったのです。しかし，一休さんは，おもむろにその橋の真ん中を通って向こう岸に渡っていきました。
　この一休さんのとった行動を正当づけるように説明せよ。

1 はじめに

　私人間の紛争解決の指針となるものが，民法であるということがこれまでのところで理解してもらえたと思う。それでは具体的に，何によって（法源），どのような解決策（法の解釈）が導かれるのか，そしてどのような範囲までその効力が及ぶのか，ここで見ていくこととしたい。

　ところで，有名なとんち話である〔設例〕をここでの問題と関連付けるのは幾分無理があるが，あえてこじつけて考えてみよう。立て札に書いてあることが法律の条文（法規定）と考えると，人はその内容に従った行動をとらなければならない（行為規範）。そのような行動をとらないことによって問題が生じた場合，その法規定が裁判の基準となる（裁判規範）。もし立て札（法規定）がない場合，刑事上は何のおとがめもないが（罪刑法定主義），民事上は慣習に従うことになる。慣習もない場合は，以下に述べるように判例や条理が裁判の基準となる。

　次に，法規定が「このはしとおるべからず」と書いてあったとしても，それをどのように解釈するかの問題が生じる。その文章から読みとれる意味を忠実にかつ常識的に解釈すべきである（文理解釈）とすると，この「はし」とは橋のことであり，端ではない（もっとも「はしをわたる」ではなく「はしをとおる」と書いてあることは解釈の余地を残す）。しかし，橋をよく見ると端の方が腐っているようだ。そうだとすると端を通ると危険だという意味であると解せないこともない（目的論的解釈）。そこで端を通ってはいけないのであれば，真ん中は通ってもよいと解釈できる（反対解釈）ことになる。

2　民法の法源

(1) 民法典

　日本には法典化した民法がある。したがって，裁判規範となるべき法源は，まず，民法（その他特別法も）として成文化された法典（制定法）によることになる（成文法主義）。諸外国の民法を見てみると，フランス・ドイツなどいわゆる大陸法文化圏においては，制定法をもち（日本はそれらの国の法を継受したのであるが），イギリス・アメリカなどの英米法文化圏においては，法典を持たないものが多い（アメリカでも州によって異なる）。後者の不文法主義

の国では，主に過去の判例（判例法）が先例拘束性を持ち，第1番目の裁判規範となる。

(2) 慣習法

慣習もまた法源となりうる（法例2条）。本来，近代国家において，法を成文化したことは，国家の中央集権的要請から出たものであり，したがって地方の慣習は排斥されなければならず，刑法では慣習刑法が否定されている。しかし，民法は，私人間の利益調整のために存在するものであるから，法律の規定が存在しない場合は，慣習が法源となりうる。

法例2条によれば，公序良俗に反しない限り，法令の規定によって定められている慣習（入会権〔263条，264条〕，相隣関係〔217条，219条，228条，236条〕）や法令の規定のない事項に関する慣習（水利権，温泉権。ただし，これらの物権法定主義〔175条〕との関連については物権法参照）に法源性を認めている。

ところで，ある慣習が法源として認められるのは，結局は裁判上の問題だとすると，その集積は同時に，次に述べる判例法と密接な関係にあるということになる。

(3) 判例法

不文法主義の国では，過去の判例が最も重要な裁判規範となるため，同じ内容の事件には，先の事件で判断された裁判所の結論が尊重される（先例拘束性）。成文法主義の国においても，法的安定性を保つために，先例には，ある程度拘束されなければならないことになる。わが国において，同一事件では上級審の判断は下級審を拘束し（裁判所法4条），最高裁判所は，過去に出した最高裁の判断を変更する場合は，大法廷を開かなければならない（同法10条3号）という範囲でしか拘束力はないが，少なくとも実際には最高裁の判断は下級審に多大な影響を及ぼしている。

制定法の条項は，その表記が一般的・抽象的になっているため，ある事件について，個別具体的解決を導くためには，過去の同様な事件についての判決が参考になる。とくに，権利の濫用（1条3項）や公序良俗（90条）などのように具体的要件を欠く条項について，また民法上の条項を欠く事例について，過去の判例の集積された結論は，判例法として法源性があるといってよいであろう（たとえば，譲渡担保など）。

(4) 条　理

　条理とは，物事の道理である。したがって，この条理によって，法律も制定されていることになる。それでも，制定法に裁判の基準となる条項がなかった場合，「裁判官は自分が立法者ならば法規として制定したであろうところに従って裁判すべきである」（スイス民法1条）。これが条理の法源として意味するところである。すなわち，条理とはきわめて曖昧な概念であるが，法の底流にある確固としたものともいえる。もっとも，厳密にいえば，条理というとらえどころのないものに法規性（法的効力）はないので，法源ということはできないが，単に裁判をする基準という意味で法源をとらえれば法源と言い得ないこともない。

　条理は，かつて「民事裁判ニ成文ノ法律ナキモノハ慣習ニ依リ慣習ナキモノハ条理ヲ推敲シテ裁判スヘシ」（明治8年太政官布告第103号裁判事務心得第3条）とされていたが，条理により判決が出されれば，その集積が判例法となるし，戦後修正された民法1条により，一般条項として条理の意図するところはほぼ取り込まれているといえるので，条理の法源性を論ずる意味はなくなった。

3　民法の解釈

(1) 解釈方法の種類

　すでに見てきたように，裁判によって解決される民事上の紛争は，民法の規定その他を基準として判断される。すなわち，民法を当該事件に適用するのである。法律（民法）を適用するには，一般的・抽象的に書かれている法条文を，個別的・具体的な事例に当てはめていくという作業が必要となる。それが法律（民法）の解釈である。その解釈の方法としては，次のようなものがある。

　(a) 文理解釈　　法文の文言に忠実に解釈すべきである。この文理解釈は，もっとも基本とすべき解釈方法であるが，法特有のテクニカルターム（術語）の意味に注意しなければならないとともに，一般条項（信義則や公序良俗など）という抽象的な規定においては余り役には立たない。また過度に形式的なものとなり，妥当ではない結論を導き出すことがあることにも注意が必要である。

　(b) 論理解釈（体系的解釈）　　民法の体系に沿って論理的に解釈すべきで

ある。民法は一つの論理的体系から成り立っていることにより，その中の条文解釈も体系に従った論理に導かれなくてはならない。すなわち，個別条文において，足りないところや不明確な点はこの論理的解釈によって補わなければならない。

(c) 目的解釈（目的論的解釈）　法が目指す趣旨・目的に添って解釈すべきである。文理解釈や論理解釈では妥当な結論が導き出せないような場合，この法の趣旨・目的を鑑み，それを目指した解釈が有用となる。しかし，この法の趣旨・目的をどのように解すべきであろうか。まず考えられるのが，立法者はどのような意図の下にその条文を起草したかという観点から，それを導き出すことができる（立法者意思）。逆に，立法者がどのように意図したかは関係なく，もはや立法当時の社会状況や法が当初予定していた価値・利益と，法の適用時のそれとは当然違ってきているはずである。したがって，現在，客観的に法がどのような意味を持っているかによって法の趣旨・目的を判断して解釈すべきであるという考え方もできる（法律意思）。

いずれにしても，法条文から妥当な結論を引き出す解釈は，現在の社会分析と各種の利益衡量の上で，解釈者の自由な価値判断もしくは法の価値観に拘束された解釈者の創造でなされるものである。

(2) 解釈技術の種類

法文の文言に忠実に解釈すべきことは，解釈の指針でもあるが，また技術的側面としても必要なことである。しかしながら，文言に忠実でありすぎて本質をはずれることも多々生ずるので，その際は，論理的に，また目的論的に以下のような解釈技術を駆使しなければならない。

(a) 拡張解釈　法文の本来予定していたもの以上に拡張した範囲にまで適用を広げた解釈をいう。たとえば，717条の「工作物」を鉄道の踏切に当てはめた例がこれにあたる（最判昭和46・4・23民集25巻3号351頁）。

(b) 縮小解釈　法文の文言よりも，その意味を縮小・制限的に解釈する方法で，たとえば，177条の「第三者」を登記の欠缺を争うについて「正当ナ利益ヲ有スル者」とした例がこれにあたる（大判明治41・12・15民録14輯1276頁）。

(c) 反対解釈　法文の規定は，そこに書いてあることのみに適用になり，それ以外のことについては及ばないとする解釈である。たとえば，「時効ノ利

益ハ予メ之ヲ抛棄スルコトヲ得ス」(146条) という規定を「時効完成後は時効の利益を抛棄することができる」と解釈したり，96条3項を，「強迫の場合は，詐欺の場合とは反対に善意の第三者にも対抗できる」と解釈するのがこれにあたる。

(d) 類推解釈　法文の意図する趣旨を鑑み，文言には忠実ではないが類似の利益状態の場合にもその条文の適用を認める解釈をいう。たとえば，通謀性がなかったにしてもそれに類似する状況下でなされている虚偽の表示において，94条2項の類推適用を認め，善意無過失の第三者の権利を保護した例がこれにあたる (最判昭和29・8・20民集8巻8号1505頁)。

(3) 解釈の基準

民法の解釈をするにあたっては，「個人ノ尊厳ト両性ノ本質的平等」を旨としなければならない (1条ノ2)。これは，日本国憲法の理念 (憲13条, 24条参照) に基づいて，昭和22年に家族法が全面改正となり，それに伴って総則編に民法全般に亘る解釈基準として追加された規定である。個人の尊厳については，プライバシーの侵害などという不法行為の領域において，男女の本質的平等については，主に親族・相続編において解釈の基準とすべきところである。

4　民法の効力の及ぶ範囲

(1) 人および場所に関する効力

日本民法は，原則的に，すべての日本人に適用される (属人主義・対人主義。ただし，皇室典範による例外がある)。したがって，外国における日本人同士の紛争には当然適用になるし，日本人と外国人の間でも適用になる場合がある。また，日本民法は，日本国内でなされた行為に適用される (属地主義・領土主義)。したがって，国内で行われた外国人同士の取引行為であっても，日本民法の適用を受ける場合がある。

日本人以外の者や外国における場合に，いずれの国の法が適用になるかは，法例の規定によるものであり，このような学問分野を国際私法という。

(2) 時に関する効力

ある法律が制定され効力を持ったとしても，それ以前に生じたことについて，その法律は適用されない。これを法律不遡及の原則という。通常，人は将来ど

のような法が新設されたり変更されたりするかは予測できないものであるから，何らかの行為をするにしても，その行為時の法にそって行う。したがって，後の法の新設・変更がその効果を過去にまで及ばせることは，不測の事態を強いることとなり，社会の安定を乱すことになって妥当ではない。もっとも，この原則は，刑事法では厳格に守らなければならないことであるが，民法ではあくまで解釈上の問題であり，立法上で必ず守らなければならないというわけではない。現に，それまでの建物保護ニ関スル法律，借地法，借家法の三法を廃して，平成4年8月1日より施行された借地借家法は，「この法律の規定は，……この法律の施行前に生じた事項にも適用する」（同法附則4条本文）としている。しかし同法は，新法にはない各旧法独自の規定の効力は，例外として認めているのであるから，形式的には不遡及の原則をとらないような体裁になっているが，実質的には不遡及の原則をとっていることになる。

　法律が公布されて，施行されるまでの期間は，原則として20日間である（法例1条）。しかしほとんどの法は，その法律に附則として施行日を決めているのが通常である。

◇ 発展・研究 ◇

慣習法と事実たる慣習

　法例2条は，公序良俗に反しない限り，法令の規定に認められた慣習と法令の規定のない事項に関する慣習は，法を補充するものとして，法と同一の効力を有するとしている。また，民法92条は，任意法規と異なった慣習がある場合，その慣習に従うという意思が認められれば，慣習の方が優先するとしている。ここからこれらの慣習の意味が問題となった。そこで，前者の慣習を法的確信を伴う強い拘束力を持った「慣習法」とし，後者をそれよりも弱い「事実たる慣習」と理解する考え方が生じた。しかし，強い拘束力を持つ慣習法が法の補充的役割であるのに，それよりも弱い事実たる慣習が法規に優先するというのは，明らかに論理矛盾といえる。したがって，法例2条の規定は，慣習の効力についてであり，民法92条の慣習は，意思解釈の方法についての規定であるとする説がでてきた。いずれにしても，慣習に2種類あるという考え方は採りがたいものがあり，法源という場面においても，意思解釈という場面においても，

補充的役割を担っているものと解すべきであろう（第5章§4◇**発展・研究**◇(1)(a)参照）。

§3　民法はどのようにできてきたのか，その基本的な考え方はどのようなものか

1　はじめに

　現在施行されている民法は，どのような歴史的経緯の下でできたのであろうか。これを知ることは，民法の基本的理念や価値観を知ることであり，民法の解釈をする上で必要不可欠なものである。

2　民法の歴史

(1)　沿　革

　ローマ時代にもすでに存在していた民法は，制度として，その後大陸法系の国々に受け継がれていき，とくにユスチニアヌス法典は，近世ヨーロッパで起こった法典編纂事業に大きな影響を与えている。しかし，個人の基本的人権を尊重し，個人の自由平等という価値観に立脚した法，いわゆる近代市民法が成立したのは，1789年のフランス革命以後のことであって，まず最初にこの種の法典が制定されたのはフランスであった。そこでは，自然法思想をもとにした市民革命の理念に沿って，人は平等に権利能力が与えられ，私的所有権の絶対性が保障され，かつ自らの自由な意思によって市民生活が営みうるとする基本原理が盛りこまれ，以後の近代市民法制定に関して指導的役割を果たしたといってよいであろう。もっとも，実際の制定は革命より15年後のナポレオン帝政期であったため（1804年），同法典は（他の法律とも統合し）ナポレオン法典とも呼ばれている。

(2)　**日本における編纂過程と修正**

　日本が民法の法典化に着手したのは，明治維新後のことである。明治政府は，それまでの幕藩体制から中央集権化を目指した。そのような体制維持のために

§3 民法はどのようにできてきたのか，その基本的な考え方はどのようなものか　15

は，新しい法制度の整備が必要であった。また，一方で富国強兵・欧化政策をとろうとした明治政府にとって，幕末に諸外国と結んだ不平等条約は是非とも撤廃しなければならない課題でもあった。そのためには，日本が法治主義をとる近代国家であることを諸外国に示さねばならず，近代法典の制定は必須の火急を要する国家事業であった。

　明治4年，司法卿（今の法務大臣）江藤新平は，法典編纂を急ぐ余り，当時の列強諸国で成文法をもつフランスの民法を翻訳し，そのまま施行しようとした（不都合があれば適宜修正していけばよいと考えていたのであり，「誤訳も妨げず，唯即訳せよ」と命じたことはあまりにも有名である）。しかし翻訳作業は手間取り，結局はフランス人法学者ボアソナードを日本に招聘し，法典編纂事業は彼の手を借りるところとなった。ボアソナードは，フランス民法を基礎とし，かつ彼の独創性もとりいれて，民法の財産関係に関する部分（人権編，財産編，財産取得編，債権担保編，証拠編）を起草し，それが明治23年に公布された（身分関係に関する部分は，日本独自の習俗を加味しなければならないため，日本人が起草した）。明治27年よりこの民法が施行される予定であったが，帝国議会で大論争の後，結局は施行の延期が決定した（つまり，この法典は承認されなかった）。その理由とするところは，個人主義に走りすぎ，日本古来の醇風美俗を乱す（穂積八束の「民法出て忠孝滅ぶ」という論文に代表される）というものであったが，実際は，学閥その他の事情によるところが多い。すなわち，フランス法系であるこの法典（以後，旧民法という）の出現を快く思わなかった英米法系の学者や，外国人の創ったことに対するナショナリストたちの反発が強かった。

　そこで，新たに民法起草委員として，穂積陳重，梅謙次郎，富井政章の3人が選ばれ起草にあたることとなった。そこでは，法典の編纂方式を，これまでのインスティテュティオーネン方式から，当時ドイツ民法草案が採用していたパンデクテン方式に変えること（→4(1)参照）や参考にすべき外国の立法例をフランス一国に限らず，なるべく多くの国を参照することなどが，編纂方針としてとられていた。そして，明治29年には財産関係の部分（総則，物権，債権）が，明治31年には身分関係の部分（親族編，相続編）が制定され，明治31年7月16日から施行されることとなった。この民法は，従来ドイツ法系といわ

れてきたが，その後の研究の結果，フランス法系の規定も多く残存し，さらには英米法系の規定も導入されていることが明らかにされている。

　これ以後の民法の歴史で特筆すべきは，第二次世界大戦後の憲法の改正に伴う修正があげられる。新憲法に唱われている個人の尊厳と両性の平等などの精神は，家制度を中心としたそれまでの身分法を全面改正する結果となった（これにより親族編・相続編は，表記もひらがな口語体に改められた）。それに伴い財産法の一部の関係条文にも修正が必要となった（たとえば妻の無能力の廃止）。

3　近代市民法における基本原則とその修正

　近代市民法の指導原理の基礎となる価値観とは，個人の自由・平等・独立である。それは，フランス革命をはじめとする市民革命により確立した。それまでの絶対王政から市民が基本的人権をかちとった所産である。そのことを法律上の原則として定立させたものが，権利能力の平等・私的自治・所有権の絶対・過失責任の諸原則である。しかし，絶対王政から市民社会への転換期には大いに評価されたこれらの原則も，市民社会の定着にしたがい，かえって実質的な自由・平等・独立から離れていくこととなった。以下，各原則ごとにみていくことにする。

(1)　権利能力（法的人格）平等の原則

　すべての人は法の下において平等である。古代における奴隷制度は，人を物と同様に権利の客体として扱うものであった。また，封建社会において，家長制度は妻や子を家長の権力に服させるものであったし，農民は地主である領主によって権利能力が制限されていた。しかし，市民革命以後の近代国家において，人は，封建的身分制度から解放され，人種・階級・職業・年齢・性別などによって差別されることなく，権利義務の主体となる資格を有することが保障されるようになった。わが国の憲法も14条において，そのことを宣明し，民法では，そのことを当然の前提として，「私権ノ享有ハ出生ニ始マル」（1条ノ3）と規定し，権利能力の始期を定めている。

　すべての人は，権利義務の主体となりうる資格，すなわち資本主義経済社会における商品交換の主体足りうる地位を，生まれながら平等に有しているとす

るこの原則は，現在においても抽象的な法的人格の上では維持されている。しかし，具体的な個々人において，たとえば資本家と労働者，富者と貧者，専門家と一般人などの間で，その実質を保ちうるかという疑問も生じる。ただその修正は，私的自治の原則の修正という場面で行われている。

(2) 私的自治の原則

自らは自らが治めるというこの原則は，個人意思の自由を尊重し，個人の行為は自らの意思によってのみ決定されなければならないとするものである。したがって，個人は自らの意思に基づかない行為をした場合，その行為は無効となる（「意思なきところに行為なし」）。また，その行為が契約を締結するというものであった場合は，個々人はどのような契約にするか（契約内容）やその契約を結ぶか結ばないか（契約締結）の自由を持つことになる（契約自由の原則）。その他に「法律行為自由の原則」，「社団設立自由の原則」，「遺言自由の原則」などもここから派生したもので，私的自治の原則に含まれる。

しかし，このような自由は，時代の変化とともに実質的な意味を保てなくなってきた。すなわち，これらの自由は，当事者が全く対等平等である場合にのみ発揮されるのであって，経済的強者と弱者間においては，維持できないものとなる。したがって，とくに契約自由ということに関して，公益的事業を行う一定の法人（電力会社など）は契約の相手方を選択できないし，借地借家契約では，借主に不利益な条項は無効となるなど，特別法での立法的修正が加えられている（なお，§1◇発展・研究◇「社会法」参照）。

(3) 所有権絶対の原則（財産権尊重の原則）

近代資本主義社会において，個人生活を保障するためには，その財産権の私的所有を認めることは不可欠である。つまり，物を支配することができるということが，すべての生活の基盤となっている。したがって，本来これは侵すべからざる個人の権利であり，国または法は，これを保障しなければならない（憲29条1項）。そうすることによって，われわれは安定した日常生活が送れることとなり，自由な生産活動や商品流通によって市場経済も成り立つのである。

しかし，この原則もまた，いかなる場合においても無制限に認められるわけではない。つまり，私権は公共の福祉にしたがわなければならないのであり（1条），所有権の行使は，「法令の制限内において」認められるにすぎない

(206条)。また，土地所有権に関して，特別法で比較的多くの規制がされている（土地収用法，都市計画法，農地法など）。

(4) 過失責任の原則

個人は自らの意思もしくは不注意によって他人に損害を加えた場合，その責任をとらなければならないことは当然であり（自己責任の原則），それは自己の意思で自由に行為ができるという私的自治の裏面と見ることもできる。したがって，この原則は私的自治の原則に含まれるものとして独立の原則としない説が多い。しかし，ここでは過失責任の原則の意味を，「自らの過失がない場合は何らの責任もとわれることはない」ととらえることにより，近時の立法において，この原則がくずれ，無過失でも責任をとわれる場合が増えているところを述べておきたい。すなわち，産業活動の発展・複雑化は，危険を伴うものや過失の証明が困難なものを生み出してきた。したがって被害者の救済や損害の公平な分担が考えられ，その責任の根拠を必ずしも加害者の過失におかない立法化がされてきている（大気汚染防止法，水質汚染防止法，製造物責任法，自動車損害賠償保障法など）。

4 民法の構造

(1) 編纂方式（パンデクテン・インスティテュティオーネン）

民法典編纂に関して，二通りの編纂方式がある。まず，旧民法およびフランス法系の国（フランス，ベルギー，イタリアなど）がとっているインスティテュティオーネン方式は，ローマ法の「学説提要」がその起源となっているものである。その特徴として，編別については，人，財産，財産の変動という構成が基礎となっており，法概念の説明のような条文も多く，一般人にも比較的わかりやすいものとなっている。しかし，逆にそれだけ条文が長くなり大部のものとなる。

一方，パンデクテン方式は，ローマ法の「学説彙纂」をその起源とし，現行日本民法およびドイツ法系の国（ドイツ，スイス）が採用している。この方式は，権利主体に編別され，財産権として物権，債権，また身分権として，親族，相続と分類し，すべてに共通するものを冒頭に総則として掲げているのが特徴である。条文の数も比較的少ない洗練されたものとなっているが，そのぶん理

解しにくいものといえよう。

(2) 民法総則の意義

パンデクテン方式の一つの特徴である「総則」の存在は，わが国の民法において，第1編の総則はもとより，第2〜5編の各第1章にも，さらにはその下の売買，抵当権，遺言などの節にも数多くみられる。総則は，それ以後に掲げる事項に，概ね共通に適用となる規定を前置して，集約化という長所を持ち，条文数の短縮につとめている。

民法総則は，まず冒頭に民法の基本的な立場を示し，次に権利の主体たる人（自然人〔第1章〕・法人〔第2章〕），権利の客体たる物〔第3章〕，権利が行使される場合の態様としての法律行為（意思表示，代理，無効・取消，期限・条件などを含む。〔第4章〕），時に関する規定である期間〔第5章〕および時効〔第6章〕という構成で成り立っている。

民法総則が適用されるのは，財産法の分野（物権法・債権法）に限定されるのか，それとも身分法の分野（親族法・相続法）にまで及ぶのかという問題が提起されたこともあったが，それは身分法において総則の規定を排除しているものがあることをもって，そのことを原則とみるか（前者の考え方），例外とみるか（後者の考え方）の違いでしかない。

§4　私たちの生活関係にはどのような権利があり，それをどのように使うべきか［私権とその行使］

〔**設例**〕　Aは，温泉旅館を営業するに際し，その場所からは温泉がでなかったため，少し離れた元湯から木管で湯を引いていた。ところが，その引湯管が途中でCの土地のほんの一部をかすめていた（その土地は崖のようなところで，他にこれといった利用には適さない土地であった）。しかし，このことに目を付けたBは，Cからその土地を買い受け，Aにその土地とその土地に隣接する広大な土地を合わせて，

時価の数倍もする値段で買い取れと要求してきた。Aがこの要求を拒絶すると、Bは、土地所有権に基づく妨害排除として引湯管の撤去を要求した。Bの要求は認められるか。

1 はじめに

　日本の民法は、権利を主体に構成されている。したがって、まず、民法で認められている権利にはどのようなものがあるかということを理解しなければならない。個別・具体的な権利については、各条文によるのであるが、ここでは、それらを大きく分類して、どのような種類の権利かというにとどめる。そして、その権利の行使にあって、原則的に守らなければならない最低限のルールについてみていこう。

　ところで〔設例〕に掲げた事例は、いわゆる「宇奈月温泉事件」という有名な判例を簡略化したものであるが、権利の行使方法に関する極めて微妙な問題といってよい。なぜなら、本設例において、Bの権利行使は認められないにしても、当初、Cが所有権に基づいて妨害排除請求をしていたとするならば、その判断は難しいものとなるからである。詳細は後述する（→ 3(3)）。

2 私権の種類

　権利とは、一定の利益を受けうる法律上の力であると定義することができる。私権とは、その中で私法関係から生ずるものである。その私権には、以下のように分類されたさまざまな種類の権利が存在する。

(1) 内容による分類

(a) 財産権　　財産より受ける利益を内容とする権利である。財産法上の権利、すなわち物権や債権がこれにあたり、その他、無体財産権なども含まれる。

(b) 身分権　　人の身分的地位から生ずる利益を内容とする権利である。身分法上の権利、すなわち親子、夫婦、親族などの身分関係から生ずる権利がこれにあたる。本来非財産的権利であるが、相続権のようなものは、財産権・身分権のどちらかに分類することは困難である。

(c) 人格権　　生命、身体、自由、名誉など人格に関する利益を内容とする

権利である。今日，プライバシーの侵害や公害などは，人格権の侵害として不法行為を構成する。

　(d) 社員権　　団体の構成員たる社員に基づく利益を内容とする権利である。

(2) 作用・行使による分類

　(a) 支配権　　他人の協力を必要とせず，権利者の意思のみによって，直接権利の客体から生ずる利益を受けることができる権利をいう。主に物権がこれにあたる。

　(b) 請求権　　他人に対して一定の行為を請求し，その行為から生ずる利益を受けることができる権利をいう。主に債権がこれにあたる。

　(c) 形成権　　権利者の一方的意思表示のみで，法律関係を確定させることができる権利をいう。解除権（540条），取消権（123条）などがこれにあたる。

　(d) 抗弁権　　他人の権利主張に対して，それを正当に阻止できる権利をいう。同時履行の抗弁権（533条），催告・検索の抗弁権（452条，453条）などがこれにあたる。

3　行使の方法

　すでに見てきたように，近代市民法は，自由・平等という基本的価値観の下に，権利の絶対化をはかってきた。しかし，資本主義経済の発達とともに，社会に対する個人の権利が過剰に保護される結果となったり，経済的強者・弱者の出現によって，実質的な意味での基本思想が揺らぐ結果となってきた。そこで日本民法も，昭和22年の修正により，第1条に，近代市民法原理を修正するかたちで，実質的な私権のあるべき姿を付け加えた。

(1) 公共の福祉（1項）

　私権は公共の福祉に遵う（憲法29条2項「財産権の内容は，公共の福祉に適合するやうに，法律でこれを定める」）。私権はもとより，権利というものは国家権力によって保護されているのであるから，私権の行使が，その所属する社会を乱すことになってはいけない。しかし，このことは，国家事業・公共事業が，私権に対して常に優先するという意味では決してない。ここでは，私権間における利害調整のための規定と理解すべきである。したがって，私権においても絶対的所有権自由の原則は，他の個人および社会共通の利益に対して，制

限されることもあるということを注意しているのである。ただこの規定は，いわばスローガンのように理解され，直接の適用はされない。

(2) 信義誠実の原則（2項）

権利の行使・義務の履行について，逐一，事細かに法規定することはできないが，基本的な行動様式として，信義に基づいて誠実に行わなければならないとするものである（略して信義則という）。歴史的沿革からいうと，初期の立法例では，この原則は債務者の義務履行に関する原則として発達してきたのであるが（フランス民法，ドイツ民法），その後の立法例では，債権者にも課せられるものとなり（スイス民法），日本法もそれを受け継いだものである。本来，この原則の適用は債権法の分野が主な領域とされたが，現在の通説はそれに限らないとしている。

ところで，「信義に基づいて誠実に行動せよ」といっても，具体的にはどうすべきか明らかではない。このように具体的要件がない条文を一般条項（白地規定）といい，その適用の当否を，裁判官の判断にゆだねている（§2 2(4)条理参照）。したがって，いかなる場合に適用になるか，研究者による類型化はされているものの，結局は，これまでの裁判例に現れた信義則違反の具体的事例を見ていかなければならない。以下，代表的な判例をランダムにあげておく。

○時効完成後の債務の承認（最大判昭和41・4・20民集20巻4号702頁）

　　消滅時効完成前に債務者が債務の承認をすると時効が中断する（147条）。しかし，時効完成後にその承認をしても法文上は何の法的効果ももたらさないので，両者の均衡を欠くことになる。したがって時効完成後に債務の承認をしたものは，信義則に反し時効の援用権（145条）を喪失する。これは英米法における禁反言（エストッペル）の原則に近い解釈といえる。

○本人の地位を相続した無権代理人（最判昭和37・4・20民集16巻4号955頁ほか）

　　無権代理人が本人の地位を相続しても，本人が持つ履行拒絶権は信義則に反し行使できない。

○権利失効の原則（最判昭和30・11・22民集9巻12号1781頁）

　　権利を長期間行使しないでいると，権利は失効し，その行使は信義則に反しできなくなるとするものであるが，判例は，土地賃借権の無断譲渡を

理由に賃貸借契約が解除された事例で，権利失効の原則の存在は認めたものの，具体的事例では解除は有効（解除権は失効していない）とした。

○背信的悪意者排除論（最判昭和43・8・2民集22巻8号1571頁ほか）
　　不動産の二重譲渡において，第二譲受人は第一の譲渡につき悪意であっても登記を備えれば，第一譲受人に対抗できるが（177条），第一譲受人を困らせてやるなど背信的悪意を持っていた場合は，登記を備えていても信義則に反し第一譲受人に対抗できない。

○事情変更の原則（最判昭和29・1・28民集8巻1号234頁ほか）
　　契約両当事者の責任ではないことによって，契約締結当時，客観的に予想もできない事態が生じ，当事者をそのまま当初の契約内容で拘束するのが酷である場合，信義則によって，契約の解除ができるとする原則である。

○賃貸借における信頼関係（最判昭和39・7・28民集18巻6号1220頁ほか）
　　賃貸借のような継続的契約関係において，当事者間は，信義則に基づくお互いの信頼関係によって成り立っているのであるから，たとえば，たった一回の賃料不払いがあったからといって，直ちにその信頼関係が破壊されたとはいえず，そのことだけで債務不履行による解除は認められない。

○履行の場所（大判大正14・12・3民集4巻685頁〈深川渡事件〉）
　　履行の場所を「深川渡」と決めていたが，深川渡という場所は広範囲であるため（慣習上では特定された場所であった）商品の受渡しができなかったという事例で，買主は誠実に取引を成立させたいと願うならば，信義則に則り場所の問い合わせをすべきであったとされた。また，支払った額に僅少の不足があったとしても，それが準備されていたり（大判昭和9・2・26民集13巻366頁），債務者からの額の照会に債権者が応じなかったために生じた場合（大判大正9・12・18民録26輯1947頁），信義則上債務者は不利な扱いは受けないとしたものもある。

(3) 権利濫用の禁止（3項）

　ある権利の行使が，外形上許されるものであっても，実質上は社会性に反するものであった場合，法はこの権利行使を認めないとするものである。

　他人を害する目的で権利行使することを禁ずる（シカーネの禁止）制度は，すでにローマ法時代から存在していたのだが，むしろ「自己の権利を行使する

ものは何人に対しても不法を行うものではない」という法諺の方が一般的であり，それは私権の不可侵性・絶対性を保障する近代市民法制定以後，揺るぎのないものとなった。したがって，反社会性的権利行使に対する規制が見直されてきたのは，19世紀後半以後のことである。まず，フランスの判例学説によって認められ，続いてドイツ民法ではシカーネの禁止を規定し（ド民226条），その後スイス民法は「権利の明白な濫用は，法の保護を受けない」（ス民2条2項）と規定した。

　本条項がわが民法に付け加えられたのは，先にも述べたとおり昭和22年であるが，すでに判例学説において認められているところであった。すなわち，この問題に関する嚆矢ともいうべき判例（大判大正8・3・3民録25輯362頁――いわゆる「信玄公旗掛け松事件」）は，概略次のように述べている。事案は，鉄道の駅近くにあった由緒ある松の木が，汽車の煤煙で枯れてしまったことに対する損害賠償を求めたものであるが，判旨に「社会的共同生活を送る者の間では，一人の行為が他人に不利益を生じさせることは，当然起こりうることである。この場合，常に権利の侵害があるとすることはできず，共同生活の必要上，認容しなければならない。しかし，その行為が社会観念上被害者に認容させるべきではないと一般に認められる程度を超えた場合は，権利行使の適当な範囲といえず不法行為となる」として，損害賠償を認めた。

　これ以後，権利濫用法理が積極的に展開されることとなり，判例において正面からそれをとらえるようになったのが，〔設例〕にあげておいた宇奈月温泉事件（大判昭和10・10・5民集14巻1965頁）である。判決では，所有権が侵害されても軽微であり，侵害を除去するに多大な費用がかかり，かつ不当な利益を得る目的でなされた権利の行使は，権利の濫用となるとしている。

　戦後において，この法理は，次のような場合にも用いられている。まず，借地人が借地上に家屋を建てたものの対抗要件を備えずに居住しているのを知った上で，同地を所有者（地主）から購入し移転登記を備えた者が，借地人に対して建物収去・土地明渡を請求した場合，それが権利濫用にあたるとされた（最判昭和38・5・24民集17巻5号639頁。この場合，借地人は賃借権の登記（605条）をしておくか，建物の登記をしておけば（借地借家法10条，旧建物保護法），対抗要件を備えたことになるが，どちらもしていない場合，通常だと立退請求

その他，交通事故の被害者が，すでに負傷も治癒し，自らの営業もしているのに，その事故の賠償を苦に自殺した加害者の父母に対して，損害賠償請求訴訟の確定判決後5年を経て行おうとした強制執行を権利濫用とした判例もある（最判昭和37・5・24民集16巻5号1157頁）。

結局，以上をまとめると，①権利行使も他面から見ると一種の不法行為となる場合，②一種の強制的調停を行う場合，③法が社会状勢にあわなくなったか，法の欠缺もしくは未発達によって妥当な解決が得られない場合に，権利濫用法理が機能しているといえる。

ところで，権利濫用の要件として，かつて，先に述べたシカーネの如く，権利行使者に害意ともいうべき主観を必要とするかについて問題になったことがあるが，現在では，主観的要件は必ずしも必要ではなく，客観的に当該権利行使が反社会性を帯びているか否かで――それが過度にならないように注意しつつ――判断するのが通常である。もちろん，主観的要件が加われば，権利濫用と認められやすいことはいうまでもない。

また，権利濫用の効果は，必ずしも一元的でなく，先に述べたような権利行使が効果を生じない場合や不法行為となる場合のほかに，権利そのものの剥奪にも及ぶことがある（親権の喪失〔834条〕）。

◇ 発展・研究 ◇

民法1条における各項の関係

民法1条に定められている各項，すなわち公共の福祉，信義則，権利濫用の禁止は，お互いにどのような関係があるのか，またそれぞれの適用領域に関して，さまざまな見解が見られる。これを整理すると，およそ，次のような点で説が分かれていることがわかる。すなわち，①1項と2項，3項とは観点を異にするか，それとも各項それぞれ独立の意義を持っているか，②2項と3項は適用範囲が異なるか否かという二点である。

①について，公共の福祉は，憲法からの要請による私権の社会性という原理を宣明するものであり，2項，3項は，その適用に関する規定であるとする考え方と，1項，2項，3項とも，私権の社会性という点を，それぞれ別の角度

から見た独立の規定であり，かつ相互に関連し合っているとする考え方がある。

②について，2項は権利義務で結ばれた対人関係（主に債権関係）に適用すべきもので，3項はそれ以外の対社会的関係（主に物権関係）に適用すべきであるとする説，あるいは2項が権利行使のあり方（権利義務の行使方法）で，それに反した場合が権利濫用になる（権利行使の限界）とする説がある。また一方で，2項と3項の適用範囲を区別する必要もなく，両者で相まって私権の社会性を定めているものと解する説もある。判例も，「信義則に反し権利濫用となる」との趣旨を判示しているところから，後説を採っているものと思われる。

いずれの説であるとしても，その具体的事例における法的効果は変わるはずもなく，説明方法の差でしかない。しかし，1項の公共の福祉に，独立した特別の意味を持たすことになるような解釈（最判昭和40・3・9民集19巻2号233頁「板付空軍基地事件」）は，個を全体が抑圧する危険性が生じることに注意すべきである。したがって，1条の各項は，互いに相まってそれぞれの角度から私権の社会性を規定していると解すべきであろう。

第2章　人（自然人）——権利の主体（その1）

§1　権利能力とは何か

〔設例〕　生まれたばかりの赤ちゃんを見て可愛いと思った祖父が、自分の所有する山林を孫に贈与したいと言った。これは認められるか。

1　権利能力の意味

　民法上，人は権利を得たり，義務を負うことがある。たとえば，パソコンを買えば，買主には代金を支払う義務とパソコン本体（目的物）の引渡しを請求する権利がある。もっとも歴史的には，無条件にそれが認められていたわけではなかった。貴族に与えられた権利は奴隷や農奴などの身分の者にはそもそも与えられる可能性がなかった。つまり何かの商品の買主になる以前に，権利を行使したりする「資格」がなかったのである。個人的能力や資質がどのようなものであっても，この「資格」がなければ，はじめから権利を得たり義務を負うといった取引ができないことになる。

　ところが，「近代」民法が整備されるようになると，このような生まれながらにしての差別は撤廃され，すべての個人に対して取引をなしうる「資格」が与えられるようになった。これを**権利能力**もしくは**法的人格**といい，すべての人に平等に権利能力が認められる原則を**法的人格平等の原則**という（第1章§3参照）。したがって民法上においても権利や義務を持ちうる「資格」は権利能力と呼ばれる。

　またここでいう「人」は，生きている人間のことであり，民法はこれを「自

然人」とよび，後に説明する「法人」と区別していることに注意されたい。第3章で説明する。

2 権利能力の始期
(1) 出　　生
　民法は，権利能力は出生から始まると規定する（1条ノ3）。そのため，自然人はこの世に生まれてはじめて権利能力を得ることができることになる。設例の生まれたばかりの赤ちゃんは，まだ大人のような判断能力も人格も形成されてはいない。しかしそのような権利を取得する資格は得ている。この資格が権利能力である。
　なお出生の判断時期は見解が分かれうる。出生とは胎児の身体が母体から全部露出することをいうとするのが通説（全部露出説）である（独立の呼吸を始めたときとする独立呼吸説もある）。もっとも民法上とくに問題とされたことはあまりないので，実質的な意味のある議論とは言えない。
　出生に際しては，生きて生まれたかどうかで相続に関して大きな違いが生じうる。Aが死亡したときAの父Bと妊娠中の妻Cがいて胎児Dが生まれた場合，Dが生きて生まれれば，妻Cと胎児Dが各2分の1ずつAを相続する（886条，887条，890条，900条1号）。Dが死んで生まれた場合には，妻Cが3分の2，父Bが3分の1を相続する（900条2号）。さらにDが生きて生まれてもその後ただちに死亡した場合には，DがAから相続した分を今度はCが相続し，結局CがAの財産すべてを相続することになる。

(2) 胎　　児
　権利能力は出生から始まるために，論理的にはまだ母体から露出するには至っていない胎児には権利能力が与えられないことになる。そのため実際には微妙な問題が生ずることがある。
　たとえば，父親Aに子供Bと妊娠中の妻CがいてAが死亡した場合，Aの財産を相続するのはBとCであり，A死亡後に生まれたDはまったく相続することができない。これに対してAの死亡前にDが生まれた場合にはBと同様にDも相続することができることになり，わずかな日数の違いで相続の可否に差が生じ，適当ではない。そこで，民法は相続（886条）に関して胎児はすでに生

まれたものとみなし，不法行為に基づく損害賠償請求権（721条）と遺贈（965条）に関しても同様に取り扱う。そのため先の事例で，父親Aが交通事故によって死亡した場合には，加害者に対して不法行為に基づく損害賠償請求権を，事故当時胎児であったDは取得することができるのである。

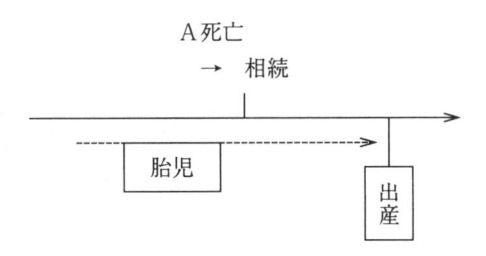

　　　　　　　　　　A死亡
　　　　　　　　　　→　相続
　　　　　　　　　　　｜
　　────────────────────────→
　　　　　　　　　　　｜
　　　　　　　・・・・・・・・・・・・・・
　　　　　　　｜　胎児　　　　｜
　　　　　　　────────　　　　　出
　　　　　　　　　　　　　　　産

　このように民法では一定の場合に限って胎児はすでに生まれたものとみなされているが，死産となることもありうる。このとき相続においては「既に生まれたものとみなす」規定は適用されない（886条2項）。しかし，生きて生まれるか死んで生まれるかは出産のときまで確定しないので，この間の法律関係をどのように構成するかという問題が生ずる。判例では，胎児はそのままでは権利能力を取得することはできず，生きて生まれたときに，不法行為や相続開始の時点にさかのぼって権利能力があったものと理解する（「阪神電鉄事件」大判昭和7・10・6民集11巻2023頁）。停止条件説もしくは人格遡及説といわれる。これに対して，胎児は胎児のままですでに権利能力を取得しており，死体となって生まれた場合はさかのぼって権利能力を失うと構成する立場がある（解除条件説，制限的人格説）。停止条件説をとる実質的理由として，胎児の財産を管理する法定代理人制度が現行法に存在しないことがあげられているが，むしろ胎児の財産管理を可能にするために権利能力を取得させ，法定代理人に管理させることを意図して，解除条件説を主張する学説も有力である。

　(3)　証　　　明

　出生届および戸籍の記載は出生を証明する有力な証拠であるが，あくまでも証拠であって権利能力という実体関係を左右するほどの効力は与えられるべきではない。したがって，医師・助産婦などの証明によってこれを覆すことができる。

3 権利能力の終期

(1) 死亡とその判断基準

自然人は死亡によってその権利能力を失う。権利の主体が存在しない以上，その資格を認める必要もなくなるからである。死亡は「権利能力の終期」ともいわれる。

死亡はどのようにして判定されるか。従来，心臓の機能の不可逆的停止（心臓死）をもって人の死と理解され，臨床医の判断基準としては脈拍停止，呼吸停止，瞳孔散大の3徴候によって死を判定してきた。これに対して脳の機能の不可逆的停止をもって人の死とする見解が有力に主張されるに至り，心臓移植や臓器移植への社会的要請もあって，いわゆる臓器移植法（平成9年法104号）が成立した。脳死と判定された者からの臓器移植に道が開かれることになったが，人の死の判断基準についての議論はまだ決着したとはいえない。

(2) 死亡の証明

死亡を届け出るには，通常，医師の死亡診断書または死体検案書を提出しなければならないが，それが困難である場合には「死亡の事実を証すべき書面」（目撃者の事実陳述書等）を提出することになる（戸籍法86条）。もっとも「死亡の事実を証すべき書面」すら提出できないような場合もありうる。

このような死亡の証明が困難な場合に備えて，民法は以下の三つの制度を用意している。

(3) 認定死亡

父Aとその子Bが川原でキャンプ中，突然の大雨で濁流に流され2週間の警察の捜索にもかかわらず行方不明で，捜査打ちきりとなった場合，すなわち死亡が確実視されるものの，死体が確認されないような場合である。つまり死体の目撃者が存在せず，死亡の証明ができない。このとき，その取調べに当たった官公署（警察署・海上保安庁など）が死亡地の市町村長に死亡報告をし，これにもとづいて戸籍に死亡の記載がなされる（戸籍法89条）。ただし，これは戸籍上の手続として一応死亡したものと取り扱う制度であって，生存していれば当然に効力を失う。

(4) 同時死亡の推定

父Aとその子Bが川原でキャンプ中，突然の大雨で濁流に流され2週間の捜

索の結果，溺死体で発見されたような場合である。死体はあるので先の認定死亡のような取り扱いは考えなくてよいが，問題はいずれが先に死亡したか分らないことにある。死亡の先後関係は相続に関係するからである。父Aが先に死亡した場合，Aの妻Cと子BがAを相続し，Aの後にBが死亡したため，Bの母であるCが子Bを相続することになり，結局CがAの遺産を全部相続する。もし子Bが先に死亡した場合，Aを相続するのはAの配偶者であるCとAの両親であり，この場合CはAの遺産を全部相続することにはならない。ところがいずれが先に死亡したかを証明することは容易でない。そこで，死亡の先後が明らかでない場合には，同時に死亡したものと推定する（32条ノ2）。同時に死亡した者相互の間では相続は起こらない（887条2項はそのことを前提にしている）ので，結果的には子Bが先に死亡した場合と同様になる。

(5) 失踪宣告

たとえば，夫が会社に行くと言って出たまま行方がわからなくなり，長期間にわたり不在が続いたような場合，夫の財産関係の相続や管理の問題，残された妻の再婚問題が生ずる。そこで，妻やその子などの利害関係人のために，夫の法律関係を確定する制度が設けられた。それが失踪宣告の制度である（30条）。詳細は§7で説明する。

4 外国人の権利能力

原則的に民法はすべての自然人に等しく権利能力を与えるが，外国人については「法令又ハ条約ニ禁止アル場合ヲ除ク外」権利能力を認めるとしている（2条）。

◇ 発展・研究 ◇

人工授精と胎児の取扱い

近年医療技術や生命科学の発展はめざましく，たとえば母体から取り出した卵子を人工的に受精させ，受精卵をふたたび母体に戻すというような生殖技術が発達してきたが，これらの人工授精や体外受精の技術の進展に伴い複雑な法的問題が発生する。受精卵を複数用意しておいて母体に戻す前に凍結保存することもあるが，たとえば保存されている状態の受精卵はすべて胎児としての取

り扱いをすべきであろうか。精子を提供した父親が死亡したときに受精卵であった者は，胎児と同様に相続に関してすでに生まれたものとみなしてよいのであろうか。これまで民法は，胎児は母親の体内に存在していることが当然の前提であったから，886条も適用されないとも考えられる。しかし母体内で着床しているか否かで取り扱いを異にすることに実質的理由があるかという反論も考えられよう。また，後に母体に移されることになった受精卵を，他の保存されたままになっている受精卵と同様に扱ってよいかも議論の余地がある。さらに夫婦以外の第三者の子宮，卵子，精子を使って子供を産んだり，第三者（代理母 surrogate mother）に産んでもらったりすることがある。夫の精子に問題がある場合，他人の精子を用いて妻に人工授精する非配偶者間人工授精（AID, Artificial Insemination by Donor）や，母の卵子に問題がある場合は他人の卵子を用いて夫の精子と体外受精するなど，さまざまな可能性がある。わが国でも現在まで約1万人から数万人の非配偶者間人工授精子が出生しているといわれている。基本的に民法が想定している事態を超えるものであると評価すべきであろう。無理をして民法によるのではなく，特別立法の制定が要請されるゆえんである（四宮＝能見・28頁）。

§2　意思能力と行為能力

〔設例〕　80歳になるAは，物忘れがひどくなり，ときどきわけのわからないことを口走るようになってきた。Aの銀行口座には退職金や年金などのお金が数百万円あるが，Aの財産を安全に守るためにはどのような手段があるか。

1 意思能力と行為能力の関係
(1) 意 思 能 力
　たとえば，睡眠中の人に「あなたのもっている土地を私にただでください」と話しかけて「ウン，ウン」と答えたとすれば，この贈与契約は有効であろうか。同じことが泥酔状態の人になされた場合はどうであろうか。寝ていた人や酔っていた人は，目が覚めたり酔いが覚めたときに「契約は成立した」などと言われて納得するであろうか。このような場合に契約が成立していない（申込に対する承諾として十分ではない）とみることもできるが，その前に「ウン，ウン」と答えた人には十分な判断ができない状態であったことも指摘できるであろう。つまり契約の成立以前に本人の判断能力の状態を問題にするのである。また大人でなく，子供であっても言葉それ自体は明瞭であっても，自分の発言を正確に理解しているとはかぎらない。さらに精神的障害を持った人の場合はもっと深刻である。このように人の判断能力には様々なレベルがあって，法的な拘束力を持たせることが妥当でない場合もあることから，このような法律行為の効力を認めず（無効），あるいは拘束力をもたないようにすることが考えられてきた。
　そもそも近代の法制度のもとでは，私人は自由に法律関係を形成することが認められている（私的自治の原則）反面，自己の決定・選択した法律関係に拘束される。しかしこの原則は私人に判断能力があることを前提としなければならない。自己の行動や結果を認識し判断できない者に私法取引への参加を認めるべきではないからである。そこで自己の行為の結果を予期予測して行動できる能力を**意思能力**といい，判例は意思能力のない（これを意思無能力という）法律行為は無効（ないし不成立）とする（意思無能力者の手形振出行為を無効とした大判明治38・5・11民録11輯706頁）。〔設例〕の老人Aについては，たとえばAが意思無能力であることが証明できれば，他人と結んだ契約（不要な商品の購入契約など）を無効とすることができる。しかし問題は常にそのような証明をしなければならないことにある。これは負担が重いので，もっと簡易な方法が要請されるのである（次の行為能力の問題）。
　さらに他人からだまされたり（詐欺），脅されたり（強迫），真意と異なる意思表示をしていたりする場合にも同様に，自由な意思決定によらないで意思表

示をなすことがある。これらの場合には，とくに民法が——意思と表示の視点から——定型化して規定している。後に意思表示のところで説明される。

(2) 意思無能力の限界

　意思能力のない者（意思無能力者）がした行為を無効とすることは一応その本人の保護にはなる。しかしそのためには行為の当時において意思能力がなかったことを証明しなければならない。恒常的に意思能力がない者であればともかく，子供の場合には次第に判断能力は向上していくものであるし，精神的な障害を持つ者にしても常に意思能力がないとはかぎらないので，意思能力のなかったことの証明は困難であることが多いのである。そこでこの証明の困難を救うために，社会的に一定の類型に当てはまるものを作り出し，これを一律に取り扱う制度を考案することが必要となる。他方，意思能力が制限された者と取引をした相手も，突然契約などの効力が否定されることがあり，思わぬ損害が発生することも考えられる。そこで相手方の保護も併せて考慮することが，取引の安全を図ることとなり，それはひいては意思能力の欠如した者の地位の安定をもたらすことになるのである。

(3) 行為能力とは（旧法下の説明）

　このように意思無能力者を保護しつつ，併せて相手方の取引の安全をはかるのが行為能力制度である。今回，後述する成年後見制度の導入によって民法が一部改正されることになったが，まず従来の制度によって説明しよう。これまで意思無能力者は未成年者，禁治産者，準禁治産者の三つに定型化され，これらの者の行為を取り消すことができることにして一律に制限してきた。このように制限されることなく，独立して取引などを行う能力を行為能力といい，先の三分類の者を**行為無能力者**とするのである。このように行為無能力者は独立して行為をすることが制限されているために，別途民法は保護者をつけることにした。未成年者には法定代理人（親権者，後見人），禁治産者には後見人，準禁治産者には保佐人である。また取引の相手方からみれば，取り消されることがありうるという不安定な状態に置かれる。そこで禁治産者などであることを戸籍に記載することによってリスクを事前に知ることができるようにし，あるいは催告により取り消すかどうかを確認する（19条，確答がなければ追認したものとみなされる）など，取引相手方にイニシアティブを与える手段もある。

このようにして，本人保護と並んで相手方の取引の安全といういわば両面から制度を設計しているのである。

2 旧制度と成年後見制度の導入
(1) 行為能力制度の限界
　以上でみた行為無能力者の法律行為への制限は，本人保護を理念として相手方保護をも考慮したものではあったが，いくつかの限界や問題点も抱えてきた。以下にそのいくつかを挙げてみよう。高齢者や知的障害者には多種多様な判断能力があり，また保護の必要性も異なるが，禁治産と準禁治産という二つの制度のみによって対応するには十分でない。もっと柔軟で弾力的な運用を図ることのできる制度が必要であろう。また禁治産者の法律行為はすべて取消しの対象となるため，日常生活に不便をきたすことがあり，利用しにくい。準禁治産者を保護する保佐人には代理権・取消権が与えられていないので，保護の実効性が上がらない。判断能力の鑑定は実際上容易でなく，禁治産・準禁治産宣告の手続に時間・費用がかかり，実際上利用しにくい。本人には屈辱的レッテルとも感じられる「無能力者」，「禁治産者」という表現，「破産宣告」をも連想させる「禁治産宣告」という表現，またそれに伴って生ずる広範な資格制限などには社会的偏見があり，また本人への配慮に欠けている。さらに戸籍に記載されるために，家族の婚姻にも影響が出るなどという弊害もいわれてきた。

　このような個々の問題に加え，長寿高齢社会となって，痴呆症の高齢者が頻出するなど判断能力の低下が身近に生ずる問題として認識されてきた。その財産保護はいうまでもなく，介護も含めた身上監護をどうするかという問題が社会的に大きく取り上げられるようになってきたのである。欧米諸国などでも成年後見法の制定が相次いでおり，自己決定の尊重，残存能力の活用，ノーマライゼーション（障害者も家庭や地域で通常の生活を送ることができるような社会をつくるという理念）などの新しい理念が唱えられるに至る。単に本人だけを取引社会から隔絶してしまうのではなく，残存能力を活用しつつ，将来の判断能力の低下に備えておくことなど，本人の自己決定を可能な限り尊重するという方向に沿った制度が要請されるようになってきたのである。このような背景から民法の行為能力制度に対しても，その改正が要求されるに至った。

なお高齢社会への対応という観点からみれば，民法分野における手当てのみでは足りない。身上監護という視点から，生活支援員を全国の行政区域に配置していくという社会政策も採用されていることも留意しなければならない。

(2) 成年後見制度の導入

以上のような背景を踏まえて，新法は以下の点で従来の行為能力制度を改正することとなった。

第一に，「禁治産者」，「準禁治産者」，「無能力者」という表現を改め，それぞれ「**成年被後見人**」，「**被保佐人**」，「**制限能力者**」と呼ばれる。

第二に，戸籍記載を廃止してこれに代わる新しい登記制度を導入する。併せて登記証明書の交付を本人と関係者だけに限定してプライバシー保護に配慮する（後見登記等に関する法律）。

第三に，軽度の痴呆に対応して，「**補助**」を設ける。これによって本人の判断能力を欠く程度が重度であれば被後見人，中度であれば被保佐人，軽度であれば被補助人として三段階に分けて対応する。

第四に，現在まだ判断能力が低下していない人に対しても，将来に備えて判断能力のあるうちに任意後見人を選び，受けたい保護内容をあらかじめ契約にして定めておくようにする（**任意後見制度**）。これは民法の特別法として規定される（任意後見契約に関する法律）。

その概略を図式的にみてみよう。

旧法と新制度の対照概略

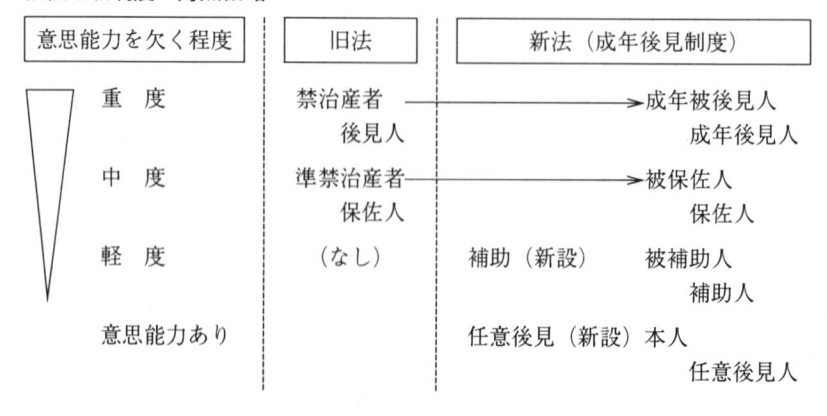

意思能力を欠く程度	旧法	新法（成年後見制度）
重度	禁治産者　後見人	→成年被後見人　成年後見人
中度	準禁治産者　保佐人	→被保佐人　保佐人
軽度	（なし）	補助（新設）被補助人　補助人
意思能力あり		任意後見（新設）本人　任意後見人

以上の改正内容について、未成年者も含めて制限能力者全体に関する行為能力の範囲およびその保護者の権限をまとめよう。

類型	行為能力の範囲	保護者	保護者の権限
未成年	特定の行為のみ単独でなしうる	法定代理人	同意権(取消権)と代理権
成年被後見人	単独になしうる行為なし（例外、日常生活に関する行為）	成年後見人	取消権と代理権
被保佐人	特定の行為のみ単独でなしえない	保佐人	同意権(取消権)（審判により）代理権
被補助人	特定の行為の一部のみ単独でなしえない	補助人	（審判により）同意権(取消権)（審判により）代理権
任意被後見人	制限なし	任意後見人	代理権

§3 未成年者

> 〔設例〕 19歳の少年Aがテレビを購入する契約をB電気店と結んだ。それを知ったAの父親Cはどのような対応ができるか。Aが結婚した後であればどうか。

1 意　義

　わが民法は満20歳をもって成年としている（3条）。したがって20歳に満たないものは**未成年者**になる。未成年者が法律行為をするには、その法定代理人の同意を得ることを要し（4条1項）、これに反する行為は取り消すことができる（同条2項）。〔設例〕ではAは未成年者であるので、テレビ購入契約について法定代理人（この場合親権者）であるCの同意が必要であった。Cは同意

しなかったので，この契約を取り消すことができる。このようにして民法は未成年者がむやみに財産を失うことのないよう配慮するのである。

ただし未成年者が婚姻をすると，これによって成年に達したものとみなされる（753条，成年擬制という）。〔設例〕のAは結婚したら成年に擬制されるのでテレビ購入契約を取り消すことはできない。完全に独立して法律行為をなす行為能力を取得することになるわけである。

2 保 護 者

法定代理人が未成年者の保護者となるが，通常親権者である（818条，819条）。親権者がいない場合には後見人が選任される（838条1号）。

未成年者との関係で法定代理人の有する権限をまとめてみよう。保護者は未成年者の財産を管理し，その財産に関する法律行為について未成年者を代理する権限を有する（824条，859条）。そのため法定代理人と呼ばれる。また前述したように法定代理人は未成年者の法律行為について同意することができ（同意権），同意を得ない行為は取り消すことができる（取消権）が，取り消さないで追認することもできる（122条）。さらに未成年者の営業を許可する権限もある（823条）が，その「営業ニ堪ヘサル事跡アルトキ」はその許可を取り消し，または制限することができる（6条2項）。このように未成年者の法律行為に対して法定代理人は，単に代理権のみならず広範な権限が与えられていることがわかる。

3 例 外

以上のように未成年者はその法定代理人によって財産の保全がなされているが，その目的は未成年者の利益を確保することにある。そうであれば，未成年者の利益を害しない場合には，法定代理人の同意を得る必要はなかろう。そこでそのような場合に，民法は例外として，未成年者を行為能力者として扱うことを認めている。

たとえば，学校の教科書を買うために親から与えられた金銭は，目的を定めて処分を許された財産としてその目的の範囲内で処分することが認められ，これを取り消すことができない（5条）。また小遣い銭として与えられた場合は

目的が明らかではないが，処分を許された財産として小遣い銭を使った行為も取り消すことができない（同条）。

また未成年者が借金を負っているときに借金を免除してもらう行為は，未成年者の負担を軽減することになるであろう。また贈与を受けることも不利になることはない。そこで借金を免除する契約や贈与契約は，単に権利を得または義務を免れる行為として取り消すことはできない（4条1項但書）とされている。

§4 成年後見制度

1 後 見
(1) 意 義
　旧法では禁治産者は「心神喪失ノ常況」にある者と規定され，家庭裁判所が禁治産宣告をすることになっていたが，新法では「精神上ノ障害ニ因リ事理ヲ弁識スル能力ヲ欠ク常況」にある者について，本人，配偶者，四親等内の親族，未成年後見人，未成年後見監督人，保佐人，保佐監督人，補助人，補助監督人または検察官の請求によって，家庭裁判所は後見開始の審判をすることができる（7条）とした。一時的に正常になることがあっても，恒常的に意思能力を欠いている状態にある者を指している点では新法でも変更はないが，「禁治産者」という用語は廃止された。社会的偏見が存在し，またこれに対する心理的抵抗も大きかったことは前述したとおりである。

(2) 保 護 者
　後見開始の審判を受けた者は「成年被後見人」と呼ばれ，「成年後見人」が保護者として付けられることになる（8条）。旧法では夫婦の一方が禁治産宣告・準禁治産宣告を受けたときは，他の配偶者が当然に他方の後見人となると規定されていた（旧840条）が，削除された。痴呆性高齢者などでは，後見人となるべき配偶者も高齢であることが多く，成年後見人として必ずしも適当であるとは限らないのに，当然に後見人とされるのは硬直的で柔軟性に欠けよう。そこで家庭裁判所が個々のケースに応じてもっとも適当な者（親戚，知人，法

律や福祉の専門家など）を成年後見人に選任することができるとした（843条）。また後見人は一人に制限されていた（旧843条）が、これも削除され、複数の成年後見人を付けることができるようにした（843条3項）。本人の状況によっては複数の成年後見人を選任したほうが、後見事務を遂行するのに適切であるからである。財産管理と身上監護を分担したり、本人が入所している社会福祉施設で財産管理を担当する成年後見人とともに、本人の住所地における成年後見人を選任するなど、柔軟な対応が可能になる。併せて法人も後見人になることができるものとした（同条4項）。社会福祉施設などでは実際に高齢者の財産管理を行う場合があるが、民法上「法人」が後見人となることができるかについては、とくに後見人が一人でなければならないとされていた（旧843条）ために、解釈上疑義があった。しかし、痴呆性高齢者や知的障害者については社会福祉事業を行う法人が、組織的に本人の財産管理や身上監護の事務を遂行しており、その必要性は高い。また身寄りのない本人も多く、適当な成年後見人を選任することが困難な場合も予想される。そこで諸外国の例にもならって、法人の成年後見人を認めることにしたのである。

(3) 成年後見人の権限

　旧法と同様、被後見人のなす法律行為は取り消すことができるとした（9条）。成年後見人は、この取消権のみならず、被後見人の財産に対して包括的な管理権ならびに代理権が与えられている（859条）。被後見人は恒常的に判断能力が欠如している状態であるために、その法律行為について全面的な保護を与えようとするものである。したがって被後見人が単独で行った行為は言うまでもなく、後見人の同意を得て行った行為であっても常に取り消すことができる。

　他方、新法における制限能力者の自己決定の尊重・身上監護の観点から、成年後見人は成年被後見人の生活、療養看護および財産の管理に関する事務を行うに当たっては、「成年被後見人の意思を尊重し、かつ、その心身の状態及び生活の状況に配慮しなければならない」（858条）。

　また複数の成年後見人を選任できることになったため、事務遂行上意見が対立することもありうる。そこで権限行使の調整をはかるため、各成年後見人は原則的に単独で代理権、同意権、取消権などを行使することができるとしつつ、

例外的に家庭裁判所は権限の共同行使，もしくは分掌を定めることができ（859条の2第1項），またこの定めを取り消すことができる（同条の2第2項）。相手方の意思表示を受ける際にも，複数の成年後見人がいるとき，どの後見人にすべきか問題となりうる。そこで破産法163条2項や，会社更生法97条2項にならい，相手方保護の観点から，第三者の意思表示は，成年後見人の一人に対してすれば足りるものとした（同条の2第3項）。

さらに重要な財産行為に関して，成年後見人の権限に留保がつけられている。成年被後見人の居住の用に供する建物またはその敷地について，売却，賃貸，賃貸借の解除または抵当権の設定その他これらに準ずる処分をするには，成年後見人は家庭裁判所の許可を得なければならない（859条の3）。このような財産処分行為は，成年被後見人に対する影響が大きいからである。

(4) 取消の例外

原則的に成年被後見人の行為はすべて取り消し得るが，そうすると日常生活にも困ることになる。自己決定尊重の観点から，日常生活の範囲に関しては本人の自己責任に委ねることにして，取消権の対象から除外することにした。つまり日用品の購入その他日常生活に関する行為，たとえば食料品や身の回りの物などの購入に関する契約（必需契約という）という日常生活に不可欠な法律行為が確定的に行える（9条但書）。

(5) 後見監督人

成年後見人の事務を監督するため，家庭裁判所は成年後見監督人を選任することができる（849条の2）。旧法では，後見監督人の選任のためには，本人の親族または後見人の請求がある場合に限られていた（旧849条）ので，監督人の制度があまり利用されない原因のひとつともなっていた。そこで新法では，成年被後見人，その親族もしくは成年後見人の請求によるほか，家庭裁判所の職権によっても，成年後見監督人を選任することができるとしたのである。これは家庭裁判所の裁量によって，迅速に監督を付すことによって，後見監督体制を充実させる目的をもつものである。

2 保　佐
(1) 意　義

「精神上ノ障害ニ因リ事理ヲ弁識スル能力ガ著シク不十分ナル者」で，家庭裁判所の保佐開始の審判を受けた者を被保佐人とする（11条）。旧法では心神耗弱者または浪費者を準禁治産者としていたが，浪費者を除外した。浪費者といえども判断能力のある場合もあるので，これを制限能力者とすることは私的自治への過度の介入となるからである。

家庭裁判所の審判は，成年被後見の場合に準じて，本人，配偶者，四親等内の親族，後見人，後見監督人，補助人，補助監督人又は検察官の請求によってなされ（11条），保佐開始の審判を受けた者は「被保佐人」として保佐人が付けられることになる（11条ノ2）。被保佐人は，自己の取引行為の結果・利害得失を十分に判断する能力を欠いているが，その程度は判断能力を常に欠いている成年被後見人ほどではない状態をいう。判断能力を欠く程度が中程度と位置付けられるのはそのためである。したがって本人の財産に大きく影響を与えることのないような，日常生活での取引は本人みずから行為することが予定されている。ただし，一定の重要な行為は本人の財産保護のために行為能力を制限するのである。

被保佐人は，重要な財産取引については，保佐人の同意なくして単独ですることができない。同意を得ずにした行為は，取り消すことができる（12条）。重要な財産取引以外の行為は被保佐人の同意を得る必要はないのである。

(2) 保佐人の同意を必要とする重要な財産取引

民法が列挙する行為（12条1項1号～9号）は以下のとおりである。
① 元本を領収し又はこれを利用すること
② 借財又は保証を為すこと
③ 不動産その他重要なる財産に関する権利の得喪を目的とする行為を為すこと
④ 訴訟行為を為すこと
⑤ 贈与，和解，又は仲裁契約を為すこと
⑥ 相続の承認若しくは放棄又は遺産の分割を為すこと
⑦ 贈与若しくは遺贈を拒絶し又は負担付の贈与若しくは遺贈を受諾するこ

と
⑧　新築，改築，増築又は大修繕を為すこと
⑨　第602条に定めた期間を超える賃貸借を為すこと

　以上の行為について，保佐人の同意またはこれに代わる許可を得ないでなした場合，取り消すことができる（12条4項）。このように列挙された重要な財産取引についてのみ，保佐人の同意が必要となり，それ以外の行為は原則として単独でできるのである。

　ところが被保佐人の判断能力も程度の差があり，中には成年被後見人の状況に近い者まである。そこで，列挙された行為以外でも，審判を得て保佐人の同意を要するものとすることができるとして（12条2項），柔軟な対応ができるようにした。ただし成年被後見人の場合と同様，日用品の購入など日常生活に関する行為は取り消すことができない（12条1項但書）し，それは審判によっても変更することができない（12条2項但書）。

　他方において，列挙された行為であっても，被保佐人の利益を害するおそれのない行為については，保佐人の同意が得られなくても，家庭裁判所は被保佐人の請求により同意に代わる許可を与えることができる（12条3項）とした。

(3)　保佐人の権限

　旧法においては保佐人は同意権を有していたが，取消権や代理権は有していなかったため，本人保護の実効性に欠けると指摘されていた。そこで新法ではこれを変更し，同意権とともに（12条1項本文），保佐人にも取消権を認める（12条4項，120条1項）。さらに先に述べた被保佐人の判断能力の程度の差にも対応して，家庭裁判所は特定の法律行為について保佐人に代理権を付与する旨の審判をすることができるとした（876条の4）。被保佐人の取引や財産管理について柔軟な対応を可能とするためである。

　他方，新法における制限能力者の自己決定の尊重・身上配慮の観点から，保佐の事務を行うに当たって，被保佐人の意思を尊重し，かつ，その心身の状態および生活の状況に配慮しなければならない（876条の5）。

(4)　保佐監督人

　前述したように，保佐人には同意権のみならず，新たに取消権が認められ，さらに審判により代理権を付与されうることになったので，財産管理権限が強

化されたことになる。そこで保佐の職務を遂行する上で適正化を図るため，家庭裁判所は，必要があると認めるときは，被保佐人，その親族若しくは保佐人の請求によって，または職権で保佐監督人を選任することができる（876条の3）。

3 補　　助
(1) 意　　義
　今回，判断能力の程度についてはさまざまな段階にある制限能力者に柔軟に対応できるように，軽度の痴呆を予定した制度が新たに設けられる補助である。補助を受ける者を被補助人といい，「精神上ノ障害ニ因リ事理ヲ弁識スル能力ガ不十分ナル者」について，家庭裁判所の審判を受けた者とする（14条）。軽度の痴呆や，知的障害，精神障害者を対象としており，判断能力の欠如の程度は被後見人，被保佐人に比べて軽い。そのため保護すべき範囲も限定され，被保佐人について列挙された財産取引（12条1項）の一部の行為を被補助人が行う場合に限って，家庭裁判所は補助人の同意を得ることを要する旨の審判をなすことができるとした（16条1項）。このように同意権の対象を限定しているが，なお判断能力には程度の差が存在し，中には被保佐人の状態に近い者も想定されうる。そこで柔軟かつ弾力的な運用を可能にするために，取消権および代理権の付与については保佐人の場合と同様，補助人にも認めている。

(2) 保　護　者
　家庭裁判所の補助開始の審判は，成年被後見の場合に準じて，本人，配偶者，四親等内の親族，後見人，後見監督人，保佐人，保佐監督人または検察官の請求によってなされ（14条），補助開始の審判を受けた者は「被補助人」として補助人が付けられることになる（15条）。

　補助を必要とする行為は被保佐人の場合よりも限定されるが，審判によってその行為については被補助人の同意を要するとすることができ（16条1項），同意を得ないでした行為は取り消すことができる（同条4項）。したがって被補助人は，同意を要する特定の行為以外は，同意なくして単独ですることができる。

　もっとも被補助人の利益を害するおそれがないにもかかわらず，補助人が同

意しないときには，家庭裁判所は被補助人の請求により同意に代わる許可を与えることができる（16条3項）。

 (3) 補助人の権限

被補助人は，成年被後見人や被保佐人に比して，軽度の精神障害者，痴呆性高齢者であるため，一定範囲の行為をする判断能力は有しているのであって，高度の判断能力を要する重要な財産取引についてのみ補助を必要とする。これに応じて，補助人の権限も前述したように原則として特定の法律行為に限定されることになる。つまり特定の行為に関して，補助人は同意権と取消権を有するが，さらに家庭裁判所は代理権を付与する旨の審判をすることができる（876条の9第1項）。したがって補助人であっても，後見人や保佐人と同様，被補助人の財産に関して代理行為をなすことができ，被補助人の判断能力に応じて柔軟な対応が可能となるのである

 (4) 補助監督人

このように比較的その程度が軽い被補助人においても，補助人には同意権のみならず，新たに取消権が認められ，さらに審判により代理権を付与されうることになったので，財産管理権限が強化されたことになる。そこで保佐人同様，補助の職務を遂行する上で適正化を図るため，家庭裁判所は，必要があると認めるときは，被補助人，その親族若しくは補助人の請求によって，または職権で補助監督人を選任することができる（876条の8第1項）。

4 任意後見

 (1) 意　義

上述した成年後見，保佐，補助（これらをまとめて法定後見という）の類型はその程度に差があるとしても，判断能力が低下した者を保護する制度であるから，現在まだ判断能力が低下していない人は利用できない。しかし，判断能力のあるうちに任意後見人を選び，保護内容をあらかじめ契約で定めておき，将来意思能力を失ったときに任意後見人に財産管理や身上監護を受けたいとしたら，どうすればよいか。このような要望に正面からこたえるのが任意後見契約の制度である。

民法における任意代理および委任の制度では，本人の意思能力の喪失は代理

任意後見契約法制度の手続の概略

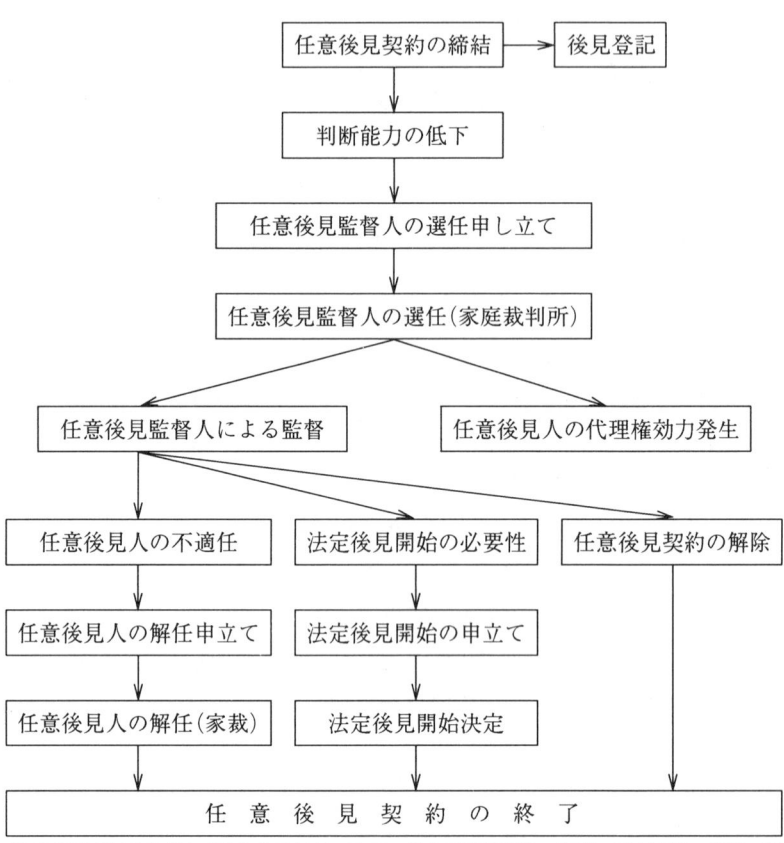

```
任意後見契約の締結 → 後見登記
        ↓
    判断能力の低下
        ↓
任意後見監督人の選任申し立て
        ↓
任意後見監督人の選任（家庭裁判所）
   ↓                    ↓
任意後見監督人による監督    任意後見人の代理権効力発生
   ↓         ↓         ↓
任意後見人  法定後見開始  任意後見契約の解除
の不適任    の必要性
   ↓         ↓
任意後見人  法定後見開始
の解任申立て の申立て
   ↓         ↓
任意後見人  法定後見開始決定
の解任(家裁)
        ↓
    任意後見契約の終了
```

（法務省民事局参事官室「成年後見制度の改正に関する要綱試案の解説—要綱試案・概要・補足説明—」(1998年・金融財政事情研究会) 63頁別表2をもとに手を加えた）

権の消滅事由ではなく（111条），委任の終了事由ともされていない（653条）が，通説は本人が意思能力を喪失しても，任意代理人の代理権は消滅しないと解されている。しかし任意代理人の権限濫用を防止する公的監督制度がない。英米諸国では本人保護のために公的機関による監督制度を整備する立法が近時なされてきているが，わが国の一部地方自治体でも高齢者などの財産管理サービスが実施されてきた。しかし公的機関による監督制度がないために，本人が意思能力を喪失した場合にはその時点で契約を終了させる旨の約定がなされること

が多く,財産管理・保全のサービスの普及に支障が生じたり,また契約によって代理権を継続させるようにしてもまだ十分な理解が得られていないとの指摘がなされてきたために,公的機関による監督の法的枠組みが要請されたのである。そこで今回の立法により,本人の意思決定を尊重しつつ,その意思に応じた任意後見契約の方式,手続などを定めるとともに,任意後見監督人という監督機関を設けることにした。したがって家庭裁判所は,本人の意思,および自己決定を尊重して,任意後見監督人を通じて間接的にのみ関与するにとどまっている。

(2) 任意後見契約の内容・方式

任意後見契約とは,委任者が受任者に対し,精神上の障害により事理弁識能力が不十分な状況において,自己の生活,療養看護および財産の管理に関する事務の全部または一部を委託し,その事務に関する代理権を付与する委任契約をいう(任意後見契約に関する法律〔以下,任意後見法〕2条1号)。本人の判断能力の低下は,少なくとも法定後見における「補助」のレベル,すなわち「事理ヲ弁識スル能力ガ不十分ナル」状況であることが基準となる。そして家庭裁判所により任意後見監督人が選任された時からその効力を生ずることから,任意後見人への代理権の授与は任意後見監督人の選任を停止条件としている。これは,任意後見監督人の監督のもとにおいてのみ代理権を行使させることにより,任意後見人の代理権限の濫用を防止するためである。任意後見監督人が選任されるまでは,任意後見契約の受任者は任意後見受任者といい,選任された後に任意後見人となる(任意後見法2条3号・4号)。

任意後見契約を締結するときは,法務省令で定める様式の公正証書によってしなければならない(任意後見法3条)。公正証書による要式行為とすることで,公証人の関与により,本人の意思能力を確認し,本人の真正な意思による適切な内容の契約と,契約書の成立の真正を制度的に担保すること,あわせて公正証書の証明力および公証人の証言による確実かつ容易な立証が可能になる。

また任意後見契約の内容は,戸籍とは異なる登記に登録し,後見人等の請求により登記事項証明書を交付させることとなった(後見登記等に関する法律5条,10条)。

(3) 保　護　者

　任意後見契約によって本人から委託された任意後見人は，成年後見の場合と同様，その事務を行うにあたっては，本人の意思を尊重し，かつ，その心身の状態及び生活の状況に配慮しなければならない（任意後見法6条）。事務の内容は，委任契約であることから法律行為に限定されるが，生活，療養看護，財産管理に関する事務と広範囲に及ぶ。たとえば医療契約，住居に関する契約，施設入所契約，介護やリハビリに関する契約などが考えられる。

　任意後見人に「不正な行為，著しい不行跡その他その任務に適しない事由があるとき」は，家庭裁判所は，任意後見監督人，本人，その親族または検察官の請求により，任意後見人を解任することができる（任意後見法8条）。任意後見人が解任されれば，任意後見契約は当然に終了するものと解される。

(4) 任意後見監督人

　任意後見契約が登記された場合，家庭裁判所は，本人，配偶者，四親等内の親族または任意後見受任者の請求により，任意後見監督人を選任する（任意後見法4条）。任意後見人の権限濫用を防ぐため，任意後見人の事務を任意後見監督人が適正に監督することとしたのである。その実効性を担保するため，任意後見人の配偶者，直系血族および兄弟姉妹は任意後見監督人になることができない（任意後見監督人の欠格事由，任意後見法5条）。

　任意後見監督人の職務は，任意後見人の事務を監督し（任意後見法7条1項1号），その事務に関して家庭裁判所に定期的に報告をし（同2号），急迫の事情がある場合に，任意後見人の代理権の範囲内において必要な処分をし（同3号），任意後見人と本人とが利益相反する行為について本人を代表する（同4号）ことである。さらに任意後見監督人は，いつでも任意後見人に対してその事務の報告を求め，あるいは事務の調査，本人の財産の調査をすることができる（任意後見法7条2項）。同様に家庭裁判所も，事務報告や財産調査を命ずることができ，併せて任意後見監督人の職務について必要な処分を命ずることができる（同3項）。

　任意後見監督人が欠けた場合は，職権によってもさらに任意後見監督人を選任することができ（任意後見法4条4項），また複数選任することもできる（同5項）。

(5) 法定後見との関係

　法定後見（補助・保佐・成年後見）との関係においては，本人の自己決定を尊重しつつ，同時に任意後見人（任意後見監督人）と法定後見人（その監督人）の権限の抵触や重複を回避しなければならない。そこで，本人が成年被後見人，被保佐人，被補助人である場合に，その法定後見を継続することが本人の利益のため特に必要であると認めるときは，任意後見監督人を選任できないものとしつつ（任意後見法4条1項2号），他方任意後見監督人を選任するときは，家庭裁判所は後見・保佐・補助の各開始の審判を取り消さなければならない（同2項）とする。さらに，任意後見契約が登記されている場合にあっても，本人の利益のため特に必要があると認めるときには，家庭裁判所は後見開始の審判等をすることができる（任意後見法10条）。

§5　制限能力者の相手方の保護

　これまで見てきたように制限能力者の行為は取り消されることがあるので，取引の相手方はそのリスクを負わされることになる。その法律行為は取り消されれば無効に確定するが，追認がなされれば確定的に有効となり，取消しか追認までは一応有効であるという状態（不確定的有効）に置かれるからである。そこで民法は相手方の取引の安全も考慮してその対応策を講じた。第一に，取消権そのものを行使するか否かを確答させる催告権（19条）であり，第二に詐術を用いた制限能力者に対して取消権自体を否定するという手段である。このほか，追認の擬制（125条），取消権の短期消滅時効（126条）もあるが，これらはそれぞれのところで説明する。

1　催　告　権

　制限能力者の相手方は，1ヵ月以上の期間を定めて，この期間内に制限能力者のした法律行為を取り消すか否かを確答せよと催告することができる（19条1項）。この期間内に確答を発しない場合には，原則として追認の効果が発生

する。ただし催告の相手は本人が能力者となるか否かによって異なる。要するに，

　①　制限能力者が法律行為の後に能力者となった場合，本人に対して催告がなされるが，期間内に確答を発しない場合，その行為を追認したものとみなされる（同条1項）。

　②　制限能力者が能力者とならないときには，本人にではなく，その法定代理人，保佐人又は補助人に対してその権限内の行為について催告がなされるが，期間内に確答を発しない場合，その行為を追認したものとみなされる（同条2項）。

　もっともこの追認の効果に対する例外がある。後見人の代理権や同意権に制限が加えられている場合（864条）には，後見監督人の同意が必要であり，このように特別の方式を必要としている場合，確答が発せられないときには，取り消されたものとみなされる（同条3項）のである。また被保佐人または被補助人に対して催告がなされた場合にも，同様である（同条4項）。

2　詐術による取消権の否定

　「制限能力者カ能力者タルコトヲ信セシムル為メ詐術ヲ用ヒタル」ときは，その行為は取り消すことができない（20条）。このような場合には制限能力者を保護する理由がないからである。

　「詐術」とは，相手方に自分が能力者であることを誤信させる行為をいう。たとえば，戸籍謄本を偽造したり，他人に自分が能力者であることを偽証させたりするような積極的行為は「詐術」にあたるが，自分が制限能力者であることを黙っていた場合はどうか。古い判決においては，準禁治産者が無能力者であることを秘していただけでは「詐術」にはあたらないとした（大判大正5・12・6民録22輯2359頁）り，自分は能力者であると告げた場合でも積極的な詐欺手段を用いたわけではないから「詐術」に当たらないとしたものがある（大判大正6・9・26民録23輯1495頁）が，最高裁は「無能力者であることを黙秘していた場合でも，それが，無能力者の他の言動などと相俟って，相手方を誤信させ，または誤信を強めたものと認められるときは，なお詐術に当たる」としている（最判昭和44・2・13民集23巻2号291頁）。

§6 住　　所

〔設例〕　横浜の大学に入学した学生が郷里の名古屋から離れて横浜の学生寮に住んでいる場合，名古屋もしくは横浜で議員や市長の選挙があればどこで投票できるのであろうか。

1　住　　所

　民法総則は私法全般にわたる基本原則を，人，法律行為，取引の目的となる物などを軸として規定しているが，住所も法律関係において確定しなければならないことがある。たとえば相続が開始する場所（883条），債務を履行する場所（484条），不在者を決める基準（25条）などのほか，民法以外でも選挙権を行使できる場所を決定する基準（公職選挙法9条2項），裁判管轄の基準（民訴4条2項），手形行為の場所（手2条3項，4条，21条など）などである。

　借金の支払い場所をとくに決めないまま借金をした場合，お金を借りた債務者は貸主である債権者の住所で返すことになる（484条）。問題は住所を決定する基準であるが，民法は「各人ノ生活ノ本拠」を住所とする（21条）。「生活ノ本拠」とはその人の生活の中心となる場所である。

　「生活ノ本拠」はどのようにして決められるか。「定住の意思」があれば生活の本拠であるとする立場（主観説）と「定住の事実」という客観的な事実をもって生活の本拠とする立場（客観説）とがある。定住の意思は外部から見て必ずしも明確ではないため，近年の判例は客観説が有力と言ってよい（最判昭和27・4・15民集6巻4号413頁は，住所所在地の認定は各般の客観的事実を総合して判断すべきものとする）。

　〔設例〕では学生の住所がどこであるかという問題と関わる。3ヵ月以上引き続いて市町村の区域内に住所を有する者に，その属する地方公共団体の議会の議員や長の選挙権があるからである（公職選挙法9条2項）。判例では寄宿寮に入っている学生の住所は寄宿寮であるとした（星嶺寮事件・最判昭和29・10・20民集8巻10号1907頁）。

2　居所・仮住所

　人は必ずしも住所を定めなかったり，転々と住所を変えたり，あるいは不明ということもありうる。このようなとき住所に関する問題をどのように処理するかという問題が生ずる。民法はこれを補充する規定として，「住所ノ知レサル場合」には「居所」が住所とみなされると定めた（22条）。また日本に住所を有しない場合も同様に居所が住所とみなされる（23条）。

　もっとも取引の当事者がある場所を仮住所として選んだ場合には，その行為に関して住所とみなされる（24条）。

◇　論　点　◇

住所の意義

　生活の中心たる住所は一つでなければならないか（単一説），複数あってもよい（複数説）のかは一個の問題である。判例はかつては単一説と目されたが（最判昭和35・3・22民集14巻4号551頁），現在では実質的にみてむしろ複数説に近いと指摘されている（四宮＝能見・55頁）。生活の本拠を客観的に判断すべきであるとすると，複雑化しつつある現代の生活関係からすれば，勤務先は甲地であるが，住居は乙地で，個人事務所を丙地に有しているというような場合，住所はその取引の内容・目的などに応じて複数存在することを認めてよいであろう。

§7　不在者の財産の管理と失踪宣告

　〔設例〕　Aは一人住まいであったが，ある日家を出てから行方がわからない。Aに金を貸した債権者はどうすればよいか。Aの所有する土地・建物は誰が管理すべきか。

1 意　義

　先にみた「住所」はある人の所在があることを前提としていたが、その所在が明らかでないとか、不明である場合には、当人を中心として発生した法律関係の処理が問題となる。そこで不在者の財産管理制度と失踪宣告制度を定めた。

2　不在者の財産管理

(1) 不在者が財産管理人を置いていない場合

　この場合、家庭裁判所は利害関係人または検察官の請求によって、財産管理人の選任などの、「其財産ノ管理ニ付キ必要ナル処分」を命ずることができる（25条1項前段）。選任された財産管理人は、財産目録を作成して管理すべき財産を明確にし（27条1項）、財産の保存・改良にあり、家庭裁判所の許可を得て財産の処分などをすることができる（28条前段）。家庭裁判所は、財産管理人に対して財産の保存に必要な処分を命じ（27条3項）、必要に応じて担保を提供させ、また不在者の財産から報酬を与えることができる（29条）。

(2) 不在者が財産管理人を置いている場合

　財産管理人がいる場合には、普通問題にならない。私的自治の原則に基づいて国家は介入すべきでないからである。しかし、例外として、第一に管理人が権限を失った場合、第二に本人の生死が不明となった場合である。
　管理人が権限を失った場合（25条1項後段）には、財産管理人を置いていない場合と同様になる。本人の生死が不明となった場合には（26条）、家庭裁判所は利害関係人または検察官の請求により、管理人を改任することができる。また、本人が後になってから管理人を置いたときには、家庭裁判所はその管理人、利害関係人または検察官の請求により、命じた処分を取り消すことになる（25条2項）。

3　失踪宣告

　不在者が生死不明の状態であり、それが長期間にわたるともなれば、前項でみたような生存を前提にした財産管理はもはや適当ではなく、本人の死亡を視野に入れた制度を考えざるを得ない。不在者の家族や利害関係人にとっては、本人を中心にした法律関係（たとえば生命保険金の受領や、相続、婚姻など）

は重大な問題となるからである。そこで，不在者の生死不明状態が長期間継続した場合に，不在者をいちおう死亡したものとして取り扱い，その後の法律関係を確定することにした。これが失踪宣告制度である。

(1) **失踪宣告の要件**

失踪宣告がなされる場合には，**普通失踪**と**特別失踪**の二種類がある。不在者の生死が7年間分らない場合が普通失踪（30条1項）であり，戦地に臨んだ者，沈没した船に乗っていた者，その他生命の危険を伴う危難に遭遇した者は，それぞれ戦争がやんだあと，沈没したあと，危難が去ったあと，1年間生死が不明な場合を特別失踪（30条2項）という。以上の場合に，本人の配偶者・相続人などの利害関係者の請求にもとづいて，家庭裁判所が失踪宣告を行う。

(2) **失踪宣告の効果**

失踪宣告がなされれば，失踪者は普通失踪のときには7年間の期間満了のときに，特別失踪のときは危難が去ったときに，死亡したものとみなされる（31条）。この死亡したものとみなされるのは，本人を中心とした利害関係人のために，したがって失踪する前の住所地を中心とする法律関係を処理するためであるから，失踪者が別のところで生存しているときには，物を買ったり，借りたりすることまで制限するものではない。つまりまだ生存している失踪者の行為能力や権利能力を否定するものではないことに注意すべきである。

そして失踪者が死亡したものとみなされるために，配偶者との婚姻関係は解消し（再婚しても重婚とはならない），相続が開始する（882条）ことになる。

(3) **失踪宣告の取消**

失踪者が生存していたり，死亡したとみなされた時とは異なる時に死亡したことがわかった場合には，家庭裁判所は，本人または利害関係人の請求により失踪宣告を取り消さなければならない（32条）。取消によって，死亡したものとみなされた失踪宣告ははじめからなかったことになる。したがって婚姻解消や相続という死亡にともなう効果も発生しなかったことになる。失踪宣告を起点として財産を取得した者はこれを返還しなければならない。

(4) **失踪宣告取消の効果**

失踪宣告の取消という効果は，失踪者の生存を知ってそれまでの法律関係の復活を望む者にとってはそれでよいであろうが，死亡を前提として法律関係を

変更した場合，たとえば再婚したり，相続したり，さらに失踪者の財産を他人に譲渡した場合には不利益が生じる。そこで民法は二つの例外的取扱いを認めた。

(a) 失踪宣告によって財産を得た者は，取消によって財産に対する権利を失うが，現に利益を受けている限度で返還すればよい（32条2項）。現に利益を受けている限度とは，取得した財産がそのまま残っている場合はそれを返還し，一部消費した場合には残っている部分を返還し，さらに全部消費した場合には返還義務を負わないことを意味する。たとえば，失踪宣告によって不動産を相続した者は，不動産を返還する義務を負うが，これを売った場合代金が残っている限り返還することになる。しかしその代金を生活費に充てた場合には，その分だけ生活費が減少しなかったことになるので，なお利益が存すると解され，消費したとしてもこの部分は返還しなければならないというのが判例である（大判昭和7・10・26民集11巻1920頁）。財産を得た者が失踪者の生存を知っていた（悪意）場合には，全利益に利息を付して返還しなければならないと解されている（多数説，704条の悪意の受益者と同様）。

(b) 失踪宣告の後，取消前に善意でなされた行為は，その効力を妨げられない（32条1項但書）。たとえば，Aが失踪宣告を受けた後，Bが相続し，失踪宣告が事実に反することを知らずにBは相続財産をさらに善意のCに譲渡した場合，その後失踪宣告の取消がなされても，Cはその財産の権利を失わないことになる。

◇ 論　点 ◇

相対的構成と絶対的構成

先の例で判例は，BからCへの売買契約が有効であるためには，BとCの双方が善意であることを要するとした（大判昭和13・2・7民集17巻59頁）。そのため，Bが悪意であればCがたとえ善意であっても32条1項但書は適用されず，Cは有効に権利を取得できないことになる。これに対して取引安全の見地から，Cが善意であれば同条但書を適用して，Cへの売買契約は有効であるとする見解もある。さらに，善意のCからの転得者Dが登場した場合，Dが悪意であるか否かによってどのように構成するかという問題がある。

Dが悪意であればDへの売買は無効であるが，善意であれば売買は有効であるとしてDの主観的態様に応じて相対的に構成する立場（相対的構成）と，いったん善意のCに有効に権利が移転した以上，Dが悪意であっても有効に権利を取得すると構成する立場（絶対的構成）がある。

〔参考文献〕
(1) エーアリッヒ（川島武宜＝三藤正訳）『権利能力論』（岩波書店，1941年）
(2) 星野英一「私法における人間―民法財産法を中心として」岩波講座・基本法学1―人（1983年）
(3) 村上淳一『「権利のための闘争」を読む』岩波セミナーブックス4（1983年）
(4) 須永醇「権利能力，意思能力，行為能力」民法講座1（有斐閣，1984年）
(5) 法務省民事局参事官室「成年後見制度の改正に関する要綱試案の解説―要綱試案・概要・補足説明―」（金融財政事情研究会，1998年）
(6) 米倉明「信託法・成年後見の研究」（新青出版，1998年）
(7) 新井誠「財産管理制度と民法・信託法」（有斐閣，1990年）
(8) 小林昭彦＝大鷹一郎編「わかりやすい新成年後見制度」有斐閣リブレ（1999年）

第3章　法人——権利の主体 (その2)

§1　法人とは

〔設例〕　ボランティア団体Aは，ボランティア活動の拠点を確保するため，賃貸業を営むBが所有するビルの一室を借りることを計画し，その代表者aがBと交渉を行った結果，賃貸借契約を締結することになった。団体Aが法人である場合，この賃貸借契約の当事者は誰と誰か。

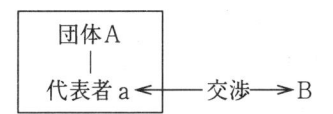

```
┌──────────┐
│  団体A    │
│   │      │
│  代表者a │◄──── 交渉 ───►B
└──────────┘
```

　法人とは，**自然人**（1条ノ3）以外に，**権利能力**（**法人格**）を付与され，権利義務の主体となることを認められた団体である。

　現代社会には各種各様の団体が存在しており，われわれは，それらの団体と取引したり，その一員となったりする。たとえば，日常の学生生活においても，電鉄会社の電車に乗り，生協（生活協同組合）で本を買い食事をし，銀行から預金を引き出し，奨学金の財団から奨学金をもらい，課外活動としてサークル活動等を行い，また大学を卒業すれば同窓会の会員となり，就職すれば会社との間に雇用契約を結ぶことになる。このうち，会社，生協，および奨学金財団は法人であるが，サークルや同窓会は法人ではない。このように，団体といっても，法人格を有するものもあれば，そうでないものもあり，どのような団体

に法人格を与えるかは，国の立法政策の問題であり，また歴史的にも変遷してきている。

そして，ある団体が法人格を取得するには，法律に基づかなければならない（33条）。これを**法人法定主義**という。民法が定めている法人は，祭祀，宗教，慈善，学術，技芸，その他公益に関する**社団**（共同の目的を有する自然人の集合体）または**財団**（一定の目的のために提供された財産の集合体）であって，営利を目的としないものである。つまり，民法により設立される法人は，**公益社団法人**と**公益財団法人**だけであり（34条），しかも，その設立には主務官庁の許可を要する（許可主義）。

そのため，ボランティア活動等を行う市民団体が，民法の公益法人制度のもとで法人格を取得することは非常に困難であった。しかし，1995年1月17日の阪神・淡路大震災をきっかけとして，ボランティア活動等のさまざまな市民活動を行う団体の法人化を容易にすべきだという声が高まり，1998年3月，**特定非営利活動促進法**，いわゆるNPO（Non Profit Organization）法が成立し，1998年12月から施行されることになった。したがって，〔**設例**〕のボランティア団体Aも法人（特定非営利活動法人＝NPO法人）であるのなら，自然人と同じように権利義務の主体となることができ，団体A自身が契約の当事者となる。

◇ 論　点 ◇

1　法人化のメリット

たとえば，構成員が多数存在する団体（社団という）が取引を行った結果，債権を取得し，債務を負担し，不動産を購入し，あるいは取引をめぐって訴訟になった場合，その社団に法人格がなければ，全構成員の名で契約を締結し，全構成員の名で不動産登記をし，あるいは全構成員の名で訴訟を行わなければならないということになり，きわめて不便であるばかりか，社会経済的にもさまざまな摩擦が起こるであろう。

そこで，このような社団は，構成員（社員という）とは別個独立に存在するものとみなし，①法律関係の単純化・明確化をはかり，②構成員の財産とは別個の社団独自の財産の存在を認め，その社団自体を権利義務の単一の帰属点と

§1 法人とは 59

する法技術が，法人制度であり，法人格を付与された社団が社団法人である（同様に，財団という財産の集合体自体を単一の権利義務の帰属点として，法人格を付与したものが財団法人である）。

その結果，社団法人自身の名で契約を結び，債権を取得し，債務を負担し，不動産登記をし，あるいは社団自身の名で訴訟を行うことができる。

2 法人学説

法人の本質，つまり，なぜ法人が認められるかについて，かつて大いに議論された。法人学説として，**法人擬制説，法人否認説，法人実在説**などがある。法人擬制説は，法人とは法律によって人為的に権利義務の主体とされた擬制的存在であると説き，法人否認説は，法人とは単に多数当事者間の法律関係を単一化するための法技術ないし，法律関係の形式的帰属点であり，実在しないと説く。他方，法人実在説は，法人とは社会的有機体ないし組織体として，自然人と同様に社会的に実在すると説く。

これらの法人学説は，それぞれ一定の歴史的時代背景を担って主張されたものであり，社会の構成単位を個人（自然人）中心に見れば，擬制説ないし否認説が妥当ということになるし，他方，資本主義経済の発展とともに法人が重要な経済主体として活動している点を見れば，実在説が妥当ということになろう。しかし，これらの学説は，同一平面上において対立するものではなく，それぞれ，法人の本質の一側面を述べていると考えるべきである。

実際，いずれの学説を採ったからといって，具体的な結果において大きな差異は存しない。すなわち，実在説によれば，法人の代表機関である理事の行為（代表行為）を，法人の行為とみるので，法人自体の行為（法律行為）や不法行為が観念され，理事の不法行為は，即，法人自体の不法行為となり，法人が損害賠償責任を負うのは当然ということになり，民法44条1項は単なる注意規定ということになる。これに対し，擬制説・否認説によれば，法人自体の行為や不法行為はなく，法人の代理人である理事の行為（代理行為）によって法人が権利・義務を取得し，また理事の不法行為については，法人が特別に損害賠償責任を負わされることになり，44条1項は創設規定ということになる。いずれにせよ，理事の不法行為につき，法人の損害賠償責任を認めることに変わり

はない。

　一方，理事個人の不法行為責任（709条）につき，擬制説・否認説によれば，理事個人が責任を負うのは当然であるのに対し，実在説によっても，理事の行為には，法人の機関としての行為の側面と，理事個人としての行為の側面の二面があり，後者の側面から理事は不法行為責任を負うことを認める。また，実在説では理事は代表機関であり，擬制説・否認説では理事は代理人ということになるが，民法自身，代表と代理を厳密に区別して使用せず，代理とすべきところに代表という用語を使用している場合がある（824条参照）。

　要は，いずれか一つの法人本質論のみに拘泥するのではなく，法人に関する諸規定を論理整合的に解釈することが重要である。

◇ 発展・研究 ◇

　上記の〔**設例**〕（57頁）において，ボランティア団体Aが，法人でない場合，賃貸借契約の当事者は誰か。

1　民法上のその他の団体

(1) 民法上の組合

　民法は，法人以外の団体として，組合に関する規定を設けている。すなわち，**民法上の組合**は，その構成員（組合員）が共同出資をして共同事業を営むという組合契約によって結ばれた団体である（667条参照）。農業協同組合（農協）や生活協同組合（生協）等の各種の協同組合や労働組合は，それぞれ特別法により法人とされているが，民法上の組合（以下，単に「組合」という）は法人ではないことに注意する必要がある。

　前述のように，組合においては，組合員同士が組合契約によって結ばれているため，組合員の個性が強く，組合は，組合員とは別個独立の存在である社団としての実体を備えていない。したがって，組合自体が契約の当事者となることはできず，業務執行組合員がいる場合を除き，組合員全員の名で共同して行為しなければならない（670条参照）。また，組合の訴訟は，組合員全員の名で行わなければならない（組合には訴訟当事者能力がない）。ただし，代表者または管理人の定めがあるときは，組合自体の名で訴訟を行うことができる（民

訴29条)。

　組合は，組合員の個性が強い反面，団体性が希薄であるため，組合財産と組合員の個人財産とが分別されていない。そのため，組合財産は，総組合員に合有的に帰属すると解され（668条参照），組合が所有する不動産の登記は，組合員全員の名でしなければならない（不動産登記能力がない）。また，組合の債権者は，まず組合財産にかかっていく必要はなく，いきなり各組合員の個人財産にかかっていってもよいと解され（組合員の直接無限責任），各組合員は，組合の債権者に対して分割責任を負う（675条参照）。

(2) **権利能力なき社団（権利能力なき財団）**

　民法は，団体に関する規制として，法人と組合について規定しているが，両者の違いは，団体性の強弱，構成員の個性の強弱にあり，その団体を，構成員とは別個独立の存在として認めうるかどうかということにある。それでは，団体性の強いものがすべて法人となりうるかというと，そうではない。民法は，公益法人についてしか規定していないし，法人となるためには，その他の法律に基づかなければならないからである（33条・**法人法定主義**）。

　したがって，法人格を有しないけれども，構成員が多数であって，構成員から独立した，団体としての実体を備えた社団が多数存在する（同様に，財団法人ではないが，実体がそれに近い財団も存在する）。これが，**権利能力なき社団**であり，不動産登記能力を除いて，社団法人と同じように取り扱うというのが判例・通説の立場である。したがって，権利能力なき社団自体が，契約の当事者となるわけである。

2　法人格否認の法理

　法形式上は法人であっても，その法人を実質的・経済的に支配しているのが自然人や別の法人（親会社）であって，これらの者が債権者詐害・脱税等の不正目的のために法人形式を利用している場合において，法形式のみを重視して当該法人に法人としてのメリットを認めることは，第三者との関係で正義・公平に反する。そこで，このように法人格が濫用されている場合や形骸化している場合に，裁判所が特定の事案に限って法人格を否認し，法人の背後にいる法人利用者の責任を追及するという法理が，**法人格否認の法理**であり，判例（最

判昭和44・2・27民集23巻2号511頁)・学説により承認されている。

　この法理の実定法上の根拠は，一般に権利濫用の禁止（1条3項）に求められることが多いが，その要件が不明確であるため，その適用には慎重でなければならない。

合有　複数人による財産の共同所有の一形態で，構成員は使用・収益権及び持分権を有するが，処分権が制限されている（676条参照）。このほか，共同所有の形態として，**総有**と**共有**がある。総有の場合，構成員は使用・収益権を有するが，持分権を有しない。また，共有の場合，構成員は使用・収益権，持分権及び処分権を有し，最も近代的な共同所有形態である。したがって，組合財産は総組合員の共有に属すと規定されている（668条）が，本規定の「共有」は，「合有」の意味であると解されている。

共同所有の形態	使用・収益権	持分権	処分権
総　有	○	×	×
合　有	○	○	△
共　有	○	○	○

（近代的 ↓）

合名会社・合資会社の社員の責任　合名会社や合資会社も，団体性が希薄であり，組合と同じ実体を有する団体であり，その内部関係について，組合に関する民法の規定を準用している（商68条，147条）。しかし，これらの会社は，法人であるので（商54条1項），その社員（構成員）の責任は，組合員の責任とは若干異なる。すなわち，これらの会社の債権者は，まず会社財産にかかっていき，それで不足した場合にのみ，無限責任社員の個人財産にかかっていくことができ，しかもその責任は連帯責任である（商80条，147条）。

---

§2　法人はどのように分類されるか

　法人は，適用される法領域の区分に従い，最も大きく分類すれば，**公法人**と

私法人に分けられる。国や都道府県・市町村等，あるいは行政関係の法律の適用を受ける日本道路公団（日本道路公団法2条）等の公団，住宅金融公庫（住宅金融公庫法3条）等の公庫，土地改良区（土地改良法13条）等が公法人であり，民法・商法等の私法の適用を受けるのが私法人である。しかし，現在では，公法・私法の区別の実益はないし，公法人であっても私法の適用を受ける場合があるので，公法人と私法人に分類することはあまり意味がない。

1 形態による分類

法人は，その形態により**社団法人**と**財団法人**に分類される。

社団法人とは，共同の目的をもった自然人の集合体（社団）に法人格が付与されたものである。したがって，社団法人には，原則として多数の構成員（社員）がおり（ただし，合名会社・合資会社・有限会社は比較的少数の社員から構成される），最高の意思決定機関として**社員総会**があり（60条），代表機関として**理事**（52条）がおり，法人の根本規則として**定款**（37条）を有する。

他方，**財団法人**とは，一定の目的のために捧げられた財産の集合体（財団）に法人格が付与されたものである。したがって，財団法人には構成員は存しないが，その目的に沿った財産の運用は，代表機関である**理事**（52条）によって行われ，根本規則として**寄付行為**（39条）を有する。

2 目的による分類

社団法人は，その目的により，**公益法人**と**営利法人**とに分類される。さらに，公益でもなければ営利でもない**中間法人**がある。

民法は，公益法人についてのみ規制する。民法に基づく公益社団法人として，日本赤十字社や日本自動車連盟（JAF）などがある。また，特別法に基づく公益社団法人として医療法人がある（医療39条）。

営利社団法人については，商法及び有限会社法が規制し，それには合名会社（商62条），合資会社（商146条），株式会社（商165条）および有限会社（有限会社法1条）がある。

中間社団法人として，労働組合（労働組合法11条）や消費生活協同組合（消費生活協同組合法4条）などがあり，各種の特別法により規制されている。

目的による分類は明確になしうるものではなく、各種特別法に基づく中間法人の中には、公益性の強いものから営利性の強いものまでさまざまなものがある。そのため、中間法人は、端的に**非営利法人**として位置付けるべきであるという考えもある。

他方、**財団法人**は、公益法人のみである。民法に基づく財団法人として、日本相撲協会がある。このほか、特別法に基づく財団法人として、学校法人（私立学校法3条）や医療法人（医療法39条）がある。したがって、医療法人には、社団法人もあれば、財団法人もある。また、社会福祉法人（社会福祉事業法22条）も財団法人であるが、社団的性格も有し、その根本規則は定款という（社会福祉事業法29条）。さらに、宗教法人（宗教法人法4条）も、社団と財団の中間的存在であり、その根本規則は、定款とも寄付行為ともいわず、**規則**という（宗教法人法10条、12条）。

このように、公益法人は、その形態により社団法人と財団法人とに分類されるが、いずれであってもその活動の実態そのものには大きな差異はなく、社団的な側面と財団的な側面を有するものも多い。

◇ 論　点 ◇

社団法人と財団法人の相違

取引相手が、医療法人である場合、注意すべきことは何か。

医療法人は、医療法に基づいて設立される病院・診療所・老人保健施設の社団法人又は財団法人である（医療法39条）。したがって、町中でよく見かける医療法人は、公益法人であることは当然であるが、社団法人の場合と財団法人の場合があり、これと取引する際には、いずれの法人であるかに注意しなければならない。すなわち、社団法人であれば、**社員総会**が存するので、それが適正に開催されているかどうかをチェックすべきであるのに対し、財団法人であれば、社員総会に相当する機関が存在しないという違いがあるからである。

医療法人が財団法人の場合には、業務執行機関である**理事**（理事長）に対する諮問的または監視機関として、寄付行為で評議員を置き、その評議員から成る評議員会によって理事の独善的な業務執行をチェックしているのが一般的であるから、寄付行為を調べ、評議員会による適正な監視がなされているかに注

意しなければならない。

◇ 発展・研究 ◇

1 民法法人制度の問題点

　民法は，**公益法人**（34条）と**営利法人**（35条）の二種類の法人しか認めない上，規制対象としているのは公益法人のみである。そして，34条によれば，公益法人になるためには公益かつ非営利の目的を有する社団又は財団で，主務官庁の許可（主務官庁の裁量）を要するとされるとともに，この公益概念は，学説により，積極的に不特定多数の者の利益の実現を目的とするものでなければならないと厳格に解釈され，主務官庁もそのように解釈している。

　したがって，非営利ではあるが，積極的に公益を目的としない団体や，非営利かつ公益目的を有する団体であっても主務官庁の許可を得られない団体は，それらの団体に法人格を与える特別法がないと法人化することができないということになる。このように，民法が，非営利目的という概念でくくることのできる多くの団体（**中間法人**）に対する法人格の付与をすべて特別法に委ねたため，団体活動を制約し，**権利能力なき社団**（法人格なき社団）等のさまざまな法律問題を生み出してきた。

　また，民法が規定する公益法人は，法人税法により公益事業は非課税となり，収益事業についても法人税が軽減されるなどの優遇措置が採られる一方，主務官庁の許可（縦割り行政）により設立されるため，当該主務官庁の外郭団体等として野放図に設立され，そこに官僚が大量に天下って癒着の温床になっているとの批判がなされている（総理府の調査では，国が所管する約6,800の公益法人のうち，約3分の1に公務員が天下っているということである〔1996年10月1日現在〕）。したがって，民法の法人制度にはさまざまな問題点があることに留意する必要がある。

2 法人の分類のまとめ

　公法人——国家・都道府県市町村等の地方公共団体，公団・公庫等
　私法人

（目的による分類）　　　　　　　　　　　　　　　　　　　　（形態による分類）

```
                ┌─────────────────────────────────┐
                │ 民法上の法人（民法）              │
                │ 学校法人（私立学校法）            │
      公益法人─┤ 医療法人（医療法）                │─社団法人・
                │ 宗教法人（宗教法人法）            │　財団法人
                │ 社会福祉法人（社会福祉事業法）    │
                └─────────────────────────────────┘

                ┌─────────────────────────────────┐
                │ 労働組合（労働組合法）            │
                │ 協同組合（各種の協同組合法）      │
      中間法人─┤ 信用金庫（信用金庫法）            │─社団法人
    （非営利法人）│ 商工組合（中小企業団体の組織に関する法律）│
                │ NPO法人（特定非営利活動促進法）   │
                └─────────────────────────────────┘

                ┌─────────────────────────────────┐
                │ 合名会社（商法）                  │
                │ 合資会社（商法）                  │
      営利法人─┤ 株式会社（商法）                  │─社団法人
                │ 有限会社（有限会社法）            │
                │ 相互会社（保険業法）              │
                └─────────────────────────────────┘
```

§3　民法法人はどのようにして設立されるか

1　民法法人の設立

　民法に基づき設立される法人は公益法人のみであり，すべて主務官庁の許可によって設立される（34条）。この法人設立主義を**許可主義**といい，法人の設立を許可するか否かを主務官庁の自由裁量に委ねる主義である。これに対し，商法は，会社の設立につき**準則主義**を採り，一定の要件を充たせば当然に営利法人となることができる（商57条）。その他，準則主義により設立される法人は有限会社（有限会社法4条）および労働組合（労働組合法11条）である。

§3 民法法人はどのようにして設立されるか 67

> **法人の設立主義**　許可主義，準則主義のほか，**特許主義**や**認可主義**がある。特許主義とは，法人設立のためには国家の個々的な特許，つまり特別の法律の制定によることが必要であるという主義であり（日本銀行，国民金融公庫，日本道路公団），認可主義とは，法律の定める一定の要件を充たせば，主務官庁は法人の設立を認めなければならない主義である（学校法人，医療法人，宗教法人，各種の協同組合）。設立の自由度は，特許主義→許可主義→認可主義→準則主義の順に大きくなる。会社の設立の歴史は，この経過を辿った。その他，何らの要件も課さない**自由設立主義**があるが，わが国の法人には例がない。また，弁護士会（弁護士法31条）や税理士会（税理士法49条）等は，法人の設立が強制されている**強制主義**に基づくものである。

(1) 公益社団法人の設立要件

公益社団法人の設立要件は次のとおりである。

① 社団が，祭祀・宗教・慈善・学術・技芸その他の公益かつ非営利の目的を有しなければならない（34条）。公益とは，積極的に不特定多数の者の利益の実現を目的とするものであると厳格に解釈されていることは，前述のとおりである。

② 社団構成員（社員）間に社団を設立しようという合意がなければならない。この合意は，二人以上の設立者間の契約（667条参照）でもなければ，相手方のない単独行為の集合でもなく，共同目的達成のためになされる**合同行為**であると解されている。したがって，設立者の一人について無能力や錯誤による取消または無効の事由があっても，残りの者で設立目的を達成することができる場合には，設立行為自体の効力に影響はない。

③ 社団の根本規則である**定款**を作成しなければならない（37条）。定款には，㈠設立の目的，㈡社団の名称，㈢事務所の所在地，㈣社団の資産に関する規定，㈤理事の任免に関する規定，㈥社員資格の得喪に関する記載の6事項を必ず記載しなければならない。このうちの一つが欠けても定款としての効力が生じない。この6事項を**必要的記載事項**という。このほか，社員総会の招集手続，理事の権限や業務執行に関する手続等を定めてもよい。これを**任意的記載事項**というが，記載されると定款としての効力を生ずる。定款は書面で作成す

ることを要するので、要式行為である。

　④　主務官庁の許可を得なければならない（34条）。許可を得たときに法人として成立し、権利能力を取得する（なお、準則主義により設立される会社〔営利社団法人〕の成立時期は、登記の時である〔商57条、有限会社法4条〕）。

(2) **公益財団法人の設立要件**

公益財団法人の設立要件は次のとおりである。

　①　財団が前述の公益かつ非営利の目的を有しなければならない。

　②　設立者が公益かつ非営利の目的のために財産を提供して、それらの財産の集合体である財団を設立しようという意思表示（相手方のない**単独行為**＝寄付行為）がなければならない（財団の根本規則を定めた書面も寄付行為という）。

　③　財団の根本規則である**寄付行為**を作成しなければならない（39条）。寄付行為には、社員資格の得喪に関する記載を除き、公益社団法人の定款の場合と同じ記載事項（必要的記載事項）を必ず記載しなければならない。

　④　主務官庁の許可を得なければならない（34条）。

(3) **定款・寄付行為の変更**

　①　社団法人の定款は、最高意思決定機関たる**社員総会**の決議によってのみ変更でき、原則として総社員の4分の3以上の同意が必要である（38条1項本文）。定款の変更は、主務官庁の許可を得ないと効力が生じない（38条2項）。

　②　財団法人には社員（構成員）が存せず、意思決定機関もない。そのため、寄付行為の変更もできない。しかし、それでは不便なので、寄付行為において、理事会の決議でそれを変更できる旨を定めているのが通常である。

2　民法法人の登記

民法法人（公益社団法人・財団法人）が設立されたときは、設立の日から、主たる事務所所在地では2週間以内に、その他の事務所所在地では3週間以内に登記をしないと、他人、つまり法人設立に関与した者以外の者に対し法人であることを対抗（主張）できない（45条1項・2項）。このように、民法法人の設立登記は第三者（他人）に対する対抗要件であり、その登記事項は、㈠法人の目的、㈡法人の名称、㈢事務所、㈣設立許可の年月日、㈤存立時期を定めた

ときはその時期，(六)資産の総額，(七)出資の方法を定めたときはその方法，(八)理事の氏名・住所である（46条1項）。

これに対し，認可主義ないし準則主義に基づいて設立される特別法上の法人の場合，法人の組織・内容をいち早く第三者に対し公示する必要があるため，設立登記を法人の成立要件としている（私立学校法33条，医療法46条，労働組合法11条，消費生活協同組合法61条，商法57条，有限会社法4条）。

3 NPO法人の設立

民法は，公益法人についてのみ規制し，しかもその公益概念は厳格に解釈され，設立には主務官庁の許可を必要とするため，公益性はあっても主務官庁の許可を得られない団体や積極的な公益性はないけれども非営利性を有する団体の法人化は，従来，非常に困難であった。そのことが，ボランティア活動等を行う多くの市民団体等の活動を妨げ，とりわけ阪神・淡路大震災を契機としてそのような団体の法人化の必要性が強く叫ばれるようになった。その結果，1998年3月25日に成立し，同年12月1日から施行されたのが，**特定非営利活動促進法**，すなわちNPO（Non Profit Organization）法（以下，本法という）であり，本法により設立された法人を特定非営利活動法人（NPO法人）という（本法2条2項）。

本法は，市民団体等に対する法人格付与を簡易化したものであり，以下のように，民法の法人制度とは大きく異なる画期的なものである。

① 少なくとも10人の社員（当然のことであるが，社員とはNPO法人の構成員のことであり，従業員のことではない）が集まれば法人格を取得できる（本法12条1項4号）。10人のうち3人以上が理事，1人以上が監事でもよい（本法15条）。また，社員についての特段の要件を定めていないから，自然人，法人，法人格のない団体（代表者または管理人の定めのあるもの），日本人，外国人，成年者または未成年者のいずれでもよい。

② 1 保健，医療又は福祉の増進を図る活動，2 社会教育の推進を図る活動，3 まちづくりの推進を図る活動，4 文化，芸術又はスポーツの振興を図る活動，5 環境の保全を図る活動，6 災害救援活動，7 地域安全活動，8 人権の擁護又は平和の推進を図る活動，9 国際協力の活動，10 男

女共同参画社会の形成の促進を図る活動，11 子どもの健全育成を図る活動，12 前各号に掲げる活動を行う団体の運営又は活動に関する連絡，助言又は援助の活動（本法の別表）の12項目のいずれかに該当する特定非営利活動であって，不特定かつ多数の者の利益の増進に寄与することを目的とする活動を行う団体に法人格が付与される（本法2条）。

③ 基本財産は不要である（従来，財団法人では基本財産は一般的には3億円以上必要であった）。

④ 年間の会費収入も必要なだけあればよく，一切自由である（従来，公益社団法人では年間1,000万円位の安定的会費収入のあることが一般的な許可条件であった）。

⑤ NPO法人設立の認証（都道府県知事が認証。事務所が2以上の都道府県にあるときは経済企画庁長官が認証）の基準等がすべて法律に明記され（本法12条），充たしていれば4ヵ月以内に必ず設立が認証される（民法では，設立許可の基準がほとんど明記されておらず，許可は主務官庁の自由裁量に委ねられている）。

> 認証　ある行為または文書の成立・記載が正当な手続，方式でされたことを公の機関が証明することであり，所轄庁（主務官庁）の自由裁量を許す「許可」とは大きく異なり，「認可」と同じ意味である。「認可」にしなかった理由は，「認可」にもさまざまなニュアンスがあるからということである。そして，本法の「認証」は，原則として書類審査により行われることから，むしろ準則主義に近い認可主義を採用しているというのが，立法担当者の説明である。なお，「認証」という言葉は，宗教法人法でも使用されている（宗教法人法12条）。

⑥ NPO法人の成立時期は，設立登記の時である（本法13条1項）。

⑦ 法人格取得の窓口が一元化された。所轄庁は，都道府県知事または経済企画庁長官（具体的な窓口は，都道府県では県民生活課等，経済企画庁では国民生活局国民生活政策課余暇・市民活動室）である（本法9条）。

⑧ 「休眠法人」対策として，3年間継続して必要な報告がなければ認証が取消される（本法43条）。

⑨ NPO法人の事務所と所轄庁で，事業報告書，財産目録，貸借対照表，

収支計算書，役員名簿，10人以上の社員の名簿，定款等を閲覧でき（本法28条），情報公開が徹底されている。

§4　民法法人にはどのような機関があるか

〔設例〕　Y漁業協同組合の定款には，「組合長（理事）は，組合を代表し，理事会の決定に従って業務を処理する。」「固定資産の取得又は処分に関する事項は，理事会において決定する。」旨の定めがあったが，組合長理事Aは，理事会の承認を得ずに，Y組合を代表して，組合所有の土地をXに売却した。Yは，本件売買契約が理事会の承認を得ていないから無効であると主張したのに対し，Xは，Y組合の定款に代表権の制限があることは知っていたが，理事会の承認を得ていると誤信したのであるから，自己は保護されるべき者であり，本件売買契約は有効であると主張した。いずれの主張が妥当か。

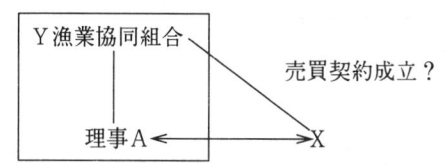

```
┌─────────────────┐
│ Y漁業協同組合   │      売買契約成立？
│          │      │
│       理事A ←──→ X
└─────────────────┘
```

1　理　　事

　法人は，自然人と同じように権利主体となり契約の当事者となるが，自然人と異なり，生命・肉体を有しないから，法人自身が契約を交渉したり締結することはできない。そこで，法人の名において，法人を代表して契約を締結するなど，法人の行為を現実に担当する者が必要である。それが**理事**であり，法人の**代表機関**である。したがって，理事が，法人のために事務室を借りる賃貸借契約を結べば，法人がその契約の当事者（賃借人）となり，理事が法人所有の

土地を売却する売買契約を結べば，法人がその契約の当事者（売主）となる。

このように法人の行為を現実に担当する理事は自然人であることから，法人と理事の関係を代理関係と考え，本人と代理人という二つの権利主体間の関係と捉える見解が存するが，法的には理事はあくまでも法人の機関であって，法人と理事の関係は，法人という一つの権利主体の内部関係であることに注意する必要がある。

理事は，民法法人（公益社団法人・財団法人）の不可欠の機関（必須機関）であり，対外的には法人を代表し，内部的には法人の業務を執行する（52条1項。民法法人の理事に相当する機関は，株式会社では取締役・代表取締役である〔商254条以下参照〕）。

理事が複数人いる場合，定款又は寄付行為に別段の定めがない限り，業務執行は理事の過半数により決する（52条2項）も，対外的には，各理事は単独で法人を代表する（53条本文）。ただし，**理事の代表権**は，定款・寄付行為または社員総会の決議により制限されることがある（53条但書）。代表権に加えた制限は，善意の第三者に対抗することができない（54条）。設例の場合，第三者Ｘの「善意」とは何かが問題となる（後述の◇論点◇〔73頁〕参照）。

このほか，法人と理事の利益が相反する事項についても，理事は代表権を有せず，この場合には，特別代理人を選任することが必要である（57条）。

2 監　事

監事は，民法法人の財産の状況の監査および理事の業務執行の状況等を監査する機関であり（58条，59条），定款・寄付行為または社員総会の決議によって置くことのできる任意機関である。

3 社員総会

社員総会は，公益社団法人の総社員で構成される最高意思決定機関である（株式会社の株主総会に相当する）。理事は，少なくとも年1回，通常総会を開かなければならない（60条）。社員総会は，定款で理事その他の役員に委任したものは除き，公益社団法人の運営にかかわるすべての事項について決定権を有する（63条）。社員総会における各社員の表決権は，定款に別段の定めがな

い限り平等であり（65条1項・3項），決議方法は，原則として出席社員の過半数によるが，定款の変更および任意解散については，総社員の4分の3以上の多数決である（38条，69条）。

　一方，財団法人には社員が存在しないから，社員総会も存在しない。したがって，社員総会で決定するような事項は，すべて寄付行為で決定する。

◇ 論　点 ◇

理事の代表権制限・54条の「善意」とは

　〔設例〕（71頁）の漁業協同組合は，中間社団法人である（水産業協同組合法5条）。そして，漁業協同組合の理事について民法53条および54条が準用されているので（同45条），同組合においても定款または総会決議によって理事の代表権を制限できる一方，善意の第三者に対し，その代表権の制限を対抗することができない。

　設例を解く第一のポイントは，民法54条にいう「善意」とは，第三者が，定款等に代表権制限の定めがあることを知らないことなのか，それとも代表者が制限に違反していることを知らないことなのか，ということである。この点につき，最判昭和60・11・29（民集39巻7号1760頁）は，54条の「善意というのは，理事の代表権に制限が加えられていることを知らないことをいう」と述べた。したがって，「善意」とは，定款等に代表権の制限の定めがあることを知らないことを指し，そのような制限があることを知っていたXは，民法54条による保護を受けないことになる。

　しかし，Xは，定款に代表権の制限があることについて悪意であったが，理事Aの言動等（理事会の偽造の決議書を示す等）により，当該具体的代表行為について理事会の承認があると誤信したと主張していることをどう考えるかというのが，第二のポイントである。前掲最高裁判決は，Xの誤信に正当理由があれば民法110条を類推適用して，Y組合が当該代表行為について責任を負い，第三者Xが保護されうるという解釈を行った。もっとも，結論として，本件Xには正当の理由がないと判断された。

◇ 発展・研究 ◇

54条の「善意」の立証責任は誰にあるか

　この問題については，①代表権の制限を主張する者において第三者の悪意を立証する責任を負うという説と②自己に有利な法条としてその適用を求める第三者が，自己の善意を立証する責任を負うという説があるが，前掲最高裁判決は②説を採り，第三者Xに善意の立証責任があると述べた。

　しかし，理事には包括的代表権があるというのが原則であり（53条本文），相手方（第三者）の信頼を保護するということが原則である。したがって，定款等による内部的な代表権制限を主張し，その代表行為の無効を主張する法人側が，相手方の悪意を立証する責任を負うと解すべきである。

§5　法人の能力と目的の範囲

〔設例〕　X農業協同組合の理事長Y_1は，自己が取締役である株式会社の代表取締役Y_2（非組合員）から250万円の融資を申し込まれた。しかし，X農協の定款では，組合員以外の者に対する貸付は禁止されていた。そこで，Y_1，Y_2およびA銀行が協議・合意のうえ，X農協が250万円をいったんA銀行に預金し，その預金の上にA銀行のための質権を設定し，それを担保にA銀行がY_2に250万円を融資するという方法を採った。X農協がY_2に行ったこのような迂回融資の効力はどうなるか？

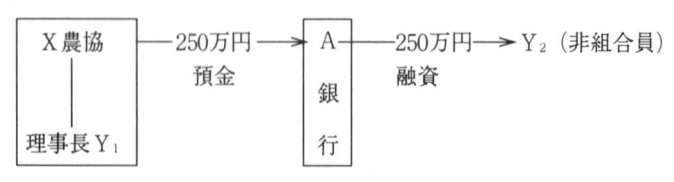

```
┌─────────┐              ┌───┐              
│  X農協   │──250万円──→│ A │──250万円──→ Y₂（非組合員）
│         │    預金      │ 銀 │    融資
│理事長Y₁ │              │ 行 │
└─────────┘              └───┘
```

§5 法人の能力と目的の範囲　75

　法人は，自然人と同じように法人格を付与され，権利および義務の主体となることができるが，いかなる種類の権利・義務を，いかなる範囲で有することができるのであろうか。これが，**法人の権利能力**の問題である。また，法人は，自然人と異なり，生命・肉体を持たないので，実際には法人の代表機関である理事が，法人を代表して具体的な行為を行う。そのため，**理事の代表権**の範囲と法人の**権利能力**ないし**行為能力**との関係が問題となる。

　民法43条は，「法人ハ法令ノ規定ニ従ヒ定款又ハ寄附行為ニ因リテ定マリタル目的ノ範囲内ニ於テ権利ヲ有シ義務ヲ負フ」と規定し，本規定は，各種の特別法にも準用されている（私立学校法29条，労働組合法12条，特定非営利活動促進法8条など）。本規定は，英米法における Ultra vires（ウルトラ・ヴァイレス），つまり「**能力外の法理**」を導入したものであり，日本民法典において英米法の影響を受けた数少ない条文の一つである。本規定により，法人の権利能力には，次のような制限があるとされている。

　(1)　**性質上の制限**
　法人の性質上，自然人特有の肉体的・身分的関係に基づく権利義務を取得することはできない。

　(2)　**法令上の制限**
　法人は法律によって権利能力を付与されるので，法令によって権利能力が制限される。しかし，実際には，会社が他の会社の無限責任社員となることを禁止されている（商55条）以外にはそのような制限はほとんどない。

　(3)　**定款または寄附行為所定の目的による制限**
　民法43条が明定するところである。しかし，目的によって制限されているのは何かということについて，次のように諸説が主張されてきた。

　(a)　**権利能力制限説**　　民法の起草者の見解である。民法修正案理由書は，43条の前身である民法修正案45条の立法趣旨につき，「法人ハ固ト法律ノ創設ニ係リ或目的為メニ存スルモノナルヲ以テ其権利能力モ法律ノ規定及ヒ其目的ノ範囲内ニ於テノミ存シ其限界以外ニ於テハ法律上ノ存在ヲ有スルコトナシ……中世以来法人ノ擬制ヲ不当ニ拡張シ法人ハ自然人ニ均シキ能力ヲ有スルモノナリトシタレトモ近世ニ至リテハ法人ハ限定能力ヲ有シ其能力ハ其設立ノ目的ニ因リテ限界セラルルモノナリトノ説ハ殆ト疑ヲ容ルル者ナキニ至レリ故ニ

法人ノ行為ニシテ其設立ノ目的ノ範囲外ニ在ルモノハ謂ハユル越権行為ニシテ(Ultra vires) 之ヲ無効トスヘキヤ固ヨリ論ヲ俟タサルナリ」と述べている。

　起草者のこの見解は，法人擬制説を前提とする英米法上のUltra vires法理を，ドイツ法上の権利能力概念と結び付けたものであり，当時の段階では，法人の行為能力と権利能力との概念区別も考えていなかったと思われる。

　(b) **権利能力・行為能力制限説**（判例および従来の通説。法人実在説を前提とする）　目的の範囲によって権利能力が制限され，その結果，法人自身が行うことのできる具体的な行為の範囲，つまり行為能力も制限されると解する。この説によれば，目的の範囲外の行為は絶対無効であり，後に有効と認めること（追完）もできない。

　(c) **行為能力制限説**（法人実在説を前提とする）　性質上の制限および法令上の制限によって制限されるのは権利能力であるのに対し，法人は目的の範囲内でしか具体的な行為ができないのであるから，目的によって制限されるのは，行為能力であると解する。この説によれば，目的の範囲外の行為は無効となる。もっとも，この説の中には，法人の行為の範囲，つまり理事の行為の範囲が，目的の範囲内に制限されることから，目的の範囲によって制限されるのは実質的に理事の代表権であると解し，代理の規定を類推適用し，次の(d)説と同じく，追完・表見代理を認める見解もある。

　(d) **代表権（代理権）制限説**（法人擬制説を前提とする）　法人の行為能力概念を否定し，目的の範囲によって制限されるのは，理事の代表権（代理権）であると解する。したがって，理事による目的範囲外の行為は無権代理となり，本人たる法人には法律効果は原則として帰属しないが，追完・表見代理の規定が適用される。

　(e) **内部的責任説**　取引安全重視の観点から，営利社団法人たる会社には43条の適用はなく，目的の範囲は単に会社の代表機関（代表取締役）の内部的責任を定めたものにすぎないという説であり，目的範囲外の行為はすべて有効とするものであり（ただ取引安全重視による弊害は，代表権濫用の理論〔1条3項参照〕により救済する），商法学上の多数説である。

　以上のうち，(e)説は，営利法人のみに関する説なので，法人一般に関する説としては(a)～(d)のうちのいずれかを妥当とすべきである。そのうち，(a)および

(b)説は，いずれも能力外の法理を前提とし，目的範囲外の行為＝権利能力外の行為となり，取引の安全を害する（もっとも，(b)説を採る判例が，営利法人の目的の範囲を広く解することにより，この難点を克服する）。また，能力外の法理は，19世紀半ばのイギリスにおいて，株式会社の活動に対する警戒心から主張された見解であり，現代の取引社会にはそぐわない。他方，(d)説は説得的であるが，擬制説に立って法人自身の行為なるものを否定し，理事を法人の代理人と位置付けている点に問題がある。理事は法人の代表機関であり，公害問題や薬害問題において株式会社が演じた役割を考えた場合，法人を擬制的存在としてのみ割り切ることには若干の躊躇を感ずるからである。したがって，(c)説の中の代理理論を類推適用する見解が穏当であろう。

◇ 論　点 ◇

目的の範囲（判例の考え方）

　判例は，目的の範囲について，営利法人と公益法人・非営利法人とで異なった解釈を行っている。

(1)　営利法人の場合

　民法典立法当初の判例は，目的範囲内の行為とは，「目的」として具体的に列挙された行為のみであると限定的に解し，列挙されていない行為は目的範囲外の行為であるとした。たとえば，定款にそれについての記載がないため，会社の功労者に対して慰労金を贈与すること（大判明治36・1・29民録9輯102頁）や銀行が行った約束手形の支払保証（大判明治40・2・12民録13輯99頁）をいずれも目的範囲外の行為と判示した。しかし，その後，目的の範囲は次第にゆるやかに解され，定款の記載文言から推理演繹すべきものとされ，支払保証（大判大正元・12・25民録18輯1078頁）も，功労者への慰労金贈与（大判大正2・7・9民録19輯619頁）も，いずれも目的の範囲内の行為とされた。

　さらにその後，最高裁は，「目的の範囲には定款に定めた目的自体に包含されない行為であっても，目的たる事業を遂行するに必要な行為をも包含し，目的遂行に必要な行為であるかどうかは，定款記載の目的自体から観察し，客観的，抽象的に必要であるかどうかの基準によって決すべきものである」と述べ（最判昭和30・3・22判時56号17頁），たとえば養殖真珠の加工・輸出等を目的と

する会社が、取引会社の金銭債務について連帯保証することは目的の範囲内の行為とされる（最判昭和33・3・28民集12巻4号648頁）など、取引行為については、目的の範囲はほとんど有名無実となった。そして、最高裁大法廷判決は、八幡製鉄政治献金事件（最判昭45・6・24民集24巻6号625頁）において、法人実在説の立場に立ち、非取引行為である政治献金についても目的の範囲内と解したのである。すなわち、「会社は定款に定められた目的の範囲内において権利能力を有するわけであるが、目的の範囲内の行為とは、定款に明示された目的自体に限局されるものではなく、その目的を遂行するうえに直接または間接に必要な行為であれば、すべてこれに包含されるものと解するのを相当とする。そして必要なりや否やは、当該行為の客観的な性質に即し、抽象的に判断されなければならないのである。ところで、会社は一定の営利事業を営むことを本来の目的とするものであるから、会社の活動の重点が、定款所定の目的を遂行するうえに直接必要な行為に存することはいうまでもないところである。しかし、会社は、他面において、自然人とひとしく、……社会的実在であるから、それとしての社会的作用を負担せざるを得ないのであって、ある行為が一見定款所定の目的とかかわりがないものであるとしても、会社に、社会通念上、期待ないし要請されるものであるかぎり、その期待ないし要請にこたえることは、会社の当然なしうるところである……また、会社にとっても、一般に、かかる社会的作用に属する活動をすることは、……企業体として円滑な発展を図るうえに相当の価値と効果を認めることもできるのであるから、……これらの行為もまた、間接ではあっても、目的遂行のうえに必要なものである……要するに、会社による政治資金の寄附は、客観的、抽象的に観察して、会社の社会的役割を果たすためになされたものと認められるかぎりにおいては、会社の定款所定の目的範囲内の行為である」と述べたのである。

(2) 非営利法人の場合

最高裁は、非営利法人の定款所定の目的の範囲についても、一般論としては、目的の遂行に必要な行為であると解しつつ、個々の具体的な事案における具体的な諸事情を考慮して、営利法人の場合よりも厳格に解釈している。

〔設例〕（74頁）の農協Xは非営利法人（中間法人）である（なお、各種の協同組合の定款に記載されるのは、民法法人〔37条1項〕や株式会社〔商166条1

項1号〕のように「目的」ではなく，「事業」である〔農業協同組合法28条1項1号，消費生活協同組合法26条1項1号〕が，43条をこれらの組合に適用する際，「事業」が同条の「目的」である）。

　最高裁は，〔**設例**〕の事案において，「右金員貸付が組合員でない者に対してなされたことのみならず，X組合代表理事であったY₁も右貸付がX組合の目的事業とは全く関係のないものであり，従って，右貸付が組合定款に違反することを承知して貸し付け，Y₂も右事情を承知してこれを借り受けたものであって，右貸付が組合の目的範囲内に属しないことが明らかである」と述べ，当該貸付が無効であると判断した原審を支持した（最判昭和41・4・26民集20巻4号849頁）。すなわち，最高裁は，設例のようなA銀行を介した迂回融資が実質的にX組合から非組合員Y₂への直接融資であると認定した上で，Y₂もその融資を目的範囲外の行為であると認識していることから，取引の安全を顧慮する必要はなく，当該融資を無効としても支障がないと考えたようである（なお，当該融資が無効となっても，Y₂の融資金返済義務がなくなるのではなく，X組合は，Y₂に対し不当利得返還請求権を有する〔703条，704条〕）。

　他方，農業協同組合がその経済的基盤を確立するために，非組合員であるリンゴ移出業者にリンゴを集荷させ，組合がその委託販売をして手数料を受け取る契約を結ぶ一方，その移出業者に対し，集荷のための資金を貸し付けた事案において，最高裁は，組合定款に非組合員に対する貸付についての定めがないにもかかわらず，当該貸付が定款所定の事業目的の範囲内の行為であると判示した（最判昭和33・9・18民集12巻13号2027頁）。

　また，最高裁は，公的性格の強い法人の場合には，目的の範囲を厳格に解している。すなわち，最高裁は，南九州税理士会事件（最判平成8・3・19民集50巻3号615頁）において，税理士会が政治資金規正法上の政治団体に政治献金を行うことは，税理士会の目的の範囲外であると判示したのである。この判決では，税理士会（税理士法49条参照）が，「税理士の使命及び職責にかんがみ，税理士の義務の遵守及び税理士業務の改善進歩に資するため，会員の指導，連絡及び監督に関する事務を行うことを目的として，法が，あらかじめ，税理士にその設立を義務付け，その結果設立されたもので」，公的性格の強い強制加入の法人であることが考慮されており，株式会社の場合とは全く異なる判断が示

されている。

　同様の論理は、災害救援資金の寄付のような人道的寄付についても適用された。すなわち、下級審判例であるが、群馬司法書士会が阪神・淡路大地震の災害復興支援のために行った特別負担徴収の決議をその目的範囲外であると判示した（前橋地判平成8・12・3判タ923号277頁）。司法書士会も、税理士会と同様、公的性格の強い強制加入の法人（司法書士法14条参照）であることが考慮されたようである。

(3) まとめ

　以上から、判例は、営利法人については、定款所定の目的の範囲を極めて広く解しているため、目的の範囲によって権利能力及び行為能力が制限されることはほとんどない。これに対し、非営利法人については、公益法人や公的性格の強い法人の場合、目的の範囲が厳格に解される一方、非営利法人の中でも収益事業等を行う協同組合（中間法人）の場合には、取引の安全その他具体的な諸事情を考慮して、弾力的に目的の範囲を解釈していることがうかがえる。

§6　法人の不法行為責任とは

〔設例〕　Y_1町の町長Aは、自己の借金の返済のため、A自身が代表取締役をしているB会社名義で約束手形を振り出し、町長の公印を不正に使用してY_1町名義の裏書をしたうえで、Y_2に手形の割引を依頼した。Y_2は、第二裏書欄に署名押印して、Xに割引を依頼した。その際、Xは、振出人・B会社の代表取締役と第一裏書人・Y_1町の町長が同一人物・Aであることに疑いを抱き、Y_2に真偽を確認するとともに、A本人にも電話確認し、適法である旨のAの確認書をY_2から受け取った。その結果、Xは、その手形が適法に裏書交付されたものと誤信し、割引金をY_2に交付した。ところが、満期後、Xは、Y_1町に手形の支払を求めたところ、拒否されたため、Y_1町に対し、民

法44条１項に基づく損害賠償請求をした。この請求は認められるか。

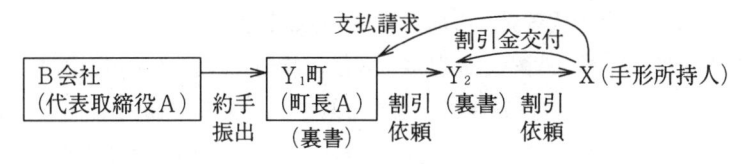

```
                              支払請求
                         ┌──────────────┐
                         │    割引金交付
                         │  ┌────────┐
┌─────────┐      ┌──────┐│  │        ↓
│ B会社    │ ───→│ Y₁町  │→ Y₂ ────→ X（手形所持人）
│(代表取締役A)│ 約手 │(町長A) │ 割引 　  割引
└─────────┘ 振出 │(裏書) │ 依頼(裏書) 依頼
              　　　└──────┘
```

　民法44条１項は,「法人ハ理事其他ノ代理人カ其職務ヲ行フニ付キ他人ニ加ヘタル損害ヲ賠償スル責ニ任ス」と規定する。本規定は,商法上の会社である合名会社（商78条２項）・合資会社（商147条）・株式会社（商261条３項）・有限会社（有限会社法32条）や特別法上の各種の法人（農業協同組合法41条,労働組合法12条１項,特定非営利活動促進法８条等）にも準用されている。
　法人実在説は,法人の代表機関である理事の行為を法人の行為とみるので,理事の不法行為は,法人自体の不法行為となり,法人が損害賠償責任を負うのは当然のことであり,本規定は,単なる注意規定にすぎないということになる。これに対し,**法人擬制説**によれば,法人自体の行為や不法行為はなく,理事の不法行為について,法人が損害賠償責任を負うとする本規定は,政策的・創設規定ということになる。いずれにせよ,理事その他の代表機関が法人の目的の範囲内において行った加害行為につき,法人は本規定により不法行為責任を負うのである。このように,法人の不法行為責任が生じるのは,法人の目的範囲内に限られるが,本規定は,それを理事の職務面から表現し,「其職務ヲ行フニ付キ」と述べているわけである。
　実際社会において,法人として積極的に活動している法人は会社や協同組合であり,それらを規制している法律では本規定が準用されているため,本規定は極めて重要である。また,判例では,設例のような市町村長の越権行為,すなわち市町村長の違法な借財や保証をめぐって本規定の解釈が問題となっている場合が多い。

1 法人の不法行為責任の要件

(1) 「理事その他の代理人」の加害行為であること

代理人とは，理事（52条），仮理事（56条），特別代理人（57条），清算人（74条，75条）など，法人の代表機関を指すと解されている（通説）。一方，代表機関でない被用者等が加害行為を行った場合，法人は**使用者責任**を負うことになる（715条1項本文）。この場合，使用者（法人）は，被用者の選任・監督につき過失がなかったことを証明すれば免責される（715条1項但書）が，判例上，この免責が認められることはほとんどない。

なお，公害事件では，加害企業である法人（株式会社）の責任を認めるために，44条1項も715条1項も問題とせず，直接，709条を適用する判例（新潟地判昭和46・9・29判時642号96頁，熊本地判昭和48・3・20判時696号15頁）が現れている。

(2) 職務を行うにつき他人に損害を加えること

職務行為とは，代表機関が法人の業務を執行する際になした行為である。具体的にいかなる行為が職務行為となるかについて，初期の判例は，職務行為自体及びこれと関連する不可分一体の行為であると厳格に解していた（大判明治35・12・22民録8輯133頁，大判大正7・3・17刑録24輯241頁）が，学説の厳しい批判を浴びた。職務行為の範囲を厳格に解すれば，44条1項の要件を充たさず，法人の不法行為責任が成立しない結果，被害者保護に欠けるからである。

そこで，判例は徐々に職務行為の範囲をゆるやかに解し，44条1項の法人の不法行為責任を広く認めていくわけであるが，その解釈は，715条の**事業執行**の範囲に関する解釈に影響されることになる。44条1項の「職務ヲ行フニ付キ」は，715条の「事業ノ執行ニ付キ」とほぼ同義語だからである。たとえば，会社の庶務課長として株券発行の事務を担当する者が，自己の利益を図るために株券を偽造して発行し，これを担保にとった者に対して損害を与えた事案につき，大審院大正15年の民刑連合部判決は，従来の解釈を改め，事業執行の範囲を広く認め，会社の使用者責任を認めた（大連判大正15・10・13民集5巻785頁）。この判例以降，44条1項の職務行為の範囲も広く解され，代表機関の越権行為，つまり町長が銀行から違法に金銭を借り入れた場合につき，44条1項が類推適用されるとし，当該借入は客観的・外形的に町長の権限に属する職

務行為にほかならず（**外形理論**），44条1項の「職務ヲ行フニ付キ」に該当すると判示された（大判昭和15・2・27民集19巻441頁）。

このように，外形理論は，事業執行や職務行為に対する被害者の信頼を重視するものであり，取引的不法行為につき法人の責任を広く認め，結果的に被害者を保護するための道具として機能している。したがって，〔**設例**〕（80頁）のように，町長Aが自己の借金返済のために町長の公印を不正使用してY₁町名義の裏書をし，手形の割引依頼をする行為も，外形上は，44条1項の職務行為に該当することになる。しかし，その結果，Y₁町は，手形所持人Xに対し，44条1項に基づく損害賠償責任を直ちに負うことになるであろうか。

この設例の事件において，最高裁は，相手方Xの重過失を認定し，Y₁町の44条1項に基づく損害賠償責任を否定した（最判昭和50・7・14民集29巻6号1012頁）。すなわち，「地方公共団体の長のした行為が，その行為の外形から見てその職務行為に属するものと認められる場合には，民法44条1項の類推適用により，当該地方公共団体は右行為により相手方の被った損害の賠償責任を負う」が，「地方公共団体の長のした行為が，その行為が外形からみてその職務行為に属するものと認められる場合であっても，相手方において，右行為がその職務行為に属さないことを知っていたか，又はこれを知らないことにつき重大な過失のあったときは，当該地方公共団体は相手方に対し損害賠償の責任を負わないものと解するのが相当である」と述べ，「Xとしては，少なくともY₁町の会計事務担当の収入役，出納員など，疑念の対象であるA以外の者について，Y₁町が真に右手形を取得し，これをY₂に裏書交付したものであるか否かを問い合わせるべきであり」，Xに重過失があると判示したのである。

外形理論は，事業執行ないし職務行為に対する相手方（被害者）の信頼保護を重視するものであるから，相手方に，越権行為についての悪意・重過失がある場合には，その損害賠償請求を否定するのが妥当であろう（最判昭和42・11・24民集21巻9号2278頁は，相手方に悪意・重過失があるとして，715条に基づく相手方の損害賠償請求を否定）。しかし，Xは，町長Aに事実関係を確かめ，適法である旨のAの確認書まで受け取っている。ここまで調査したXに重過失を認定することには批判もあり得よう。Y₁町の不法行為責任を認めたうえで，Xの過失を認定し，**過失相殺**（722条2項）を行うというのも一つの解決であろう。

(3) 理事等の行為が不法行為の要件を充たしていること

44条1項の法人の不法行為責任が成立するためには，代表機関たる理事等の行為が**不法行為の成立要件**（709条）を備えていなければならない。一般的には，①他人の権利を侵害すること，②その侵害により損害が発生すること，③加害者に故意または過失があること，④加害者に責任能力があることである。〔設例〕（80頁）の町長Aの行為は，これらの要件を充たしていることは確かである。

2 理事等の個人責任

(1) 理事等の職務行為によって法人の不法行為責任が成立する場合，被害者は，44条1項に基づき法人自身の不法行為責任を追及するとともに，709条に基づき，理事等個人の不法行為責任を追及することができる。たとえば，株式会社自身と並んで取締役が個人責任を負うとされたことがある（大判昭和7・5・27民集11巻1069頁）。この場合，法人と理事等は，同一の損害につきそれぞれ独立して全額の賠償責任を負い，不真正連帯債務の関係に立つ。

> **不真正連帯債務**　別個の原因によって複数人が同一内容の給付を目的とする債務を負担し，債務者間に主観的共同関係がない点で**連帯債務**（432条以下）と異なる。連帯債務と異なり，債務者間に負担部分がなく，すべての債務は全く独立しており，一人の債務者に生じた事由は他の債務者に影響を及ぼさない（434条から439条までを適用しない）。

(2) 理事等の代表機関が，職務行為外の行為（目的範囲外の行為）により他人に損害を与えた場合には，44条1項の適用はなく，法人は不法行為責任を負わない。しかし，この場合でも，その事項の議決に賛成した社員，理事およびこれを履行した理事その他の代理人は，連帯して損害賠償責任を負う（44条2項）ことにして被害者の保護を図っている。

◇ 論　点 ◇
法人の不法行為責任と表見代理責任との関係

　法人の代表機関，とりわけ市長・町長等の地方公共団体の長が，議会の議決を経ずに，自己の利益を図るためにその地方公共団体名義で金銭を借り入れたり，手形を振り出したりする等の取引行為を行い，相手方に損害を与えた場合，法人の不法行為責任について定める44条1項または表見代理に関する110条のいずれを適用すべかという問題がある。

　44条1項を適用した場合には，金銭賠償の請求（722条1項），過失相殺（722条2項）および代表者個人に対する責任追及（709条）が認められるのに対し，110条を適用した場合には，行為が有効になることによる履行責任の追及が認められるが，過失相殺や代表者個人に対する責任追及は認められない。

　学説は，①代表機関の越権行為が取引行為である場合には，取引法の原則に基づき110条のみが適用されるという説（**110条適用説**），②いずれを適用してもよいが，越権行為が取引行為である場合には，取引安全の保護のため，取引行為としての維持に努めるべきであるから，まず110条を適用し，その適用要件を充たさない場合には，44条を適用すべきであるという説（**110条優先適用説**），③公法人の取引行為につき，44条，110条のいずれを適用してもよいとする説（**選択的適用説**）に分かれる。

　判例は，44条を適用したものと110条を適用したものとに分かれるが，両条の関係を明らかにしていない。しかし，一方の適用が他方の適用を排斥するとは考えていないようである。そして，相手方保護の面では44条を適用した判例が多く，その場合には職務行為の範囲を広く解するのに対し，110条を適用した場合には，正当理由を厳格に解し，市町村の責任を否定する場合が多い。

　前述のように，44条1項と110条では要件・効果に差異があり，当事者がいずれを選択するかにより，結果が大きく異なることは問題である。しかし，さまざまな紛争事案につき，より妥当な解決を図るためには，③選択的適用説が妥当である。また，44条1項を適用した場合であっても，〔**設例**〕（80頁）事案のように，相手方に越権行為についての悪意・重過失がある場合には法人の責任を否定することになるので，110条を適用した場合との差異は縮小する。

なお，表見代理を不法行為責任とみる（本人の帰責事由により第三者の判断を誤らせる外観を作出したことを不法行為とみる）**表見代理不法行為説**によれば，110条適用の場合にも過失相殺が認められ，両条の要件・効果の差異は一層小さくなろう。

◇ 発展・研究 ◇

代表権濫用の場合の代表行為の効力

〔設例〕 X会社の代表取締役Aは，自己の利益を図るため，X会社の社印を使用し，X会社を代表し，X会社所有の建物をYに売却する契

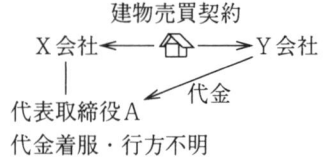

　　　　　　　　　建物売買契約
　　　　X会社 ←―――🏠―――→ Y会社
　　　　　│　　　　　　　　代金
　　　　代表取締役A　　←―――
　　　　代金着服・行方不明

約をYとの間で締結し，建物の所有権移転登記を行い，売買代金も受け取った。ところが，Aは，その売買代金を着服して行方不明となった。この場合，X会社は，上記の売買契約の無効を主張し，建物を取り戻すことができるか。

設例では，X会社の代表取締役Aが，外形的・形式的には授与された代表権の範囲内においてX会社のためにすることを示しながら，売買代金を着服している。このように，法人の代表機関が形式的には法人のために代表行為を行いながら，実は私利を図ることを**代表権の濫用**という。代表権の濫用行為は，形式的には法人のためにすることを示して代表行為を行っているので，その効果は法人に帰属し，一応有効である（**顕名主義**―99条参照）。問題は，取引の相手方が，代表機関の濫用の意図を知っている場合である。次のような説がある。
① 判例（最判昭和38・9・5民集17巻8号909頁など）は，この問題について，一貫して民法93条を類推適用し，濫用行為を原則的に有効と解しつつ，相手方が代表者の権限濫用の意図（背任的意思）を知っているか，または知ることが

できた場合（悪意・有過失）には無効とする（**93条但書類推適用説**）。通説も，この見解を支持する。なお，相手方の悪意・有過失についての立証責任は法人にある。しかし，この説に対しては，権限濫用の場合においても，代表者はその法律効果を法人（本人）に帰属させる意思はあり，ただ内心において背任の意思を持っているのにすぎないから，**心裡留保**の規定を類推適用するのは疑問であるとの批判がなされている。

② 代表機関の代表権濫用行為は，その濫用の範囲内において代理権が存在せず，**無権代理**となり，相手方は**表見代理**の規定（110条）により保護される余地があるだけであるという説がある（**表見代理説**）。つまり，この説によれば，代表権の濫用は，原則として無効と解しつつ，相手方が代表者の権限濫用の意図を知らず，かつ知らないことにつき正当理由があるとき（善意・無過失）においてのみ，110条により，その代表行為の効果は法人に帰属するわけである。正当理由の立証責任は相手方にあり，最も法人保護に資する説である。しかし，この説に対しては，権限濫用行為も客観的・形式的には代表権（代理権）の範囲に属するのであり，無権代理と考えるのは疑問であるとの批判がなされている。

③ 代表権濫用行為は，相手方の善意・悪意という主観的事情にかかわらず有効と解しつつ，悪意者が代表行為の有効を主張することが**信義則違反**ないし**権利濫用**（1条2項・3項）に相当する場合には，相手方はその有効を主張し得ないという説がある（**権利濫用説**）。この信義則違反ないし権利濫用の立証責任は法人にあり，最も取引安全を図る説である。しかし，この説に対しては，相手方過失の場合にも代表権濫用行為が有効となり，心裡留保の場合（相手方が有過失の場合には相手方は保護されない）と比較して，相手方を保護し過ぎるとの批判がなされている。

各説それぞれ理論的に一長一短があるが，取引安全（動的安全）と法人保護（静的安全）の調和という観点から，判例及び通説の採る①説が最も妥当であろう。そして，①説によれば，X会社が，代表者Aの権限濫用についてのYの悪意又は有過失を証明することができた場合に限り，売買契約の無効を主張し，建物を取り戻すことができる。

§7　民法法人の消滅とは

　公益社団法人・財団法人は，定款または寄附行為に定められた解散事由の発生，目的たる事業の成功または成功不能，破産，設立許可の取消により（68条1項），また公益社団法人は，総会の決議，社員の欠乏（68条2項）により解散する。これらの解散事由の発生により，法人は，債権債務関係の整理や残余財産の処分のために清算に入る。

　解散した法人は，清算手続が結了するまでの間，清算の目的の範囲内でなお存続するものとみなされ（73条），これを**清算法人**という。清算法人の執行機関が**清算人**であり（74条，75条），残務整理，債権の取立ておよび債務の弁済，残余財産の引き渡し等の職務を行う（78条）。なお，法人の解散および清算は，裁判所の監督に服する（82条）。

§8　権利能力なき社団とは

〔設例〕　法人格を有しないA大学同窓会（以下，A同窓会という）は，会員数約2万名を有する団体である。A同窓会の代表者であるa会長は，同窓会館建設用の土地購入資金の融資を受けるため，B銀行の融資担当者bと交渉を行い，消費貸借契約を結んだ。以下の問に答えなさい。

```
        A同窓会              B銀行
          │                   │
      同窓会会長a ◀─交─渉─▶ 融資担当者b
```

(1) 上記の消費貸借契約の当事者は誰と誰か。
(2) 融資金で土地を購入した場合，その登記名義はどのようにするか。

(3) 融資金の返済が不能になった場合、A同窓会の会員は責任を負うか。また、a会長は責任を負うか。

　民法が**法人法定主義**（33条）を採用しているため、法律が認めた団体だけが法人になることができる。そのうえ、民法は、私法人として、**公益法人**（社団法人・財団法人）（34条）と**営利法人**（35条）しか認めていないため、公益も営利も目的としない中間目的の団体は、各種の協同組合法や労働組合法などの特別法によらなければ法人になることができない。その結果、そのような特別法がない町内会、同窓会、学生自治会、ＰＴＡなどの団体は**法人**となることができず、**法人格**を有しない（なお、町内会は、平成3年の地方自治法の改正により法人化が可能となった〔地方自治法260条の2〕）。他方、法人以外に民法が規制している団体は、**民法上の組合**（667条～688条）だけである。それでは、これらの団体は民法上の組合なのであろうか。

　前述したように（60頁）、民法上の組合においては、その構成員である組合員は組合契約によって結ばれているため、組合員の個性が強く、組合は、いまだ組合員とは別個独立の存在である団体（社団）としての実体を備えていない。したがって、組合が取引を行っても、組合自体が契約の当事者となることはできず、組合員全員が契約の当事者となる。また、組合の訴訟は、代表者または管理人の定めがある場合（民訴29条）を除き、組合員全員の名で行わなければならない。

　このような取り扱いは、構成員の少ない社団であればそれほど大きな支障はないであろうが、前掲の同窓会などのように構成員が多数いる社団の場合には、その活動を大きく妨げよう。そこで、構成員が多数で代表者がいるなど、構成員とは別個独立の、団体としての実体を備えている社団について、法人に準じた取り扱いをするために考え出された概念が、**権利能力なき社団**である。権利能力なき社団は、中間目的の社団に限らず、法人格を取得するための手続途上の営利社団（**設立中の会社**という）や公益社団なども、社団としての実体を備えている限り、権利能力なき社団である。

　判例（最判昭和39・10・15民集18巻8号1671頁）は、**権利能力なき社団の成立**

要件として,「団体としての組織を備え,そこには多数決の原則が行われ,構成員の変更にもかかわらず団体そのものが存続し,しかしてその組織によって代表の方法,総会の運営,財産の管理その他社団として主要な点が確定しているものでなければならないのである。しかして,このような権利能力なき社団の資産は構成員に総有的に帰属する。そして権利能力のない社団は『権利能力のない』社団でありながら,その代表者によってその社団の名において構成員全体のため権利を取得し,義務を負担するのであるが,社団の名において行われるのは,一々すべての構成員の氏名を列挙することの煩を避けるために外ならない」と述べる。この要件に従えば,設例のA同窓会は,権利能力なき社団であり,A同窓会自体が契約の当事者であり,〔設例〕(88頁)(1)の契約当事者は,A同窓会とB銀行ということになる。

権利能力なき財団　権利能力なき社団と同様に,権利能力なき財団も認められる。権利能力なき財団とは,個人財産から分離独立した基本財産を有し,かつその運営のための組織を有しているもので,法律上の手続要件を欠くために法人格を取得していないものである。判例は,設立中の財団法人を権利能力なき財団であると認め,それに関する権利義務は財団自体に帰属するとし,財団に当事者能力を認めた(最判昭和44・6・26民集23巻7号1157頁,最判昭和44・11・4民集23巻11号1951頁)。

◇　論　点　◇

1　権利能力なき社団の不動産登記能力

権利能力なき社団は,法人格を有しないけれども,取引における当事者能力を有し,権利義務の主体となることができる。また,社団の名において訴訟を行うこともできる(民訴29条)。

しかし,社団が所有する不動産の登記名義を,社団自体の名で行うことはできず,代表者個人名義で登記すべきであるというのが,判例(最判昭和47・6・2民集26巻5号957頁)および法務実務の立場である。形式的には,不動産登記法上,登記申請者は,自然人と法人だけだからであること(不動産登記法35条1項5号,36条1項2号,不動産登記法施行細則42条参照),また実質的には,

登記官には実質的審査権がなく，形式的審査権しかないため，もし権利能力なき社団の登記申請を認めると，登記官はその社団が権利能力なき社団の実質を有するか否かを審査することができず，虚無・架空の権利能力なき社団の登記を許す危険があることを理由とする。そして，代表者の個人名義で登記する場合，代表者の肩書を付した登記（たとえば，同窓会会長○○△△）も，実質的に権利能力なき社団の登記を許容することになるから認められないとされている。

したがって，〔**設例**〕(88頁)(2)の場合，A同窓会やA同窓会会長aという名義で登記することはできず，単にaという名義で登記しなければならない。

2　権利能力なき社団の財産の帰属関係と構成員の責任

判例の見解によれば，権利能力なき社団の財産は，構成員全員に**総有**的に帰属するため，各構成員は，社団財産に対する使用・収益権限を有するが，持分権を有しないことになる（したがって，当然に処分権も有しない）。実際，判例は，権利能力なき社団である非法人労働組合の脱退組合員が同労働組合に対して財産の分割請求を求めた事案において，その財産は組合員全員の総有に属するから，持分権または分割請求権を有しないとした（最判昭和32・11・14民集11巻12号1943頁）。

そして，権利能力なき社団である栄養食品協会が，その常務理事の代表行為により債権者に対し売買代金債務及び貸付債務を負っていたが，当該理事が行方をくらまし，同協会も倒産し，資産皆無の状態だったので，債権者は，同協会の構成員に対し弁済請求を行った事案において，最高裁（最判昭和48・10・9民集27巻9号1129頁）は，次のように判示した。すなわち，「権利能力なき社団の代表者が社団の名においてした取引上の債務は，その社団の構成員全員に，一個の義務として総有的に帰属するとともに，社団の総有財産だけがその責任財産となり，構成員各自は，取引の相手方に対し，直接には個人的債務ないし責任を負わないと解する」と述べ，構成員（社員）の責任は，間接有限責任であると認めたのである。この判例の見解に従えば，〔**設例**〕(3)の場合，A同窓会の会員は，債権者・B銀行に対し，個人的責任を負わないことになる。

最高裁が，権利能力なき社団の財産関係につき**総有**の概念を用いて説明する

（総有説）のは，権利能力なき社団と社団法人との区別を前提として，権利能力なき社団の実体から法人格を認めたのと同じ効果を導き出すためである。

これに対し，学説には，**合有説，共有説，信託説，単独所有説**および**利益衡量説**がある。合有説および共有説は，構成員の持分権を認める点で構成員の立場に配慮しているが，社団財産と構成員の個人財産とを区別し，社団財産の独立という社団の本質的特徴に反するので，これらの説には賛成できない。信託説は，権利能力なき社団の財産は，実質的には社団自体に帰属するが，形式的には代表者個人に帰属するものと考え，この実質と形式の乖離を架橋するのは信託であるとし，社団ないし各構成員を委託者（受益者），社団財産を信託財産，代表者を受託者として構成する。この信託説に対しては，社団自体を委託者とし，社団に権利主体性を認めるのであれば，あえて信託的構成を採る必要はないし，構成員全員と代表者との信託契約によって成立するとなると，構成員全員の名で契約を結ぶことは繁雑であり，事実上不可能であり，また信託契約の成立時期・方法についても疑問があるとの批判がなされる。単独所有説は，権利能力なき社団の財産を社団という単一体の単独所有とみて，社団法人と全く同一に考えるのであるが，構成員の具体的な権利義務が不明確となり，構成員の利益を軽視することになる場合があるとの批判がなされる。

他方，利益衡量説は，権利能力なき社団の財産関係については，種々の利益を比較衡量して，各種の社団につき個々具体的に効果を考えればよく，財産の所有形態に拘泥する必要はないとする。権利能力なき社団には，形態において民法上の組合型から社団法人型まで，また目的においても営利型から非営利型までさまざまなものがあるので，それぞれの社団につき個別具体的に考察すべきであり，利益衡量説が最も妥当であろう。

権利能力なき社団の**構成員の責任**に関し，判例と同じく，出資を限度とする有限責任とするのがかつての通説であったが，近時は，権利能力なき社団の目的ないし性質によって個々具体的に考えるべきであるという利益衡量説に基づく見解が有力である。この見解の中には，権利能力なき社団を，営利社団と非営利社団に分け，有限責任は，非営利社団にのみ認めるという見解がある。

前述のように，権利能力なき社団にはさまざまな形態・目的のものがあるから，その構成員の責任を一律に有限責任とするのは妥当でない。少なくとも，

営利社団の場合，構成員の有限責任を否定すべきであろう。営利社団においては，債権者保護の必要性が高いだけでなく，もし構成員の有限責任を欲するのであれば，株式会社や有限会社のような営利社団法人を設立すればよいからである。したがって，利益衡量説に従っても，〔設例〕(88頁)(3)のＡ同窓会のような非営利社団の場合には，同窓会員は有限責任のみを負うということになろう。

3 権利能力なき社団の代表者の責任

権利能力なき社団の債務につき，代表者は個人的責任を負わなければならないであろうか。この問題については，肯定説と否定説がある。

肯定説は，組織内容や財産状況などを公示する制度がない権利能力なき社団の場合，債権者保護のために，第二次的に代表者に担保責任を負わせるべきであるとする。また，前掲の利益衡量説の立場から，営利社団と非営利社団に分け，①非営利社団の場合には，構成員が有限責任であることから，代表者には無限責任を負わせるという見解と，②営利社団の場合こそ，代表者が担保責任を負う特約があると推定するのが信義則に適うという見解とに分かれる。

これに対し，否定説は，社団法人や民法上の組合の代表者がその団体債務について個人的責任を負わないこと（民法上の組合における組合員の無限責任は，組合員としての責任である）との比較や，予め代表者を保証人にしたり，代表者の個人財産に担保権の設定を受けることなどによって債権者保護を図ることができることから，代表者の個人的責任を否定する。この否定説をもって妥当とすべきであろうか。そうだとすれば，〔設例〕(88頁)(3)のＡ同窓会会長ａは，個人的責任を負わないことになろう。

〔参考文献〕
(1) 森泉章『法人法入門』（有斐閣，1986年）
(2) 堀田力＝雨宮孝子編『NPO法コンメンタール』（日本評論社，1998年）
(3) 熊代昭彦編著『日本のNPO法　特定非営利活動促進法の意義と解説』（ぎょうせい，1998年）
(4) 河内宏「民法43条・53条〜55条（法人が権利を有し義務を負う範囲と理事

の代表権)」『民法典の百年Ⅱ　個別的観察㈠総則編・物権編』(広中俊雄＝星野英一編)(有斐閣,1998年)1頁以下
(5)　林良平「法人の権利能力・行為能力・理事の代表権の関係」『ハンドブック民法Ⅰ[総則・物権]』(林良平＝安永正昭編)(有信堂,1987年)26頁以下
(6)　川井健「法人の不法行為・表見代理」『演習民法(総則物権)』(遠藤浩＝川井健＝西原道雄編)(青林書院,1989年)90頁以下
(7)　三和一博「代理人の権限濫用」『演習民法(総則物権)』(遠藤浩＝川井健＝西原道雄編)(青林書院,1989年)187頁以下

第4章　物──権利の客体

§1　物の意義

〔設例〕　次に掲げるモノのうち，民法上，権利の客体となる「物」はどれか。
① 電気　② 空気　③ 太陽　④ 水　⑤ 遺骨　⑥ 箸一本
⑦ 著作権　⑧ 倉庫内の商品全部

1　物とは

　何をもって「物」というか。ここで問われていることは，民法上，権利の客体となる物をどう定義づけるかについてである。そこで，立法者は，ドイツ法も参考にして，きわめて簡明に，物とは**有体物**をいうとした。つまりは，権利などの観念的なものを除いたという意味において，そのように定義づけたのである。言い換えれば，所有権が発生しうるものという程度のことと考えてよいであろう。有体物とは何かについては，以下に述べるが，〔設例〕において，限界事例ともいえるようなものをあげておいたので，これらのモノを念頭に置きながら，以下を読んでもらいたい。
　ところで，物は**権利の客体**であるが，権利の客体は物に限らない。権利もまた権利の客体となる。たとえば，抵当権は地上権，永小作権に設定できる（369条2項）。また，人格権などは，その人の身体，名誉，生命が権利の客体であり，債権においては，債務者の行為が権利の客体となる。さらに，著作権や特許権などの無体の権利も客体となる。たしかに，債権においても物は間接

的に権利の客体につながっているが，物が直接的に権利の客体となるのは，物権についてである。したがって，民法総則編の通則性という観点からいえば，本章（第3章「物」）は，物だけについての規定であり，権利の客体全般に関するものではない。したがって，物権編に規定すべきであったという意見もあるが，一般的には，前章までの権利の主体の規定を受けて，権利の客体の代表的なものとしての「物」ということで第3章に規定をおいていると理解されている。

2　物の概念
(1)　有　体　物
　民法上，物とは有体物をいう（85条）。有体物とは，物理的空間を占める固体，液体，気体のいずれかであり，人間が五官で感知しうる物である。旧民法においては，物を有体物と**無体物**に分類し，無体物もまた権利の客体としていた（財産編6条）が，債権などの無体物にも所有権が発生する構成になり，錯雑したものとなるとの理由から，現行民法は，物を有体物に限定した。いわゆる無体財産といわれる著作権や商標権などは，旧民法においても特別法に委ねられていたが（同4条），電気，熱，エネルギーのような無体物は，やはり民法の領域で処理すべきものであるので，その点，「物＝有体物」とすることには限界が生じてきた。

(2)　支配可能性・非人格性
　民法における物は権利の客体であり，それは個人所有の対象物なのであるから，支配権の対象とならなければならない。そこで，民法の解釈として，条文上は，有体物となっているものの，これを拡張して「**支配可能性**」のある物と解釈するのが一般的である（ここにおいて，有体物を排他的支配可能なものと読み替えるか，有体物は有体物として，他にこれを類推して支配可能な物にも85条の適用を認めるという二つの考え方ができる）。

　そのことは逆に，太陽や月のような有体物であっても，支配可能性がない物はもちろん，大気や海水のような誰でも自由に支配できる物も，民法上の物ではないということになる。

　ところで，権利の主体たる人（自然人）の身体も，物理的には有体物であるが，これを権利の客体と見ることはできない。しかし，人の身体から分離した

毛髪，血液等や，生体臓器移植のような生きている人から取り出した臓器は，公序良俗に反しない限り，権利の客体たる物となり，分離前の人の所有に属する（なお，◇**発展・研究**◇2「遺体の所有権は誰に帰属するのか」参照）。そうだとすると，権利の客体たる物というためには，人格性を有していないという点もその定義の中に入れておかなければならないことがわかる。

(3) 独立性・特定性

物が排他的支配可能な物という概念でとらえられることになると，権利の客体となりうるためには，独立していてかつ特定していなければならないことは当然の前提となる。

このことは，逆に一個の物には，それと抵触する権利は一つしか発生しないという**一物一権主義**にも通ずるものがある。一物一権主義の詳しい説明は，物権法に譲るとして，こことの関連だけで述べると，権利の客体となる物は，原則として，ある物の一部分ではなく少なくとも一個の物でなければならないし，二個以上の物であってもいけない。各構成部分が個性を失い形態上単一なる物を単一物というが，ダイヤの指輪のように各構成部分は個性を失ってはいないがこれらが結合して単一な物を形成している物を合成物といい（合成物において，合成以前に各構成部分の所有者が違っていた場合，所有権の帰属は付合〔240条以下〕の問題となる），この合成物もまた一個の物である。しかし，ある物が，独立性を有するか，すなわち一部分であるか，一個であるか，複数個であるかの判断は，物理的なものではなく社会的通念による。たとえば，靴や箸は二つ（一対）で一個（一足・一膳）である（なお，土地については，§2 2(1)参照）。

また，先に述べた大気や海水についても，富士山山頂の空気，海洋深層水などとして容器などに入れ，特定すれば権利の客体たりうる物となる。

(4) 物の分類

物には，その内容・性質によって法的効果の差異が生ずるものとして，本章に規定されている不動産・動産，主物・従物，元物・果実以外にも以下のようなさまざまな分類がなされている。

(a) 融通物・不融通物　　一般の取引において，取引対象となる物を融通物といい，取引対象とならない物を不融通物という。後者には，公共の建物，道

路，河川のような公の物であるために，私的取引の対象とならない物（公物）と，拳銃や麻薬のような法律によって取引が禁じられている物（禁制物）とがある。不融通物に関する取引行為は無効である（90条）。

(b) 可分物・不可分物　物の性質や価値を変ずることなく分割できる物（金銭，米など）を可分物といい，そうでない物（自動車，家など）を不可分物という。共有（258条）や多数当事者間の債権債務関係（428条以下）などで差異が生じる。

(c) 消費物・非消費物　物の本来の用法に従った使用をすれば，そのものの存在が消滅するか権利主体が変更となる物（金銭，米，酒等の飲食物など）を消費物といい，そうでないものを非消費物（建物，自動車など）という。消費貸借，使用貸借，賃貸借において区別の意義が生じる。

(d) 代替物・不代替物，特定物・不特定物　同種の物が客観的に存在しないため他に代えようがない物を不代替物（土地，家，書画・骨董品など）といい，他の物に代えられる物を代替物（大量生産品，金銭など）という。この区別は，法的効果に直接関係はないが，法解釈上出てくるもので，とくに次の特定物・不特定物との対比で問題となる（売主の瑕疵担保責任〔570条〕の諸学説参照）。

当事者がそのものの個性に着目し客観的には代替性があっても主観的に代替性のない物を特定物といい，代替性がある物を不特定物という。特定物が不代替物であることは多いが，必ずしも一致するわけでなく，たとえば，大量に生産された万年筆であっても，ある一本をさして，この万年筆といえば特定物となる。特定物・不特定物の区別の実益は保管義務（400条），弁済の場所・方法（484条），危険負担（534条以下）などで差異が生ずる。

◇ 発展・研究 ◇

1　電気は物か

刑法上の問題として，旧刑法に所有物を窃取したことを窃盗の要件としていたところ（旧刑法366条），電気を使用計測メーターを通さずに使用した者に窃盗罪が適用されるかという問題が生じた。その際，判例では「管理可能性」の有無で判断すべきとした（大判明治36・5・21刑録9輯874頁。なお，「窃盗罪」

を構成する要件としては「可動性」も併有していなければならない)。その後,現行刑法245条において,電気は財物とみなすと規定されている。

しかし,民法では,管理可能とするのではなく,支配可能の問題であり,先に述べたように,有体物を支配可能な物と読み替える考え方では,電気もまた「物」となる。一方,物を有体物に限るとする考え方では,電気に所有権が成立することには無理があるため,これを法の欠缺ととらえ,物の規定(85条)を類推適用することになる。

2 遺体の所有権は誰に帰属するのか

葬儀のための遺体・遺骨の所有権は,相続人に属するとするのが判例である(大判昭和2・5・27民集6巻307頁)。しかし,通説は,相続ととらえるのではなく,その所有権は喪主に帰属し,もっぱら埋葬,祭祀の問題として取り扱うべきであり,その放棄は認められない(前掲判例も放棄は認めない)としている。

また,遺体からの臓器提供に関しては,上記のような考え方はとれず,故人の生前の意思(もしくは意思の推測。なお,ドナーカードは臓器を提供しない意思も表示できる)を尊重すべきであり,相続(遺贈)と祭祀の双方の観点から考えるべきであろう(臓器移植法は,主たる臓器等についてのみ適用される)。

3 集合物概念の必要性

通常では個々独立して取り扱われる物が,複数個一括して一個の物として取り引きされる場合がある。これを**集合物**というが,これには,工場などの物的施設が有機的に結合していて,個々の物の総計より価値が高くなっている場合と,倉庫内の商品全部というような数量的にまとまっていることに価値がある場合とがある。本来,集合物は一物一権主義に反するものであるが,ことに前者のような個々の物の集合が付加価値を生み出す場合にはその交換価値を認める立法化が進められてきた(鉄道抵当法,工場抵当法ほか)。また後者についても,集合動産の譲渡担保や所有権留保において,実務におけるニーズが増え,判例・学説によって認められている(最判昭和54・2・15民集33巻1号51頁ほか)。その際問題となるのは,集合物としての価値の有無,集合物の特定性,集合物の公示性などである。

§2 不動産と動産

〔設例〕 Aは，自己所有の土地をBに売却した。
(1) そこに生えている樹木は，A，Bいずれのものであるか。
(2) 土地の売買当時，その樹木がすでに切り倒されていた場合はどうか。

1 不動産と動産に区別する意味

〔設例〕の問題点は，樹木が土地と独立した物（財産）か否かという点にある。その点で，たとえば庭に数本植わっている小さな木と，山に植林されている杉の林では財産的価値が大きく違ってくるのであるが，両者の差を厳密に法的区別をすることはできないであろう。そこで，土地に生立している樹木は，原則として，土地にくっついている物（定著物）として，法律的な観点からすると「土地の一部」としてみなすこととした。もっとも，山に植林された杉の林などは，それが生立している土地よりも財産的価値が高い場合があるので，特に財産的の価値のある樹木や林などは，土地とは別個の財産と認めなければならないこともあろう。したがって，土地に生立した状態でも土地とは独立した財産とする方法が，特別法や慣習によって認められている（後述2(2)(b)参照）。一方，伐採された樹木は，木材であり，土地（不動産）とは全く関係のない物（財産）となる（動産）。したがって，〔設例〕の場合，厳密にいえば例外となる事態も多々生じるが，原則的には，①ではBに，②ではAに所有権があることになる。

ところで，物を不動産と動産に分ける理由は，不動産が動産に比べ一般的に見て財産的価値が高いということもあげられるが（たとえば12条参照），文字通り動かせない財産（物）か動かせる財産（物）かの違いによって法律効果を変えなければならない必要性からくるものである。まず，民法上の主な区別について，公示の方法（対抗要件）が，不動産は登記（177条）であるのに対して，

動産は引渡（178条）であり，公信の原則は動産についてのみ認められる（192条）。無主物先占において，不動産は国庫に帰属し，動産は個人所有となる（239条）。また動産には設定できない権利がある（地上権などの用益物権，抵当権，買戻権など）など，その他にも多くの差異がある。次に，民法以外では，裁判管轄（民訴5条12号），強制執行手続（43条以下ほか）などにも差異が生じる。

2 不動産

不動産とは，土地とその定著物をいう（86条1項）。

(1) 土　地

土地とは，地表面を基準として，人の利用・支配可能なその上下を含む範囲をいう（207条）。土地を構成している土，岩石，土砂はもちろん地下水も土地に含まれる（ただし，土，砂，砂利などを一定数量で取り扱う場合は動産である。また，流水に関しては，相隣関係の規定〔214条ほか〕の適用がある）が，鉱物の場合，鉱業法の適用をうけ，国に採掘取得権が留保されることがあり，温泉の場合，温泉法の適用により制限を受けることがある。

また，池，湖沼も，その「土地」について，私的所有権が発生するが，河川の流水部分については公有部分となる（河川法2条）。海も同じく公有部分である。

ところで，本来，土地は地続きであるから，土地を権利の対象とするためには人為的に区画をつけ，それを登記することになる。これを一筆の土地という。通常，この登記された単位で物としての独立性を有し，取引されることになるが，二筆以上の土地を一筆にまとめることもできるし（合筆），一筆の土地を二筆以上に分けることもできる（分筆）。すなわち，土地の単位はあくまで人為的なもので自然状態を反映させたものではないため，一筆の土地の一部について時効取得も可能である（大判大正13・10・7民集3巻509頁）し，譲渡も可能である（最判昭和30・6・24民集9巻7号919頁）。

(2) 定著物

土地に付着しており，その付着した状態で使用されている物を，定著物という（定着物とも書く）。定著物は，原則として，土地の一部を構成していると

みられるから，土地そのものであり独立した権利の客体ではないが，土地に付着したままでも，土地とは別個の取り扱いを受ける物がある。

(a) 建物　建物も定着物ではあるが，土地とは別個の不動産とされる（370条）。欧米諸国には本来ない考え方であるが，かつて日本においては土地よりも建物の方が価値があったこともあり，土地とは分離された権利の客体となっている。

建物といわれるためには，どのような外形を備えていなければならないのか。換言すれば，建築途中の建物は，どの段階で登記ができるのであろうか。通説・判例によれば，単に棟上げをしただけでは足りず，屋根を葺き，外壁を塗った段階とされている（大判昭和10・10・1民集14巻1671頁）。

(b) 樹木　土地に付着する樹木もまた定着物である。伐採されると動産となり，土地とは別個の権利の客体となる。しかし，土地に生立したままでも，土地とは別個の権利の客体として取り扱われ，所有権の移転や抵当権の設定が可能となる場合がある。すなわち，「立木ニ関スル法律」（一般に「立木法」と呼ばれる）によって登記された場合と**明認方法**が施された場合である（ただし，明認方法はあくまで慣習上の公示方法であるため抵当権の設定はできない）。このような場合に，生立した樹木もはじめて権利の客体として認められるという考え方（通説）と，日本の慣習上，もともと樹木は土地と別個の権利客体であったものであるから前記の方法によって対抗要件を取得するという考え方がある。

(c) 未分離果実　樹木に付いている果実，桑の葉，稲立ち毛なども本来は定着物であるが，明認方法によって土地とは別個の権利の客体とすることはできる（判例によれば動産となる。大判大正5・9・20民録22輯1440頁ほか）。

3　動　産

不動産以外の物はすべて動産である（86条2項）。

動産の中でも，船舶（商686条，687条，848条），航空機（航空機抵当法），自動車（自動車抵当法）などは，ほとんど登録されている場合が多い。そのため法律上不動産と同等に取り扱われることがある。

また，無記名債権（入場券，切符，商品券など）は物ではないが，動産とみ

なされる（86条3項）。

◇ 発展・研究 ◇

1 海面下の土地所有権

海岸線の土地について，どこまでが私的所有の範囲となるのであろうか。海洋であっても，一定区画をもって排他的支配を可能とし，漁業権や公有水面埋立権などを設定できる。しかし，地盤が「土地」として認められるのは，海面下に没していない部分に限られると解すべきである。そしてその地盤が，海面下かどうかは，春分・秋分の日の満潮時を基準とする（最判昭和61・12・16民集40巻7号1236頁。なお，旧民法財産編22条1号但書も同旨である）。

2 貨幣における特殊性

貨幣は，動産であるが特殊な取扱いを受ける。古銭や蒐集の対象となる貨幣は別として，一般に流通している貨幣は，物としての個性を持たない経済的価値の証票である。したがって，動産に適用される多くの規定は適用されず，貨幣の占有者が常に所有者である。

§3 主物と従物

〔設例〕 BはA所有の家屋を購入し，後日そこに引っ越して来て驚いた。契約前に下見に来たときにはあった畳や建具が一切取り払われていたのである。そこで，BはAに文句を言ったところ，Aは「家は売ると言ったが，畳や建具を売るとは言っていない」という。A，Bどちらの主張が正しいか。

1 従物とは

A，Bいずれの主張が正しいかは，誰でもわかるであろう。しかし，Aの屁理屈に対しても，法は対処しておかなければならない。したがって，民法は87条に，まずある物（主物）の「常用に供するために付属させている物」を従物とすると定義し（1項），続いて，従物は主物の処分に従う（2項）と規定した。主物と従物の関係にあるものとは，〔設例〕のような家と畳・建具の他に，ボートとオール，鞄と鍵などがあげられ，原則として主物の法律的運命に従物も従うことになる。

2 従物の要件

(1) 独立していること

従物はそれ自体独立している物，すなわちそれ自体にも所有権が発生するものでなければならない。そうでなければ，添付（付合，加工，混和。241条以下）によって主物に吸収され，主物の構成部分となり，従物としての問題は生じない。

(2) 経済的効用を助けていること

条文上では，常用に供することとなっているが，建物（主物）に対する畳，建具のような経済的効用からいって切り離せない物でなければならない。

(3) 場所的に近接していること

経済的効用を助けているといえるためには，ある程度従物は主物に近接していることを要する。たとえば補助タイヤ（従物）は自動車（主物）に乗せていなければ従物とはならないわけではないが，全く離れた場所にあった場合，従物とはならないことになる。

(4) 主物の所有者と同一人であること

主物と従物は，通常同一の所有者であることが多い。したがって，条文もそのように規定しているわけだが，一方で第三者が従物を付属せしめた場合，その者の権利を害さない趣旨でもある。しかし従物はそれだけだと余り経済的価値を発揮できないことが多いので，他人所有の従物であっても，即時取得（192条）の要件を満たすか，その所有者からの同意・追完があれば有効に権利変動があったものとしてよい（なお，後述3参照）。いずれにしても，87条にい

う主物の所有者が従物を付属せしめる必要はない（車を借りていた者が修理用工具を付属せしめた後，返還し，その工具を車の所有者に贈与した場合など従物となる）。

3　従物の効果

従物は主物の処分に従う（87条2項）。すなわち，従物は，主物と法律的運命を共にするのであって，従物に対して特に意思表示しなくても，主物に対する意思表示のみでそれが従物に対しても及ぶことになる。ただし，当事者が別段の意思表示をして，主物の処分から従物を除外するとか，従物のみを処分することもできる。

このことは，処分行為にとどまらず，債権契約においてもあてはまる。たとえば売買契約において，売主は主物の所有権移転義務と共に従物の所有権移転義務を負う。その際，従物が他人の物であった場合も，処分行為としては無効であっても債権契約としては有効であるから，売主は権利をその者から取得して移転する義務を負うことになる（560条）。

主物の対抗要件具備は，従物にも及ぶ。たとえば，石灯籠は，その土地の登記をしておけば，動産の対抗要件たる引渡（178条）を受けていなくともよいと解されている（最判昭和44・3・28民集23巻3号699頁）。

4　従たる権利

民法87条2項の類推解釈として，主物に付着した従たる権利，また主たる権利に付着した従たる権利も，同様に解されている。たとえば，借地上の建物の譲渡は，その敷地利用権（借地権）も建物の従たる権利として移転（最判昭和47・3・9民集26巻2号213頁）し，元本債権への転付命令の効力は利息債権にも及ぶ（大判大正10・11・15民録27輯1959頁）。

◇　発展・研究　◇

従物と付加物

主物に対して抵当権が設定されている場合，従物にもその効力が及ぶかという問題で，抵当権の設定を87条の「処分」に含める考え方と，370条（付加

物）の問題として考えるべきだとする考え方とがある。判例は，前者の見解を採り，抵当権設定当時の従物には抵当権の効力が及ぶとしている（前掲最判昭和44・3・28）。一方，学説は，抵当権設定後の従物にも及ぶとする結論は一致しているが，その根拠は，前者の立場を採るもの（設定後も継続する）と，後者の立場に立ち，従物は設定の前後を問わず付加物に含まれるとするものとがある。詳細は担保物権法を参照されたい。

§4　元物と果実

〔設例〕　BはAから，乗馬専用の馬を数頭借りて乗馬クラブを経営している。
(1)　1頭の馬が子馬を出産した。その子馬は誰の所有となるか。
(2)　馬の賃借料を月払いで月末に支払う契約をしていたところ，月の途中にAはCに馬の所有権を譲ってしまった。Bの賃借料は，A，Cいずれのものとなるか。

1　果実とは

　ある物より経済的収益が発生する場合，その発生した物を果実といい，発生させた物を元物（がんぶつ）という。この果実には，元物の用途に従って自然に産出される物（天然果実）と元物の使用の対価として得られる物（法定果実）の2種類ある。それぞれの具体例は以下に述べるが，〔設例〕において，まず(1)の子馬は，天然果実になるかどうかが問題となる。確かに子馬も自然に産出された物であるが，この場合乗馬用の馬であって，子馬の出産は「その用途に従った」とはいえない。したがって，この場合，果実収取権が問題となる天然果実ではないことになり，子馬の所有権は，Aに帰属することになる。(2)は法定果実の問題であり，AとCで後述のように分配することになる。

2 天然果実

　物の用途に従って，元物から自然に産出される物を天然果実という（88条1項）。動物の子，牛乳，果物などがその例であるが，果実収取権の対象となるためには，先に述べたように，元物の用途に従った物でなければならない。〔設例〕のような例外としては，盆栽の木になった実などもあげられる。

　天然果実の所有権は，元物より分離するときに果実を収取する権利を持つ者に帰属する（89条1項）。果実収取権者は，法規定によるが，通常は所有権者（206条）であることが多いであろう。善意の占有者（189条1項），地上権者（265条），留置権者（295条），不動産質権者（356条），賃借権者（601条）なども収取権者となりうる。もっとも，特約によって，果実収取権者を決めることができる。

　なお，未分離の果実についても，独立の物と扱われる場合がある（§2 2(2)(c)参照）。

3 法定果実

　物の使用の対価として受け取る金銭その他の物を法定果実という（88条2項）。地代，家賃，レンタル料，利息などがその例である。

　法定果実は，収取する権利の存続期間に従って，日割計算でそれぞれに帰属する（89条2項）。たとえば，AがBに貸している家を，月の半ばでCに譲渡した場合，当事者間で特約がなければ，所有権移転の時期に従って日割り計算で，Bからの賃料を分配することになる（ただし，売買に関しては575条の規定が適用になる）。この規定は，果実の帰属権利者間内部の分配について定めたものであるとするのが通説である。すなわち，Bは，日割計算によってAとCにそれぞれ支払うのではなく，月末払いの場合，賃料全額をCに支払い，CがAに清算することになる。

◇ 発展・研究 ◇

使用利益と法定果実

　金銭が利子を生むのと同様に，物もまたそれを使用することによって利益（価値）を生む。この使用利益は，実質上果実と変わることがないため，果実

の収取権や返還義務の規定（89条，189条，190条）が類推適用されることになる。これは物を使用していなくともその市場的客観価値は変わらないわけであるから，権限なく他人の物を占有している場合，たとえその物から実際には利益が生じていなくても使用利益を返還しなければならない。

第5章　法律行為

§1　法律行為とは何か

1　法律行為とは

　法律行為とは，当事者が一定の法律効果の発生を欲してなす行為をいう。法律行為において，法律効果が発生するのは，それを当事者が欲したことに基づく。つまり，少なくとも理念的には，当事者の「意思」にその効果発生の根拠が求められるのである。もっとも，意思は，表示されて初めて外部からの認識が可能となるのであるから，それが法的な評価の対象となりうるためには表示が要求される。法律効果の発生に向けられた意思がこのように外部に表示されたものを**意思表示**という。こうして，法律行為は，意思表示を不可欠の構成要素とする行為とされるのである。

2　法律要件の一つとしての法律行為

　ところで，一定の要件に基づいて生じる権利義務関係を一般に**法律効果**というが，法律効果の発生は，法律行為によるだけではない。たとえば，Aが不注意でBにけがをさせた場合（不法行為），AにはBに生じた損害を賠償する義務が発生し，BにはAに対して損害賠償を請求する権利が発生するが，この法律効果は，直接当事者の意思に基づくものではなく，一定の事実によって生ずるのである。このようなものも含め，およそ法律効果を発生させる生活関係を，**法律要件**という。法律行為は，法律要件の中でもとくに，意思表示を不可欠の構成要素として成立する法律要件なのである。

◇ 発展・研究 ◇

1 準法律行為

　法律効果を発生させる行為のうち，意思表示を要素としない点で法律行為と区別されるべきものに，準法律行為がある。つまり，法律行為は，一定の法律効果の発生に向けられた意思の表示である「意思表示」を要素として成立するのであるが，準法律行為には，かかる意思表示の存在が認められず，その法律効果も，法によって直接当該行為に与えられるのである。準法律行為（広義）は，さらに法律的行為と事実行為とに分類される。

(1) 法律的行為（狭義の準法律行為）

　当事者の意思や認識の表明に対して法が一定の効果を与えるものを法律的行為という。狭義で準法律行為という場合は，これを指す。法律的行為は，さらに「意思の通知」と「観念の通知」に分けられる。

　(a) 意思の通知　法律的行為の中でも，催告や受領の拒絶（493条，494条）などのように一定の意思を通知する場合を意思の通知という。たとえば，弁済の催告の場合，それによって生ずる効果（時効の中断〔147条1項，153条〕，履行遅滞〔412条3項〕，解除権の発生〔541条〕など）は，催告者がそれを欲したか否かとは無関係に，催告という事実から直接法律の規定に基づいて発生するのであり，この点で法律行為と区別されるのである。

　(b) 観念の通知　法律的行為の中にはさらに，債権譲渡の通知（467条）や承諾延着の通知（522条）などのように，一定の事実に対する認識ないし観念を通知することにより何らかの法律効果が発生する場合があり，これを観念の通知という。

　準法律行為には，意思表示の要素が欠けているので，民法の意思表示規定（たとえば，行為能力，錯誤，代理等）の直接適用はできない。しかし，民法は，準法律行為についての通則を定めておらず，準法律行為の中でもとくに狭義のもの（法律的行為）については，当事者の意思ないし認識が相手に伝達されることにより法律効果が生じ，しかも当事者は通常法定の効果を予期してその行為をなす点で，法律行為と類似している。そこで，法律的行為に意思表示および法律行為に関する規定を類推適用することが一般に承認されている。し

(2) 事実行為

　事実行為は，もっぱらその行為の結果生じた外形に着目し，それに対して法が効果を与えるものをいう。たとえば，先占（239条），遺失物拾得（240条）などがこれに該当する。法律的行為とは異なり，事実行為については，法律行為や意思表示に関する規定の類推適用は問題とならない。

2　意思によらない契約関係の成立は可能か

　既に触れたように，伝統的に，法律行為の効力発生の根拠は，意思であると考えられてきた。しかし，現実の社会の中には，当事者の意思や意思表示によって説明することが容易ではない現象も存する。たとえば，バスの乗車や電気・ガスの使用などにおいては，とくに運送契約や電気・ガス供給契約に関する明確な意思表示があらかじめ交わされていないことが多い。この場合に，料金債務の発生を意思表示によって説明しようとすると，擬制を伴わざるをえない。このような事態に直面して，**事実的契約関係説**が提唱されてきた。

　事実的契約関係説とは，社会で類型的に行われる行為については，契約がなくても，一定の客観的事実行為に基づいて，契約同様の効果が発生しうるという理論である。この理論が提唱されたドイツでは，有料駐車場への駐車に関してこの理論の適用を認めた判例も存するが，日本では未だ判例で認められるには至っておらず，学説上も争いがある。

§2　法律行為の分類

1　意思表示の結合の仕方による分類

　法律行為は，それを構成する意思表示の個数及びその結合の仕方により，次の三つに分けられる。

(1) 契　　約

売買や賃貸借などのように，互いに対応する複数の意思表示の合致によって成立する法律行為を契約という。法律行為の中で最も重要な役割を果たしているのが契約である。

(2) 単独行為

取消 (123条)，追認 (113条，116条)，解除 (540条)，相殺 (505条)，遺言 (980条以下) などのように，単一の意思表示によって成立する法律行為を単独行為という。このうち，取消，追認，解除，相殺などは相手方のある単独行為であり，遺言は相手方のない単独行為である。

(3) 合同行為

社団の設立 (37条) のように，同一方向に向けられた複数の意思表示の合致によって成立する法律行為を合同行為という。ただし，組合は共同事業を行うにも拘わらず民法上契約とされており (607条)，合同行為という独自の類型をたてることには異論もある。

2 一定の方式を要するか否かによる分類

法律行為は，それを構成する意思表示に書面の作成など何らかの方式を必要とするか否かにより，要式行為と不要式行為とに分けられる。

(1) 不要式行為

法律上定められた方式をとることを要しない法律行為を不要式行為という。近代法の基本原則である法律行為自由の原則 (→§3) は，方式からの自由をも要求するから，法律行為は原則として不要式行為である。

(2) 要式行為

一定の方式に従って行わないと不成立または無効とされる法律行為を要式行為という。たとえば，婚姻・縁組が成立するには戸籍法の定めるところに従って届出をしなければならず (739条，799条)，遺言は一定の方式に従って行われなければ効力を生じず (968条以下)，手形の振出も一定の事項を記載した書面で行わなければ効力を生じない (手1条，2条1項，75条，76条1項) ので，要式行為である。先に述べたように，法律行為は方式を要しないのが原則であるが，これらの場合には，法律関係の明確化，取引安全の保護，当事者に熟慮を促す必要性などから，とくに方式が要求されているのである。

3　法律効果が生ずる生活関係による分類

(1) 財産行為

財産的生活関係について効果を生ずるものを財産行為という。民法の債権編に掲げられた，贈与，売買をはじめとする典型契約は，いずれも財産行為である。

(2) 身分行為

婚姻・養子縁組などのように，身分の取得・変動という法律効果を生ずる法律行為を身分行為という。身分上の法律効果は，当事者自らの真の意思に基づいて決定する必要があるので，これにつき，民法総則規定の特則が設けられているものも多い（731条，738条，743条，747条，748条等）。明確な特則規定がない場合に，民法総則の規定がどこまで適用されうるかについては議論がある。

§3　法律行為自由の原則とその修正

1　法律行為自由の原則とは

法律行為は，法秩序が許容する範囲内において，当事者が自由にこれを行うことができ，当事者の意図した通りの効力が原則として認められる。これを，法律行為自由の原則という。この原則は，私的な法律関係は個人の意思に基づいて形成されるという「私的自治の原則」（後述参照）の一内容である。

この原則が最も重要な意味を持つのは，契約の局面においてであり，これをとくに「契約自由の原則」という。すなわち，契約においては，当事者は，契約を締結するか否か（締約の自由），誰と契約するか（相手方選択の自由），いかなる内容の契約を締結するか（内容決定の自由），いかなる方式で締結するか（方式の自由）を自由に決定することができるのであり，当事者の意思表示の合致により契約がいったん締結された以上，法は原則として，当事者が決めた内容通りの法律効果を認めるべきだとされるのである。

単独行為である遺言についても，遺言者は，死後における自己の財産の処分として，自由にこれを行うことができるとされる（遺言自由の原則）。ただし，

契約の場合と異なり、遺言は本人の死後にはじめて効力を生ずるという特徴があり、遺言内容の明確化および他人による偽変造の防止のため、その方式については自由が制限されている。

　法律行為自由の原則といっても、無制限に自由が認められてきたわけではない。後に見るように（→§5，§6）、法は、国家・社会の目的からみて好ましくない法律行為には効力を与えず、これを無効とするのである。

2　私的自治の原則とは

　近代私法においては、私的な法律関係は自己の意思に従って形成されるべきだという私的自治の原則が存在しており、1で触れたように、法律行為自由の原則も、私的自治の原則の一つの内容とされてきた。しかし、私的自治の原則は、法律行為といういわば積極的な面に作用するだけではない。さらに責任面において、故意または過失がない限り不法行為や債務不履行の責任を負わされないという過失責任主義も、私的自治の原則から派生した原則なのである。

　このような原則は、人間は自由かつ平等であり自らの意思によってのみ拘束されうるという、近代社会の人間観に基づいて形成されたものである。そしてそれは、自由な商品交換を前提とする資本主義社会を支える法原理の役割を果たし、一定の経済発展をもたらした。

3　法律行為自由の原則の修正

　しかし、自由競争による経済の発展は、私的な社会関係における経済的強者と弱者とを際だたせ、「自由」の名の下に、大企業などの経済的強者が市民に対して一方的に自らに有利な法律行為の内容を押しつけるという現象を増大させるに至った。いわゆる「附合契約」がその典型である。このような事態に直面し、国家は次第に、弱者の利益を擁護するために法律行為自由の原則を修正するような社会政策的立法を行うようになってきた。たとえば、クーリング・オフ制度の導入（割賦販売法4条の3，訪問販売法6条）や、借地借家法の制定などがその例である。このような動きは、立法に留まらず、判例における民法規定の解釈にも見られ、とくに、90条や1条などの一般条項が、このような修正の手段として多く用いられてきた。

§4　法律行為の解釈

〔設例〕　Bは，Aからパソコンを購入することにした。
(1)　両者は，15万円でこれを売買することで了解していたのであるが，その後Bは，契約書の金額欄に「15,000円」と記載されていたことを理由に，1万5千円しか払わないと言っている。このBの主張は認められるか。
(2)　契約書にはORG社の2000型パソコンを15万円で売買する旨記されていた。Bは，展示のモニターも当然この金額に含まれるものと思っていたのであるが，Aの店内には，モニターはとくに記載がない限り別売りである旨掲示され，Aは，この商品についても本体のみの売買を考えていた。この場合，AB間の契約はどうなるか。
(3)　パソコンについては，3日後にB宅に配達すると定めたが，代金支払の時期と場所については明確に定めていなかった。この場合，BはAにいつどこで代金を支払うべきか。

1　法律行為の解釈とは

　法律行為は，原則として当事者の自由に委ねられるのであるから，法律行為に関して紛争が生じた場合にその解決の第一の基準となるのは，当該法律行為上の規律だということになる。ところが，法律行為の内容は，不明確または不完全なことも多く，その場合，裁判官は，その内容を明確にしあるいは補充しなければならない。このようにして法律行為の内容を確定する作業を法律行為の解釈という。
　ここでは，法律行為の中でも，とくに契約を念頭においてこれを説明する。

2 狭義における法律行為の解釈（表示行為の意味の確定）

法律行為の解釈においては，まず，当事者の表示行為の意味が明らかにされなければならない。これを，狭義の解釈という。

(1) 共通の意味の探究

解釈においてはまず，当事者が当該法律行為上の表示に付与した共通の意味が確定されなければならない。その際，たとえ当事者が，客観的には誤った表示を用いたとしても，両当事者が正しい意味について了解しており，それが明らかにされうる限りは，その了解された意味こそが効力を持つのであって，表示の誤りは妨げにならない（「誤表は害さず」）。表示は，何よりもまず当事者間の意思伝達手段としての意味を持つものだからである。したがって，〔設例〕(1)のように，契約書に1万5,000円と記載されている場合でも，当該表示において両当事者が15万円を考えていたことが諸事情から明らかにされうる限り，15万円の売買契約が成立するのである。

判例は，Yが150万円の債務負担の意思のもとに誤って1,500万円と記載された手形を裏書きし，悪意の手形取得者Xが1,500万円をYに請求したという事案において，Yに錯誤があることを認め，ただし，錯誤により無効を主張しうるのは150万円を越える部分についてだけであるとした（最判昭和54・9・6民集33巻5号30頁）。ここでは，転々流通する手形の特殊性が考慮されたのかもしれないが，少なくとも通常の取引であれば，意思表示の効力（錯誤の成否等）を問題とする前に，法律行為の解釈が問題とされ，150万円の債務負担がなされたと解釈されるべきものと思われる。

(2) 規範的解釈

場合によっては，当事者自身が表示に付与していた意味が明らかでなく，あるいは，各当事者が当該表示に付与していた意味が食い違っていた等，当事者の共通の意味を確定できないこともある。この場合には，表示の客観的意味が確定されなければならない。つまり，当事者の用いた表示手段，当事者間に共通の取引慣行，あるいは条理等により，いずれの当事者の考えていた意味が妥当か，当該事情の下でその表示がいかなる意味において理解されるべきかが基準とされるのである。判例でも，たとえば，「塩釜レール入」という契約文言の意味について争われた事例において，商慣習を根拠に，これは売買目的物が

塩釜駅に到着してはじめて代金の支払いを請求しうるという意味であると解釈したものなどがある（大判大10・6・2民録27輯1038頁）。

〔設例〕(2)では，表示において意図した内容が両当事者で異なるが，これによって直ちに契約不成立となるのではなく，規範的解釈を通して，パソコン本体のみを15万円で売買する内容の契約の成立が認められることになろう。その上で，Bがこれと異なった意図を持っていた点については，Bの錯誤が問題とされうるのである（→第6章§4）。

もっとも，当事者の考えていた意味が食い違っていて，そのいずれの意味をも契約の意味として確定できない場合には，無意識的な不合致として，契約は不成立となる。

◇ 発展・研究 ◇

補充的解釈と修正的解釈

当事者は，個々の問題についての精密な取決めをしていない場合がしばしばある。この場合には，当事者の表示行為の意味を明らかにするだけでは足りず，裁判官は，当事者の表示によって明らかにされない部分について，法律行為の内容を補充しなければならない。また，当事者の表示のままに法律効果を認めると条理に反すると判断される場合には，裁判官は，法律行為の内容を修正せざるをえない。

このような法律行為の補充ないし修正も，しばしば法律行為の解釈という名の下でなされるし，実際には狭義の解釈と内容の補充ないし修正とは密接に絡み合っているので，この両者を併せて，広義の法律行為の解釈と呼ばれている。

(1) 補充的解釈

当事者の表示ないし具体的事情から導くことのできない部分につき，法は，まず慣習を，次に任意法規をもって，これを補充することを認めている。それでもなお不十分な場合には，法の理念としての条理によって，補充的解釈が行われる。

(a) 慣習　慣習は，当事者の取決めのない事項について，当事者の意思を補充する。

民法92条は，「法令中ノ公ノ秩序ニ関セサル規定ニ異リタル慣習アル場合ニ

於テ法律行為ノ当事者カ之ニ依ル意思ヲ有セルモノト認ムヘキトキハ其慣習ニ従フ」と規定している。しかし，そもそも慣習に従うという当事者の意思が明らかな場合には，その意思に従った意味が基準とされるのは当然であるから（91条参照），その場合だけを指すとすれば，92条は無用の規定ということになる。そこでむしろ，92条の意義は，当事者の意思が明確でない場合に，慣習が当事者の意思を補充するという点に存すると解されるのである。

(b) **任意規定** 法は，以上の操作によってもなお明らかにならない部分を補充するために，紛争解決の拠り所となる規定をおいた。これが，任意規定といわれるものである。

任意規定は，強行規定と異なり，「公の秩序に関せざる規定」であり，当事者の意思によってその適用が排除されうるものである（任意規定と強行規定については，さらに§6の1を参照）。

(c) **条理・信義則** 条理およびその特殊形態としての信義則は，法の理念ないし社会的接触関係に立つ者どうしの法的行動の原理として，補充的解釈の最後の基準となる。

以上により，先の〔**設例**〕(3)では，代金支払時期および場所につき慣習があればそれに従って契約が補充され，そうでない場合には，任意規定である573条と574条により，Bはパソコンが配達された時にその場所で代金を支払うべきことになろう。

(2) **修正的解釈**

解釈による法律行為の修正は，次のような形をとって行われる。

(a) **例文解釈** たとえば賃貸借契約などは，一方の当事者（賃貸人）に有利な条項があらかじめ印刷された証書を用いて行われることが少なくない。たとえば，「賃料を一回でも滞納すれば無催告解除をなしうる」旨の記載などがこれに当たる。下級審の裁判例には，このような場合に，当該条項は例文にすぎず，当事者が本当にそれに拘束される意思を有していたとは認められないとして，その条項の効力を否定したものがある（東京高判昭和31・8・17下民集7巻8号2213頁など）。

(b) **制限的解釈** 同じく建物賃貸借における無催告解除条項が問題となった事例において，最高裁は，この特約は，「賃料が約定の期日に支払われず，

これがため契約を解除するにあたり催告をしなくてもあながち不合理とは認められないような事情が存する場合には，無催告で解除権を行使することが許される旨を定めた約定」として有効であるとした（最判昭和43・11・21民集22巻12号2741頁）。

しかし，このように解釈の名で法律行為の修正を行うことに対しては，「意思」の擬制に他ならず，これによって真の無効原因が覆い隠されてしまうとして批判する学説もある。

§5　内容の社会的相当性：公序良俗違反〔90条〕

〔**設例**〕　Aは，Bとの間で，敗者が勝者に150万円払う旨約束して賭将棋をやったが，負けてしまった。
(1)　Aが150万円の支払いを渋っている場合，Bは裁判所に訴えてAにその支払いを請求しうるか。
(2)　Aが150万円をBに払ってしまった場合，Aはその返還をBに請求しうるか。
(3)　上の(2)において，Aは，Cに事情を話し，Cから150万円を借りてBに支払ったものであった場合，Cは，約束の期日にAに貸金の返還を請求しうるか。

1　公序良俗の意義

〔**設例**〕(1)では，賭博契約の私法上の効力が問題となっている。90条は，公の秩序または善良の風俗に反する事項を目的とする法律行為は無効と規定する。国家・社会にとって好ましくないそのような行為については，法が強制力を付与してその実現に助力すべきでないからであり，これは，法律行為自由の原則の限界を形づくる。ここに「公の秩序」とは，国家・社会の一般的利益を意味

し,「善良の風俗」とは,社会の一般的倫理を意味するとされるが,両者は一体として扱われており,厳密に両者を区別する実益はない。

90条のように,要件が一般的抽象的に定められた規定を**一般条項**という。一般条項とりわけ90条の場合,規定の仕方が抽象的なので,具体的に何が公序良俗違反になるかは,条文自体からは明らかではない。しかし,何が社会的相当性を欠くと認められるべきかは,各時代における一般的な観念と共に変化しうるのであり,この規定が抽象的であるからこそ,時代の要請に応じた規律が可能となるのである。以下では,裁判上取り上げられた事例を手掛りにして,公序良俗違反行為をいくつかの観点から分類する。

2 公序良俗違反行為の分類

(1) 内容による分類(実質的分類)

(a) 犯罪に関する行為　　犯罪に関する法律行為は,公序良俗違反として私法上も無効とされる場合が多い。たとえば,談合(刑96条の3第2項)による不正行為は,民法上も公序良俗違反とされるし(大判昭和14・11・6民集18巻1224頁),ある物を盗んできたら買い上げるという契約,ある人を殺したら報酬を与えるという契約なども無効である。

(b) 人倫に反する行為　　親子間の道義や婚姻秩序に反するような法律行為は公序良俗に反し無効とされる。たとえば判例は,両親が離婚した後,母親と子とが同居しないことを違約金つきで約束した契約は無効だとする(大判明治32・3・25民録5輯3巻37頁)。

妾契約も,一夫一婦制を害することを目的するものであるから,公序良俗に反し無効とされる(大判大正9・5・28民録26輯773頁)。一方,不倫な関係を絶つための手切金の契約や(大判大正12・12・12民集2巻668頁),婚姻中の夫婦が将来離婚する際の金銭の交付を約した契約は有効とされている(大判大正6・9・6民録23輯1331頁)。もっとも,いずれも戦前の大審院の判決であり,婚姻についての意識が変化した今日において,これが直ちにそのまま妥当するとは限らない。比較的近時の最高裁判決(昭和61・11・20民集40巻7号1167頁)には,財産の一部を遺言者が晩年に同棲していた女性に与えるとした遺言の効力が争われた事件につき,これを公序良俗に反しないとしたものなどもある。

(c) 身体的自由を過度に制限する行為　　他人の身体的自由を過度に制限する行為は，公序良俗に反する。これに関して，かつては，芸娼妓契約，とりわけ親の借金を娘の芸娼妓としての稼働によって返済させるという契約の効力が問題となった。

すなわち，この契約の実質は人身売買ともいうべきものであり，既に明治期の判例には，この点を捉えて芸娼妓契約を無効とするものがあった。しかしその後，大審院の判例は，芸娼妓契約を金銭消費貸借と人身拘束の二つの部分に分け，人身拘束に関する部分は無効だが消費貸借の方は有効だとした（大判大正7・10・12民録24輯1954頁，大判大正10・9・29民録27輯1774頁等）。しかし，さらにその後，最高裁は，再び判例を変更し，消費貸借契約も含め契約全部を無効とし，さらに708条の適用により，前借金の返還義務はないとしている（最判昭和30・10・7民集9巻11号1616頁）。

(d) 営業の自由を過度に制限する行為　　他人の営業を過度に制限する行為も公序良俗に違反する。たとえば，会社と従業員との間で，従業員がその退職後に同種の営業をしない旨約束した場合などがこれに該当しうる。もっとも，判例によれば，このような営業の制限も，地域および期間について限定があり，営業の自由を過度に制限すると認められない場合には，公序良俗に反しないとされている（大判昭和7・10・29民集11巻1947頁）。

(e) 射倖行為　　〔設例〕(1)のような賭博や富くじなど，偶然の利益を得ることを目的とした契約で，射倖性が強いものは，人々の勤労意欲を失わせ，また健全な財産秩序にも反するので，公序良俗違反として無効である。もっとも，競馬や競輪のように，射倖性が強くても，国家が一定の政策的目的から法律でこれを許可している場合もあり，この場合にはもちろん当該行為は無効ではない。

(f) 暴利行為・準暴利行為　　他人の窮迫・軽率・無経験などに乗じて不当な利益を博する行為を暴利行為といい，これは公序良俗違反の一場合として無効とされる（大判昭和9・5・1民集13巻875頁）。すなわち，著しく高利の消費貸借契約については，利息制限法に規定が置かれているのでそれによるが，このような具体的な規定がない場合にも，たとえば被担保債権に比べて著しく高価な財産をもってする代物弁済の予約（最判昭和27・11・20民集6巻10号1015

頁）などは，90条によって無効とされうるのである。

　近時は，消費者契約において，事業者が消費者の弱い立場につけこんで著しく均衡を失する契約を締結させたような場合に，90条によってこれを無効とする判決も目立つようになってきている。その際，公序良俗違反を理由に契約の一部のみを無効とし，それによって実質的な契約修正が行われる場合もある。さらに，個別の契約ではなく，事業者側が予め契約条件を定めた「約款」についても，公序良俗違反が問題となりうる。約款による契約の場合，消費者側には契約条件を個別交渉によって変更する機会は事実上ほとんどなく，むしろ多くの場合は約款の内容さえ十分に知らされないまま契約の締結に至っているのであり，構造的に，消費者に不当な不利益をもたらす条項が盛り込まれる危険性が大きいのである。たとえば，下級審の判決には，航空会社の運送約款において，乗客が死傷した場合の運送人の賠償限度額を著しく低く設定した約款は公序良俗に反し無効だとしたものがある（大阪地判昭和42・6・12下民集18巻5＝6号641頁）。

(2) 違反の態様による分類（形式的分類）

　上に掲げた種々の公序良俗違反行為を，違反の態様によってあらためて分類すると，次のようになる。

　(a) 目的そのものが社会的相当性を欠くもの　　犯罪を目的とする契約，妾契約，賭博などがこれにあたる。

　(b) 過度の契約上の拘束が違法とされる場合　　身体的自由の拘束や営業の自由の制限がこれにあたる。

　(c) 対価との結合によって違法とされる場合　　賄賂などにおいては，目的とした行為自体は必ずしも違法ではないが，対価を結びつけることにより公序良俗違反となる。

　(d) 給付の不均衡によって違法とされる場合　　暴利行為がこれにあたるが，多くの場合，単に客観的な給付の不均衡のみならず，当事者の行為態様の違法性も併せて公序良俗違反の判断がもたらされる。

　(e) 不法な条件　　民法は，不法な条件を付した法律行為（132条前段）および不法をしないことを条件とする法律行為（同条後段）が無効であることを規定する。

(f) 動機が違法な場合に90条の適用はあるか　動機の不法によって法律行為が無効となるかは問題である。たとえば、〔設例〕(3)のように賭博による借金を払うための消費貸借契約や、賭博資金を得るための消費貸借契約がこれにあたる。確かに、形式的に見れば賭博行為と消費貸借とは異なる当事者間における別個の契約であるが、賭博があるからこそ消費貸借が行われたのであり、両者は密接に関連している。そこで判例は、このような目的でなされた消費貸借契約も公序良俗違反により無効とする（大判昭和13・3・30民集17巻578頁、最判昭和61・9・4判時1215号47頁）。もっとも、不法な動機が相手方に示されていない場合には、一方当事者に不法な動機があっても、その法律行為は無効とされない。

3　公序良俗違反の効果

(1) 無　効

公序良俗に反する行為は無効である（90条）。したがって、未だ履行されていない場合、当事者は、裁判所に訴えて履行を相手方に請求することはできず、相手方は履行を免れる。したがって、〔設例〕(1)におけるBの請求は認められない。

(2) 返還請求の否定：不法原因給付

それでは、公序良俗に反する法律行為に基づいて履行がなされてしまった場合、その履行をなした者は、当該法律行為が公序良俗違反により無効であるとして、その返還を請求しうるのであろうか。〔設例〕(2)ではこれが問題となっている。

通常の場合には、無効な行為に基づいて何らかの給付がなされた場合、給付者はその給付の返還を請求することができる（703条、704条参照）。したがって、たとえば、売買契約に基づいて代金を支払ったが、その契約が錯誤（95条）により無効であることが判明した場合には、代金を支払った当事者はその返還を請求しうる。

ところが、公序良俗違反行為に基づく給付の場合には、708条の特則により返還請求が否定される。すなわち、708条は、不法な原因により給付をなした者はその返還を請求できないとしており、これは、不法に関与した者が後にそ

の不法を理由に法的救済を求めることを否定する趣旨（「クリーン・ハンズの原則」）に基づく。

　もっとも，不法の原因が給付を受けた方（受益者）のみに存するときには，給付者による不当利得の返還請求は妨げられない（708条但書）。暴利行為やそれに準ずる行為の場合がこれに該当し，暴利を貪りとられた当事者の側は，その給付したものの返還を請求することができるのである。一方，当事者の不法性の程度が他方に比して著しく大きい場合にも，同様の処理がなされうる。

§6　内容の適法性：強行法規違反

〔設例〕(1)　Aは，Bとの間で，Cに賃貸しているAの建物をそのままBに売却する契約を締結し，引渡及び登記は3ヵ月後としたが，Bから毎月支払われる賃料については，契約の直後からBが受け取る旨約束した。この約束は有効か。
　(2)　Aは，食品衛生法に反する有毒物質が混入したアラレを，それと知りながら製造し，食品販売業者Bに販売した。Aは裁判所に訴えてBに代金の支払いを請求しうるか。
　(3)　Aは，食品衛生法上の許可を得ていない食肉販売業者Bに食肉を売却した。Bが売買は無効だとして支払いを拒むとき，Aは，裁判所に訴えてBにその支払いを請求しうるか。

1　任意規定と強行規定

〔設例〕(1)は，果実の帰属につき，575条と異なる約束をしている。このように，法律行為の内容が法律の規定する内容と異なる場合，その法律行為の効力はどうなるのであろうか。法律の規定には，当事者の特約にその法律規定に優先した効力を認めるものと，当事者が特約をしてもその効力を認めないものと

がある。前者を任意規定（任意法規），後者を強行規定（強行法規）という（91条参照）。

「任意規定」の場合，それが定めている事項は，「法令中ノ公ノ秩序ニ関セサル」ものであって，本来当事者の意思に基づいて自由に決定されうるのであるが，当事者がこれを明確に定めていない場合に備えて，法は紛争解決の拠り所となる規定を置いたのである。

これに対して，「強行規定」は，当事者の意思如何に関わりなく，紛争解決の基準として適用される。法律行為の自由が認められている以上，原則として，法律行為が紛争解決の基準となるはずであるが，この自由も無制限ではない。すなわち，国家・社会の目的から見て好ましくない法律行為には，法は効力を与えず，これを無効とするのである。こうして，強行規定は，公序良俗と並び法律行為の自由の限界を形づくるものの一つとして位置づけられる。

2　任意規定と強行規定の区別

法律上，その規定に反する特約が無効とされている場合（例：借地借家法9条，21条，37条）には，それが強行規定であることは明らかである。しかし，このような明文のない場合も多く，その場合には，問題となっている規定の趣旨によってそのいずれかを判断せざるをえないとされている。大まかにいえば，契約に関する規定には任意規定が多いが，身分法の規定や，財産法でも物権や会社など第三者の利害に大きな影響を及ぼす規定には強行規定が多い。もっとも，近時は，社会法原理の導入により，契約に関する領域でも，特別法による強行法規化が進められている。

〔設例〕(1)で問題となっている575条は，任意規定と解されており，したがって，ＡＢ間の特約は有効である。

3　取締規定

行政上の目的によって私法上の行為を制限または禁止する規定を「取締規定（広義）」という。たとえば，一定の行為について国家が免許や登録を要求し，あるいは，価格や品質につき制限を加える法規がこれである。取締規定に違反した場合には，刑罰や行政上の不利益が科されるのが通例であるが，その行為

の私法上の効力にも影響が及ぶかについては、さらに分かれる。

　たとえば、国土利用計画法14条は、知事の許可無く結ばれた契約は無効であると規定しており（同条3項）、私法上の効力が否定されることは明らかである。このような明文がない場合には、当該法規の趣旨に鑑みて個別に検討されなければならないが、判例は、〔設例〕(2)のような事例（最判昭和39・1・23民集18巻1号37頁）や、鉱業法による鉱物採掘権のない者に採掘をさせることを内容とする斤先掘契約のように、法の禁止の趣旨が強度でありあるいは資格の要件が重大な意味を持つ場合には、それに反する行為は私法上も無効だとしている。このように、私法上の効力にも影響を及ぼす取締規定は、とくに「効力規定」と呼ばれる。

　これに対して、法が、一定の行為や営業につき許可、認可、届出、登録等を要求し、あるいは検査を要求しているのに、それを経ずに取引行為が行われた場合などには、一般に、その行為の私法上の効力には影響がない。たとえば、判例は、〔設例〕(3)のような事例において、食品衛生法は単なる取締法規にすぎないとしてその取引を有効とし、それに基づくBの代金支払義務を認めた（最判昭和35・3・18民集14巻4号483頁）。「狭義の取締法規」といい、あるいは「単なる取締法規」という場合は、このように私法上の効力に影響を及ぼさない取締規定のみを指す。

◇ **発展・研究** ◇

脱法行為とその効力

　強行法規に直接には違反しないが、実質的に違反する法律行為を、脱法行為という。法律が、あらかじめ脱法行為の出現を予想してこれを無効とする場合もあるが（例：利息制限法2条、3条）、明文のない場合には、その効果はそれぞれの場合に応じて具体的に判断されなければならない。

　たとえば、判例は、担保の目的で行う恩給取立委任は、恩給担保を禁止する恩給法の規定（11条）の精神に反する行為として無効とした（大判昭和16・8・26民集20巻1108頁）。これは、恩給権者の利益を保護するという法の精神が重視されたからである。もっとも、その後、恩給を担保化することについての社会的要請が認められ、今日では、立法によって一定の条件の下での担保化が承認

されている（恩給法11条1項但書）。

　譲渡担保（担保の目的である財産権をいったん債権者に移転させ，債務者が債務を弁済したときに返還するという形式の担保）についても，これが質権に関する規定，とりわけ流質契約の禁止（349条）および設定者による代理占有の禁止（345条）に実質的に反するのではないか，かつて問題とされた。当初の判例には，これを脱法行為とするものもあったが，その後の判例は，これを有効と認めるに至り（大判大正3・11・2民録20輯865頁），さらに判例の積み重ねによって，そこにおける具体的な法律関係が整備されてきている。この背景には，法律の定めている担保手段が不備であり，とくに営業に使用する動産等についての担保化の要請が強かったこと，その必要性から既に取引社会において譲渡担保が慣習として用いられていたことなどがある。このように，一応脱法行為に該当するように見える行為でも，合理的な社会的必要に基づき，法の理念に鑑みてそのような行為を許容しうると考えられる場合には，有効とされるのである。

第6章 意思表示

§1 意思表示とは何か

1 意思表示とは

　意思表示とは，一定の法律効果の発生を欲する意思（効果意思）を外部に表示する行為をいう。前章で触れたように，自由・平等を基本理念とする近代法は，個人の自由意思に基づく決定を，私的法律関係の形成の中心に据えた。つまり，法律効果の発生に向けられた意思が外部に認識しうる形で表示された場合，法は原則として，それに対応した法律効果を与えることとしたのである。

　法律行為と一言でいっても，単独行為・契約・合同行為，財産行為・身分行為，要式行為・不要式行為など多様であるが（→第5章§2），そのいずれにおいても，法律行為の本質的な構成要素をなすのは意思表示である。

2 意思表示における意思と表示

　意思表示は，法律効果の発生に向けて決定された「意思」（効果意思）とその「表示」とを要素とする。個人の自由な意思決定の尊重という理念からすると，意思こそが重要だともいえそうだが，意思は，それが内面的な事象にとどまる限り法的な意味を持ち得ない。これを外部から認識可能なものにする手段が要求されるのであり，これが表示なのである。したがって，意思と表示とは一致し一体をなすのが意思表示本来の姿であり，実際，取引の大部分においては，この本来的な関係が保たれている。

　しかし，ときには，当事者が不適切な表示手段を用い，表示について誤った認識を持ち，あるいは外部からの干渉が加わったことなどにより，この関係が崩れ，意思と表示とが乖離したり意思形成が歪められる場合も生じうる。93条

以下は，この病理現象である例外的な場合の法律関係を規律するものである。

3 意思の欠缺と瑕疵ある意思表示

　意思表示における病理現象の第一の類型は，意思と表示とが一致しない場合であり，これは，表示に対応する効果意思を欠くという意味で，一般に**意思の欠缺**と呼ばれる（この用語につき101条参照）。民法が93条から95条にかけて定める心裡留保・虚偽表示・錯誤がこれにあたる。

　第二の類型は，意思と表示とは一致しているが，意思を形成する過程において他人の違法な干渉が加わり，自由な意思決定が妨げられた場合であり，一般に**瑕疵ある意思表示**と呼ばれる（この用語につき120条参照）。96条の詐欺・強迫による意思表示がこれにあたる。

　民法は，意思欠缺の場合には無効の効果を，瑕疵ある意思表示の場合には取消の効果を規定した。しかし，無効と取消はいずれも法律行為の効力を否定する法的技術であって，何を無効とし何を取消しうる行為とするかは立法政策の問題であるし，後に見るように，いわゆる動機の錯誤の場合にも一定の要件の下に95条の適用が認められている今日においては，95条を意思欠缺の規定と言い切ることには問題もある。しかし，以下では，民法典の整理に従って，意思の欠缺と瑕疵ある意思表示という概念を用いることにする。

4 意思欠缺と意思表示の解釈

　意思欠缺は，表示と意思に不一致があることを意味するのであるから，その前提として，表示の意味の確定つまり意思表示の解釈が必要となる。意思表示の解釈において主観と客観のいずれを重視するかについては見解が分かれるが（解釈における意思主義と表示主義），いずれの立場においても，表示が表意者の効果意思と異なる意味で確定されうることについては異論がない（→第5章§4 2(2)）。そして，この場合にのみ，意思欠缺規定は問題となるのである。したがって，たとえば契約において，一方当事者が，一般的な理解によれば自己の意思と異なる意味を表すような文言を誤って用いたとしても，相手方がその当事者の意図した同じ意味でこれを理解した場合には，その契約表示は，両当事者が共通して意図した意味を持つものとして解釈され（→第5章§4 2

(1))，意思欠缺は問題とならないのである。

5 意思主義と表示主義

　意思表示の効力をめぐっては，意思主義と表示主義の対立がある。すなわち，意思表示における意思の要素をあくまでも重視する立場（極端な意思主義）によれば，表示に対応する意思が欠ければ意思表示の効力が否定されることになろうし，逆に表示を重視する立場（極端な表示主義）によれば，なお効力が維持されることになろう。わが民法の立法者は，意思表示が効力を有するためには意思と表示のいずれも必要だという基本的な考え方に立ちつつも，画一的な処理を採るのではなく，各類型において当事者と第三者との利益を調整した解決を図った（折衷主義）。

　しかし，この現行法の規定を前提としてもなお，その規定の具体的な要件効果につき，意思の要素を比較的重視する見解と表示ないし表示に対する信頼を重視する立場とで解釈が分かれうるのであり，今日，意思表示の効力に関する意思主義と表示主義という場合は，この対立を指す場合が多い。

§2　心裡留保

〔設例〕　Aは，自分が叔父から貰って大切にしている腕時計をBがとても羨しがるので，まさかBが高額で買うはずはないと思い，売る気もないのに「50万円出すなら売ってあげる」と書いて送ったところ，Bは，「買う」といって3日後に50万円を持ってきた。
　(1)　この場合，Aは50万円と引換にその腕時計をBに引き渡さなければならないか。
　(2)　腕時計ではなく，不動産を5,000万円で売ると言った場合はどうか。

1 心裡留保とは何か

〔設例〕でAが腕時計や不動産を売却する意思がないのに売却すると表示したように，表意者が真実を心の内に留保し，表意者自ら表示に対応する意思がないことを知りながらあえてその意思表示をなすことを**心裡留保**という。相手方をだますためになしたか，単なる冗談で相手方が気付くことを期待してなしたかなど，その理由や意図は問わない。

心裡留保というためには，①内心的効果意思を欠く意思表示をなすこと，および，②この意思の欠缺を表意者自ら認識していること，の二つ要件が必要である。意思の意識的欠缺である点で，虚偽表示（→§3）と共通し，錯誤（→§4）と区別される。

2 心裡留保による意思表示の効力

心裡留保による意思表示は，表示に対応する意思が欠けているにもかかわらず，原則として有効である（93条本文）。一方で，表示に対する相手方の信頼を保護する必要性があり，他方，表意者は，効果意思の不存在を認識しつつあえて表示したのであるから，とくにこれを保護する必要はないからである。

しかし，相手方が表意者の真意を知っていたか，あるいは過失によって知らなかった場合には，もはや相手方の信頼を保護する必要はない。そこで，この場合，意思と表示のいずれもが不可欠だという本来の原則に戻り，意思表示は無効とされる（93条但書）。93条但書は「真意ヲ知リ」と規定しているが，この但書の適用のためには，相手方が表意者に表示通りの真意がないこと（つまり意思欠缺の事実）を知っていれば足り，何が真意なのかを具体的に知っている必要はない。相手方が真意を知りまた知りうべきであったことは，無効を主張する表意者がこれを立証しなければならない。

以上により，〔設例〕では，Aが本気でないことをBが知っていたか知りうべきであった場合を除き，売買契約は有効に成立し，その場合にはAは目的物をBに引き渡さなければならないことになろう。

3 93条の適用範囲

法律行為の中でも，婚姻・養子縁組などの身分法上の法律行為の場合には，

本人の意思が特に尊重されるべきであるから，93条の適用はなく，これらの行為が心裡留保によってなされた場合には常に無効である（養子縁組につき，最判昭和23・12・23民集2巻14号493頁）。

多数の者の権利義務に影響を及ぼすような団体法的な行為や厳格な方式が要求される行為の場合には，客観的な表示が特に重要視され，心裡留保があっても常に有効とされる。商法はとくに，会社設立または新株発行の際の株式の申込の場合について，93条但書の適用が排除される旨規定している（商175条5項，280条の14第1項）。

◇ 論　点 ◇

1　心裡留保と第三者

たとえば〔設例〕において，Aの意思表示が，相手方の悪意または有過失のため93条但書により無効であるのに，Bが目的物をCに譲渡したような場合において，Aは無効を第三者Cに対しても対抗できるのであろうか。〔設例〕(1)のように目的物が動産の場合には，第三者に即時取得（192条）が成立する可能性もあるが，〔設例〕(2)のように不動産の場合には，かかる制度もないため，とくに第三者の保護が問題となる。

93条の条文には，表示を信頼した第三者の保護について，とくに規定されていない。しかし，表意者が自ら認識しながら真意に基づかない意思表示を行い，それによって表示に対する第三者の信頼を惹起した点，したがってこれを信頼した第三者の利益が保護されるべき点が虚偽表示と共通しているので，学説は，この場合に94条2項（虚偽表示における第三者保護規定）を類推適用すべきだと解している。これによれば，動産・不動産いずれの場合であっても，Cが善意であれば，Aは，93条但書による意思表示の無効を，Cに対抗できない（後述§3の論点も参照）。

2　心裡留保における無効の主張権者

〔設例〕において，93条但書の要件が充たされているにもかかわらず表意者Aが無効を主張しない場合，相手方Bまたは第三者が無効を主張することはできるのであろうか。

これについては見解が分かれる。すなわち，多数説は，相手方が悪意だということは，表意者の意思表示は冗談であり無効だとの信頼を抱いているのであろうから，この相手方による無効主張も認めるべきだとする（肯定説）。しかし，そもそも意思が欠けていることを理由として意思表示の拘束からの解放が認められるのは，表意者保護のためである。また，相手方が無効を信じていたとしても（たとえば，売買の申込が心裡留保によるものと知りながら相手方が承諾をした場合），その相手方は自分の意思表示についての心裡留保（先の場合，相手方の承諾も心裡留保となる）を主張すればよい。したがって，心裡留保による意思表示の無効を主張しうるのは原則として当該意思表示の表意者のみであり，相手方や第三者は主張しえないと解すべきであろう（否定説）。

◇ 発展・研究 ◇

93条但書の類推適用

(1) 判例の展開

93条は，代理人の権限濫用に関して，その類推適用が問題とされている。すなわち，判例は，代理人あるいは法人の代表者がその権限を濫用して自己または第三者の利益を図るために代理行為をした場合において，相手方がその濫用の意図を知りまたは知りうべかりしときには，本人は，93条但書の類推適用により代理行為の無効を主張しうるとしてきた（代表取締役の権限濫用につき，最判昭和38・9・5民集17巻8号909頁。代理人の権限濫用につき，最判昭和42・4・20民集21巻3号697頁）。

(2) 代理権の濫用に関する学説の展開

学説には，①判例と同様に，代理権ないし代表権の濫用につき93条但書の類推適用を認める見解（93条但書類推適用）もあるが，これに対する批判も多く，②権限濫用は，代理人が実質的には代理権の範囲を逸脱して代理行為を行った場合に他ならないとして，相手方の保護を110条によって図ろうとする見解（110条の適用ないし類推適用説）や，③代理人に権限濫用があってもそれが客観的に代理権の範囲内の行為である限り代理行為として有効であるが，その権限濫用の事実につき相手方に悪意または重大な過失があった場合には，相手方が代理行為の有効を前提とした主張をなすことは信義則に反し許されないとする

見解（信義則説）も主張されている（この点については，さらに第7章を参照）。

§3 虚偽表示

> 〔設例〕 Aは，親から相続した土地を有していたが，以前にPから借りた金を期日に返済することができず，このままだとAの唯一の財産であるこの土地に強制執行されそうなので，AはBに事情を話してこの土地をBに売却したことにし，登記をBに移した。
> (1) 3年後，借金がどうにか片付いたので，AはBに対して土地とその登記を戻してくれと求めた。このAの請求は認められるか。
> (2) (1)で，Bが既にこの土地を第三者Cに売却していた（未登記）場合はどうか。

1 虚偽表示とは何か

　表意者が相手方と通じてなす真意でない意思表示を虚偽表示といい，民法はこれを無効と規定している（94条1項）。〔設例〕のように，執行を免れるために他人と通謀して売買を仮装し，その他人に不動産の登記名義を移す場合などがその典型例である。

　虚偽表示として，94条が適用されるためには，①内心的効果意思を欠く意思表示がなされたこと，および，②このことにつき相手方との間に通謀があること，の二つの要件が必要である。意思の意識的欠缺である点で心裡留保（→§2）と共通しているが，相手方と通謀してなした点において心裡留保と異なるのである。

　ここに「通謀」とは，真意にあらざる表示をなすことについての合意を意味し，それ以上に第三者を欺く意図までは要しない。したがって，単に相手方が所有権の名義人になることについて承諾した場合にも「通謀」が認められる

（最判昭和41・3・18民集20巻3号451頁）。

2　94条の適用範囲

　虚偽表示は，当事者間の通謀を要件とするから，相手方のない単独行為については成立しえない。しかし，相手方のある単独行為において，その相手方との間で通謀が行われたときには，本条が類推適用されるべきである。判例も，一部の共有者が他の共有者と通謀してなした持分権放棄について本条を適用し（最判昭和42・6・22民集21巻6号1479頁），財団設立者間の通謀により効果意思を欠く寄附の意思表示がなされた場合にも本条の類推適用を認めている（最判昭和56・4・28民集35巻3号696頁）。

3　虚偽表示の効力〈1〉：当事者間（94条1項）

　虚偽表示は，表示に従った法律効果の発生について当事者双方の意思が欠けているので，これに効力を付与する必要はなく，無効とされる。したがって，〔設例〕のような不動産の仮装売買の場合，仮装譲渡人Aは登記名義の回復を相手方Bに請求しうる。

　もっとも，虚偽表示の場合，当事者は，外形的に作り上げたものを意欲しないだけではなく，外形とは異なる法律効果を積極的に意欲していることがしばしばある。たとえば，贈与をする意思をもって外形的には売買を仮装した場合などである。この場合，外形行為（売買）の背後に隠された真の意思に基づく行為（贈与）を「隠匿行為」というが，この隠匿行為は，それ自体の要件が満たされている限り有効である。

4　虚偽表示の効力〈2〉：第三者に対する関係（94条2項）

(1)　無効の対抗不能

　虚偽表示の無効は善意の第三者には対抗できない（94条2項）。自ら虚偽の外観を作り出した真の権利者（仮装譲渡人など）よりも，その外観を信頼した第三者の保護を優先させるべきだからである。

(2)　94条2項の適用要件

　ここに「第三者」とは，虚偽表示によって作られた外形に基づいて，新たに

独立した法律上の利害関係を持つに至った者を指す。〔設例〕(2)のように，仮装売買において仮装譲受人Bから目的物を譲り受けたC，あるいは，目的物に抵当権や利用権の設定を受けた者などがその典型例であるが，さらに判例は，目的物の差押債権者も第三者に当たるとする。これに対し，たとえば，仮装譲受人の一般債権者（大判大正9・7・23民録26輯1171頁）や，一番抵当権が仮装で放棄された場合に順位が上昇して自らが一番抵当権者になったと誤信した二番抵当権者は，虚偽表示の「外形に基づいて新たな」法律上の関係に入ったのではないから同条の第三者には該当しない。また，債権の仮装譲受人から取立てのために債権を譲り受けた者も，仮装譲受人から「独立の」法律上の利益を取得したものではないから，本条の第三者には当たらない（大決大正9・10・18民録26輯1551頁）。

さらに判例は，Aから土地を仮装で譲り受けたBが，その土地の上に建物を建ててCに賃貸した場合において，建物賃借人Cは，仮装譲渡された土地につき法律上の利害関係を有しないとして，94条2項の第三者には当たらないとしている（最判昭和57・6・7判時1049号36頁）。つまり，Cは善意であっても，Aからの建物収去土地明渡請求に対抗できないことになる。この判例に対しては，この場合AはBに土地の利用権があるような外形を自ら作っているのであり，CはまさにこのBの敷地利用権を前提として建物の利用に関する契約を締結し，Bの敷地利用権が否定されればCの利用権も覆されてしまうという関係にあるのであるから，この場合のCも「第三者」と認めるべきだとする批判もある。

94条2項における「善意」とは，第三者が利害関係を持った時点で，虚偽表示であることを知らなかったことをいい，後に虚偽であることを知っても保護を妨げない。善意につき過失がなかったことまで必要かについて，判例・多数説は，条文には単に善意としか規定されていないこと，および，虚偽表示の場合には表意者が自ら意識的に虚偽の外観を作成した点でその帰責性が大きいことを理由に，無過失までは要求されないと解する。しかし，これに対しては，外観に対する信頼を保護する他の規定（112条，192条など）とのバランスから，無過失を必要とする見解も有力に主張されている。

第三者が94条2項により保護されるためには，対抗要件の具備を要しない。真の権利者と第三者とは対抗関係に立つものではなく，むしろ物権変動におけ

る前主・後主と同視されるべき関係にあるし，利益衡量の点からも，表意者は，自ら虚偽の外観を作り出した者であるから，それを信頼した第三者の対抗要件の不備を主張することによる保護を与える必要はないと考えられるからである。

以上により，〔**設例**〕(2)においてCが契約時に善意であった場合には，94条2項により，AはCに対し虚偽表示による無効を対抗できず，したがって，土地の返還を請求できない。

◇ 論 点 ◇

94条2項の類推適用
(1) 判例の展開

判例は，94条のいずれかの要件が欠けているため同条の直接適用が不可能な場合，とりわけ「通謀」の要件が欠け，あるいはそもそも厳格な意味での法律行為が行われなかった場合にも，94条2項を類推適用し，外観を信頼した第三者の保護を図ろうとしてきた。ここでは，判例の流れを中心に，同条の類推適用事例を見てみよう。

(a) 本人自身が外形を作出しているが通謀がない場合　　たとえば，Pから不動産を購入したAが，本人の承諾を得ることなく息子B名義の取得名義で登記しておいたところ，後にこれを知ったBが，Aに無断でこれを第三者Cに売却してしまった場合（最判昭和45・7・24民集24巻7号1116頁）がこれにあたり，判例は，94条2項を類推適用して，Aは，Bが所有権を取得しなかったことをもって善意の第三者Cに対抗できないとする。

(b) 他人による外形作出を本人が後に承認ないし放置していた場合　　A所有の土地につき，Aの知らない間にBが勝手にAからBへの権利移転の登記をなしたが，後にそれを知った権利者Aが登記せずこれを黙認していたところ，Bがこれを第三者Cに売却してしまった場合（最判昭和45・9・22民集24巻10号1424頁）などがこれにあたる。

(c) 真の権利者が承認した以上の外形を信頼した第三者　　たとえば，不動産の所有者Aが，Bと通謀し，売買予約を仮装して所有権移転請求権保全の仮登記手続をしたところ，外観上の仮登記権者であるBが，勝手に仮登記に基づいて所有権移転請求権保全の本登記を行い，その不動産を第三者Cに売却した

場合がこれにあたる。この場合，Aが承認した外形と第三者の信頼した外形との間に食い違いが生じているのであるが，判例は，民法94条2項と110条の法意を併せ考慮し，Aは，善意・無過失の第三者に対し，本登記の無効を対抗できないとする（最判昭和43・10・17民集22巻10号2188頁）。

(2) 学　　説

学説の多くは，94条2項の類推適用に関する判例の展開を基本的に支持しており，さらにこれを押し進めようとする。

(a) 93条但書の場合における善意の第三者保護　　学説は，心裡留保による意思表示が相手方に悪意または過失があるために無効とされる場合における第三者との関係にも，94条2項の類推適用を認めている（→§2の◇論点◇1を参照）。

(b) 取消と第三者，契約解除と第三者　　一部の学説は，法律行為の取消，解除の場合における真の権利者と第三者との関係についても，94条2項の類推適用によって処理すべきだとする。

すなわち，たとえばAがBに土地を売却しBへの移転登記も済ませたが，その後，AがBの詐欺を理由に売買契約を取り消し，あるいはBの債務不履行を理由に契約の解除を行って，Aが登記名義を回復しないでいるうちにBがこれを第三者Cに売却したとしよう。この場合の法律関係につき，判例は，177条を適用し，Cの善意悪意に関わらず，Cが当該土地の登記を得た場合にはもはやAはCに対して所有権を主張し得ないとする。これに対し，一部の学説は，取消・解除によって法律行為の効力は遡及的に消滅するのであるから，AとCとは対抗関係に立つものではないこと，また悪意の第三者が真の権利者の犠牲の下に保護されるのはおかしいことを指摘して判例を批判し，むしろ，取消・解除によってBは無権利者となるので，第三者はBとの契約によって権利を承継取得することはできないはずであるが，無権利者Bの下にある虚偽の登記名義を信頼して新たな法律関係に入った第三者Cは，94条2項の類推適用によって保護されると解するのである。

(c) 94条2項と登記の公信力　　以上のように，民法94条2項の類推適用論が判例・学説によって展開され，同条は，あたかも不動産の登記に公信力を認めたと同様の機能を果たすに至ったともいわれる。確かに，94条2項の類推適

用は，主に不動産の登記との関係で問題となり，登記に公信力を認めていない法制の下で生ずる不都合を緩和してきたということはできるであろう。しかし，94条の適用および類推適用においては，外観に対する信頼に加えて，虚偽の外観の存在につき真の権利者に帰責性があることが要求されるのであり，その点で公信力そのものとは異なることに注意しなければならない。

◇ 発展・研究 ◇

転得者の法的地位

先の〔設例〕(2)において，第三者Cが目的物をさらにDに転売した場合，この転得者Dの法的地位はどうなるのであろうか。

まず，CもDも虚偽表示につき善意であったときに，AがDに対して無効を主張し得ないことについては問題ない。また，第三者Cが悪意であったとしても，転得者Dが善意であれば，D自らが94条2項の「善意ノ第三者」として保護されることにも異論がない（最判昭和45・7・24民集24巻7号1116頁）。問題は，第三者Cは善意であるが転得者Dが悪意の場合である。

① 通説および大審院の判例は，善意の第三者は，本人からの追求を受け得ない結果，権利を確定的に取得するのであり，転得者は，この第三者の地位を承継するから悪意でも保護されるとする（絶対的構成説）。

② これに対して，悪意の転得者について保護の必要はないこと，条文でも「善意」が要求されていることを理由に，本人は悪意の転得者に対しては虚偽表示の無効を主張しうる，つまり当事者の善意悪意により無効主張の有無を相対的に決すればよいという見解も有力に主張されている（相対的構成説）。

しかし，転得者に対する無効主張を認めるとすると，結局は善意の第三者をも巻き込むことになり疑問である。すなわち，相対的構成説によれば，目的物を取得できなかった悪意の転得者から，善意の第三者が追奪担保責任を問われる可能性が生ずること，善意の第三者による転売の機会が事実上制限されること（第三者Cは，Aの主張などによって事実を知ってしまった者へは譲渡できないことになる），さらに，転得者が取得したのが所有権ではなく抵当権等であった場合には複雑な法律関係を招来すること等に鑑みると，絶対的構成の方が妥当だと思われる。

§4 錯　　誤

〔設例〕　Aは，アメリカ人Bの経営する画廊に偶然入り，25,000と価格表示された絵を気に入ってその場で買い受け，請求書は後から送ってもらうことにした。次の各場合において，Aは，Bの請求に対して代金の支払を拒み，あるいは既に支払った代金の返還を請求しうるか。
(1)　Aは，25,000円の絵だと思って購入したのだが，実は価格はすべてドル表示であり（そのことは店内に掲示されていた），Bから送られた請求書を見て初めてそのことに気がついた。
(2)　Aは，この絵をある画家の手書の水彩画だと思って購入したのに，実はシルクスクリーン印刷で，同様のものが数百枚も存在することを知った。

1　錯誤による意思表示とは

〔設例〕はいずれも，絵画を購入するに際してAに何らかの錯誤があった場合である。95条は，法律行為の要素に錯誤がある意思表示を無効とする。判例およびかつての通説によれば，ここに錯誤による意思表示とは，表示に対応する意思が欠けていることを表意者が認識せずになした意思表示，すなわち無意識的意思欠缺の場合であり，民法の起草者も，このような観念に基づき，錯誤を意思欠缺の一場合として捉えていた（101条参照）。

しかし，後に見るように（→◇**論点**◇1参照），現在では，動機錯誤にも95条の適用を認めるべきだとする見解が学説の多数を占めており，これによれば錯誤の定義も，「表示と真意の不一致」あるいは「誤った事実認識に基づいてなされた意思表示」とされることになる。このように，いかなる場合に95条の適用を認め，特に動機錯誤の処理をどうするかの立場の相違により，錯誤の定義も異なってくるのである。

2 錯誤無効の要件

95条によれば，錯誤は，「法律行為の要素」に関するときに限り，意思表示の無効をきたす。要素の錯誤についての立証責任は，無効を主張する表意者が負う。

ここに「要素」とは，法律行為の重要な部分であって，もし錯誤がなければ表意者は当該意思表示を行わなかったであろうと認められるだけでなく，通常人も表意者の立場にあればその意思表示を行わなかったと認められることを要する。

問題は，動機の錯誤も「法律行為の要素」の錯誤に該当しうるのか，および，具体的にいかなる場合が法律行為の重要部分に関わる「要素」の錯誤と認められるのかであるが，これは，錯誤の類型の中で見ることとしよう。

3 錯誤の類型

(1) 表示の錯誤と動機の錯誤

錯誤は，それが意思表示の生成過程のどの段階で生じたかによって，表示の錯誤と動機の錯誤とに分類される。

(a) **表示の錯誤** 表示自体に関する錯誤である。これはさらに，次の二つに分けることができる。

① 表示上の錯誤：たとえば，「乙不動産を買う」と書くつもりで誤って「甲不動産を買う」と書いた場合のように，書き間違いや言い間違いによって表示と効果意思との間に齟齬が生じた場合である。

② 表示内容の錯誤：たとえば，乙不動産を買うつもりなのにその名称を甲と誤信して「甲不動産を買う」と書いた場合のように，表示の意味を誤って理解したために表示と効果意思との間に齟齬が生じた場合である。〔**設例**〕(1)でも，Aは，「25,000円」で購入する旨表示したつもりだったのに，その表示は客観的には「25,000ドル」を意味するものだったのであるから，表示内容の錯誤に該当する。そして，円とドルの価値の違いに鑑みれば，もしAが気付いていればAはこれを購入すると言わなかったであろうし，通常人でも言わなかったであろうと認められるので，「要素」の錯誤にあたるといえよう。

③ 表示機関の錯誤：表意者が意思表示をなすにあたって伝達機関を用いた

ところ，伝達機関によって意思が誤って伝達された場合を，表示機関の錯誤という。この場合の取扱いにつき，たとえばドイツ民法120条は，錯誤と同様に扱われるべき旨を明記しているのに対し，わが民法にはこのような規定はない。しかし，これも表示上の錯誤の一場合として，解釈上95条の適用可能性が認められている（大判大正12・4・26民集2巻272頁，大判昭和9・5・4民集13巻633頁）。

(b) 動機の錯誤　駅が近くにできると誤信して不動産を購入し，あるいは受胎している良馬と誤信して駄馬を購入した場合のように，意思表示の形成過程において事実を誤って認識し，これに基づいて意思表示をなす場合を動機の錯誤という。〔設例〕(2)の場合も，この動機錯誤に該当するといえよう。

動機の錯誤が法的な顧慮の対象になりうるのかについては議論があるが（詳細は，◇論点◇1を参照），判例は，表示の錯誤のみが95条によって無効となり，動機の錯誤には95条は適用されないのが原則だとしつつ，動機が表示され意思表示の内容となった場合には95条の適用がありうるとしている（最判昭和29・11・26民集8巻11号2087頁，最判昭和45・5・29判時598号55頁）。

もっとも，判例の立場によっても，動機の表示は必ずしも明示的に行われる必要はない。たとえば，最高裁は近時，協議離婚に伴う財産分与契約において，分与者が自己に譲渡所得税が課されることを知らず，むしろ課されないことを当然の前提とし，これを黙示的に表示していたときは，財産分与契約は95条により無効となりうるとした（最判平成元・9・14判時1336号93頁）。

(2) 錯誤の対象による分類

(a) 目的物の同一性に関する錯誤　たとえば，売買契約の目的物の同一性につき錯誤があった場合は，要素の錯誤と認められる場合が多い。物以外の目的の同一性についても同様である。

(b) 目的物の性状・来歴に関する錯誤　法律行為の性状・来歴等についての錯誤が問題とされる事件は多い。判例は，これを原則として動機の錯誤にすぎないとしながら，動機が表示され法律行為の内容とされた場合には意思表示の要素の錯誤になりうるとしている。たとえば，受胎している良馬だと思って購入したのに実は受胎もしていない駄馬だった場合（大判大正6・2・24民録23輯284頁）や，有名な画家の絵を真作として買ったのに実は偽作であった場合

（最判昭和45・3・26民集24巻3号151頁）などがこれに当たる。

　(c) 目的物の数量・範囲・価格に関する錯誤　この場合も，性状・来歴と同様，動機の錯誤とされる場合が多いが，たとえば，鉱山の埋蔵量について誤った認識を持っていた場合に要素の錯誤を認めた判例もある（大判昭和10・1・29民集14巻183頁）。さらに，たとえば土地の売買契約において，当事者が当該土地に一定の面積があることを基礎とし面積に応じて価格を決定したような場合には，いわゆる「数量指示売買」として売主の担保責任（565条）も問題となろう。

　(d) 人の同一性に関する錯誤　人の同一性に関する錯誤が要素の錯誤と認められるかは，契約類型や当該契約の具体的な事情によって異なる。すなわち，通常の売買契約の場合には，一般に，相手方が誰であるかは重視されず，したがって人違いは要素の錯誤とはならない（大判大正8・12・16民録25輯2316頁）。しかし，売買の中でも不動産を目的とする場合には，相手方の同一性が重要な意味を持ち，95条の適用が認められる場合もある（最判昭和29・2・12民集8巻2号465頁，最判昭和40・10・8民集19巻7号1731頁）。

　委任契約のように当事者の信頼関係を基礎とする契約の場合や，消費貸借契約のように相手方の信用が問題となる場合には，相手方が誰であるかは重要であるので，要素の錯誤が認められる場合が多い。

　(e) 人の財産状態や身分に関する錯誤　相手方の財産状態や身分は，通常，法律行為の動機にすぎず，ただちに95条の適用は認められない。しかし，消費貸借契約や委任契約においては，この点が契約の重要な内容とされたとして，要素の錯誤が認められる場合がある。たとえば，相手方を弁護士だと思って委任契約を締結したのに，実はそうではなかったというような場合がこれに該当しよう。

　(f) 法律状態に関する錯誤　一定の法律状態を前提として法律行為をしたがその認識が誤っていたという場合も，動機の錯誤とされることが多いが，事案によっては，95条の適用が認められることもある。たとえば，先に触れた近時の判例は，財産分与契約において，分与者が自己に税金がかかることを知らず，そうでないことを当然の前提として財産分与をしたところ，税法上は財産分与者に譲渡所得税が課されることになっていたという場合に，この動機は黙

示に表示されていたとして要素の錯誤を認めた(前掲最判平成元・9・14)。

4 錯誤の効果
(1) 無　　効
　法律行為の要素に錯誤のある意思表示は,「無効」である (95条本文)。
(2) 表意者に重過失ある場合における無効主張の否定
　95条但書によれば,表意者に重大な過失があるときには,表意者は無効を主張しえない。このような場合にまで,相手方の犠牲の下に表意者を保護する必要はないからである。しかし,95条但書はこのような利益衡量に基づくものであるから,相手方が表意者の錯誤につき悪意であった場合には,95条但書は適用されないと解される。
　重大な過失とは,注意義務を欠く程度が著しい場合をいい,軽過失と区別される。95条但書における重大な過失の立証責任は,相手方にあると解されている(大判大正7・12・3民録24輯2284頁)。
　したがって,〔**設例**〕におけるAの錯誤が「要素」の錯誤と認められた場合には,これがAの重大な過失に基づくものでない限り,Aは,売買契約の無効を主張して代金の支払を拒むことができる。
(3) 無効の主張権者
　95条の要件が客観的に充たされていながら表意者が錯誤無効の主張をしない場合に,表意者以外の者がこの無効を主張することは可能であろうか。たとえば,〔**設例**〕において,Bが,もっと有利な売却相手を見つけたため,契約はAの錯誤により無効だとして絵画の返還を請求してきた場合,これは認められるであろうか。
　(a) 相手方および第三者による主張の可否　　無効は,取消の場合と異なり,これを行使しうる者に関する一般的規定が民法上置かれておらず(120条参照),しかも,条文の文言からは,錯誤無効の主張権者には制限がないようにも見える。なぜなら,95条但書は,表意者に重過失があるときには,「表意者自ラ」その無効を主張することはできないとされており,相手方または第三者が主張することは妨げられないと解されそうだからである。
　しかし,錯誤規定の趣旨は,錯誤に陥った表意者を表示の拘束から解放し保

護することにあり，もし表意者自らが法律行為からの解放を欲しないにもかかわらず相手方や第三者が無効を主張しうるとすれば，この趣旨に反することになる。このような理由から，学説は，錯誤無効を主張しうるのは原則として表意者に限られると解する。したがって，表意者に重過失がある場合にも，表意者自ら無効を主張できないだけでなく，相手方や第三者も無効を主張できないのは当然ということになる。

　判例も，土地賃借人Ａが賃借土地上に未登記の建物を所有していたところ，土地賃貸人ＢがＣに同土地を譲渡し，ＣがＡに対して建物収去・土地明渡を求めてきたので，Ａが，この請求に対抗するため，ＢＣ間の契約はＣの錯誤により無効だと主張した事件において，「表意者自身において，その意思表示に何らの瑕疵も認めず，錯誤を理由として意思表示の無効を主張する意思がないにもかかわらず，第三者において錯誤に基づく意思表示の無効を主張することは，原則として許されない」として，第三者Ａによる錯誤無効の主張を否定した（最判昭和40・9・10民集19巻6号1512頁）。

　(b)　錯誤無効と債権者代位権（423条）　　このように，判例は，相手方や第三者による錯誤無効の主張を原則として否定するのであるが，例外として，第三者が表意者に対する債権を保全する必要がある場合に，表意者もその意思表示に関して錯誤のあることを認めているときには，表意者自らは無効を主張する意思がなくても，右第三者は，無効を主張してその結果生ずる表意者の債権を代位行使することが許されるとする（最判昭和45・3・26民集24巻3号151頁）。

　学説には，これを支持するものもあるが，判例が「表意者が錯誤を認めているとき」としている点に疑問を提起し，423条は責任財産保全のための制度であり，錯誤による無効の主張は取消と同様財産権の行使に他ならないのであるから，表意者が錯誤を認めている場合でなくとも，423条の要件が充たされている限り，無効主張の代位行使が認められるべきだとする見解も主張されている。

　(4)　第三者との関係

　錯誤による意思表示の無効は，虚偽表示（94条2項）や詐欺による取消（96条3項）の場合と異なり，善意の第三者に対しても対抗することができる。

　したがって，たとえばＡが錯誤により自己の土地をＢに売却し，これがＣに転売され，あるいはＣからさらにＤに転売された場合，Ａは，95条の要件が充

たされる限り，CやDの善意悪意に関わりなく，これらの者に対し錯誤によるAB間の契約の無効を主張することができ，つまり，自己に当該土地の所有権があるとして土地およびその登記を自己に戻すよう求めることができる。もっとも，上の例で，目的物が動産であった場合には，さらに192条（即時取得）の適用が問題となり，第三者Cまたは転得者Dが前主の無権利につき善意無過失であって192条により当該動産の所有権を取得した場合には，もはやAはこれらの者に対し自己の権利を主張することはできない。

(5) 無効の主張期間

取消の場合と異なり（126条参照），錯誤による無効については主張期間の制限が設けられていない。したがって，原則としていつまでも無効を主張することができる。

5 95条の適用範囲

錯誤は，意思表示全般にわたって起こりうるのであるが，身分上の行為については，当事者の意思が重視されるべきことから，95条但書の適用はなく，表意者に重過失があった場合であっても無効を主張しうると解されている。また，婚姻や養子縁組については，特別規定（742条1項，802条1項）によって本条の適用が排除される。

逆に，財産行為の中で，とくに表示が重視される行為については，本条の適用がなく錯誤があっても有効とされる。とくに，商法191条は，会社の設立後に株式引受人がその引受の錯誤による無効を主張することはできないと規定している。和解契約への本条の適用可能性については，後述（→◇発展・研究◇2）を参照。

◇ 論 点 ◇

1 「動機の錯誤」の取扱い

先に触れたように，錯誤をめぐる問題の中でも，かつてより最も多くの議論が行われてきたのが，動機の錯誤の取扱についてである。そこで，ここであらためて議論の流れを概観してみよう。

(1) 民法起草者

民法の起草者および初期の学説は，錯誤を意思欠缺の一場合と捉え，95条が適用されるのは表示錯誤であって，単なる動機錯誤は法的に保護されないと考えていた。このことは，101条の「意思ノ欠缺」という用語からもうかがえるし，さらに，起草過程における議論によってもこれを確認することができる。

(2) 従来の通説および判例（動機錯誤峻別論・二元説）

　しかし，民法施行後，実際に判例で取り扱われた錯誤事案のほとんどは，いわゆる動機の錯誤に関わるものであり，とくに伝統的に動機の錯誤の一場合とされてきた性質錯誤を中心にして，次第にその法的保護の必要性が認識されるようになってきた。

　そこで，その後の通説および判例は，表示錯誤と動機錯誤とは峻別され，動機錯誤は原則として法的に顧慮されないという伝統的な考えを前提としながらも，例外的に，「動機が表示されて意思表示の内容となった場合」には95条により意思表示の無効をきたしうるとするようになった（原則として動機錯誤と表示錯誤とで異なった取扱をするという意味で，「動機錯誤峻別論」ないし「二元説」と呼ばれる）。

　すなわち，伝統的な意思表示理論によれば，動機の錯誤は表示に対応する効果意思が欠けている訳ではないから通常の錯誤と同一に取り扱うことはできない。しかも，動機は千差万別であるから，これを常に錯誤の問題に持ち込むとすれば，取引の安全を著しく害することになり妥当でない。しかし，動機の表示を要求することによって，通常の動機の錯誤との区別が可能となり，表意者の保護と取引の安全との調和を図ることができる，とするのである。

(3) 一　元　説

　上の(2)説に対しては，そもそも表示錯誤と動機錯誤の区別的取扱い自体が問題であるとし，むしろ動機錯誤と他の錯誤とを併せ，両者を統一的な要件の下で保護しようとする見解が主張され，これが今日，学説の多数説となっている（動機錯誤と表示錯誤との区別的取扱を否定するので，「一元説」と呼ばれる）。

　すなわち，この見解によれば，まず，錯誤を生ずる多くの場合は動機の錯誤の場合であるし，表示の錯誤のうち，とくに表示内容の錯誤と動機の錯誤とを区別することは困難であるから，動機の錯誤を表示の錯誤から峻別して原則排除するのは妥当ではない。判例および従来の通説は動機の「表示」を要求する

が，動機は本質的に表示とは相容れないから，動機錯誤が顧慮されるための要件として表示を要求するのは妥当でない。判例が動機の「表示」を要求する根拠は取引安全の保護にあるのであろうが，取引の安全という点は他の錯誤の場合も同様に問題となるのであり，むしろ取引安全との調整は，表示の錯誤と動機の錯誤とを峻別することによるのではなく，「要素」に当たるか否かの判断や，相手方の認識可能性要件（95条の適用要件として，相手方に錯誤の認識可能性があったことを要求する）など，両者に統一の要件を立てることによって図られるべきだとするのである。もっとも，この「統一要件」の中身については，さらに見解が分かれている。

(4) 新 二 元 説

近時はさらに，新しい観点から**動機の錯誤**の峻別を唱える学説が提唱されている。

この見解によれば，表示錯誤と動機錯誤とではそもそもその構造および利益状況を異にするので，両者の同一取扱は妥当ではない。すなわち，表示錯誤は，意思と表示の不一致の場合として，自己の意欲しない法律効果を受けるかどうかの問題に関わり，95条は，この場合の法的処理を予定して規定されたのである。これに対して，動機錯誤は，当事者が予定した事実と実際の事実との不一致の場合に関わるのであり，これは表示錯誤の場合とは利益状況を異にする。つまり，意思表示の前提となった事実について当事者が誤った認識を有していた場合のリスクは，原則として錯誤者自身が負担すべきであり，このリスクを相手方に転嫁するためには，条件，保証，特約等のかたちで「合意」していることが必要なのである，とする。こうして，この見解は，95条の適用を厳格に表示錯誤に限定した上で，いわゆる動機錯誤の問題は，95条の枠外で，条件・保証や担保責任の問題，あるいは行為基礎論などによって処理しようとするのである。

(5) 若干の検討

以上で見たように，今日の学説では一元説が多数説となっているのであるが，この見解に対する新二元説の批判には，注目すべき点が含まれているように思われる。すなわち，表示錯誤と動機錯誤とでは構造が異なり，動機は本来表意者自らの内部的な問題にすぎず，それが事実と異なることのリスクは本来表意

者自らが負担すべきものなのである。したがって，相手方にたまたま動機ないしその錯誤の認識可能性があったとしても，そのリスクはなお表意者が負担すべきことに変わりないのである。

　思うに，性質を含め，一定の事柄が単なる動機にとどまるか意思表示の内容にまで高められるかは，ア・プリオリに決まるのではなく，当該法律行為の類型および当事者（契約の場合は両当事者）によって決定され，それが解釈を通じて確認されるのである。そして，解釈により，ある事柄が意思表示の内容だとされる場合，その内容と事実との食い違いは，もはや単なる動機錯誤ではなく，法律行為に関わる錯誤だということになる。判例は，「動機が表示され意思表示の内容となった」という定式を用いているものが多い（最近の判例の中には，「契約の内容となった」とするものもある）が，とくに契約に関する判例の実際の判断を見ると，単に何らかの形で動機が一方的に「表示」されればよいという訳ではなく，その動機が両当事者によって法律行為の中に取り込まれたと解されるような場合にのみ，95条の適用が認められているのであり，先の定式もこのような意味を持つものとして理解されるべきである。

　もっとも，法律行為に取り込まれた場合でもなお，この場合に問題となる不一致は，表示錯誤のように意思と表示との間に存するのではなく，むしろ，意思＝表示と事実との間に存するにすぎない。これを表示錯誤に準ずるものとして95条の適用を認めるか（判例の方向），あるいは行為基礎論や条件論として95条の枠外で処理すべきか（新二元説の方向）は，今後の課題である。

2　錯誤と詐欺の二重効

　相手方の詐欺により錯誤に陥って意思表示をした場合，表意者は，詐欺による取消（96条）と錯誤による無効（95条）のいずれをも主張することができるのであろうか。一見，取り消しうる行為というのは，一応有効に成立していることを前提としているから，無効な行為を取り消すことはありえないようにも見える。

　しかし，このような形式論は次のような理由で批判される。すなわち，①まず，物理的に存在しない物を破壊することは無意味だというのと異なり，取消も無効も意思表示の効力を否定するための法技術に他ならないのであるから，

無効の要件が充たされている場合に取消を認めることには理論上問題はない。②また，両規定の趣旨は表意者保護にあるところ，表意者にとっては，立証の容易な方を主張できるとする方が，この趣旨に合致する。③そして実際にも，要素の証明が困難な場合や第三者との関係で効果が異なる場合には，選択的主張を認めることに実益がある。

こうして，今日の学説は一般に，先のような形式論によることなく，この場合に両規定の選択的主張（二重効）を認めている。

◇ 発展・研究 ◇

1　瑕疵担保責任と錯誤

(1) 問題の所在

たとえば，受胎していると思った良馬が単なる駄馬だったような場合には，錯誤の問題（動機錯誤の問題もからんでくる）とともに，売主の担保責任（560条以下。とくに目的物の性質については570条）が問題となり，錯誤と担保責任の関係をどのように捉えるべきかが問題となる。

(2) 両規定の間の差異

ここで，瑕疵担保責任に関する570条を取り上げて，これと95条との間にはいかなる差が存するかを整理してみよう。

まず，95条では，「法律行為の要素」に錯誤があることが要件とされ，その錯誤の効果は，法律行為の無効である。無効の主張は原則として表意者しかできないが，主張期間については制限がない。

一方，担保責任の場合，「隠れた」「瑕疵」の存在が要求されており（「隠れた」というためには，買主が瑕疵の存在について善意無過失であったことが必要だと解されている），効果は，解除と損害賠償である。これらの権利を主張しうるのは，買主が瑕疵を知ったときから1年内に限定されている（570条，566条3項）。

(3) 両規定の関係に関する判例・学説

(a) 判例（錯誤規定優先説）　判例は，95条の要素の錯誤が存在する場合には，担保責任の規定が排除されるとする（大判大正10・12・15民録27輯2160頁，最判昭和33・6・14民集12巻9号1492頁）。

(b) 通説（担保責任優先説）　学説には，この判例の立場を批判するものが多く，通説は，判例とは逆に，瑕疵担保規定の適用が錯誤規定に優先するとする。すなわち，もしこの場合に錯誤規定の適用を認めるとすれば，短期除斥期間を定めて法律関係の早期解決を図った担保責任の規定の意義が没却されることになる。担保責任の規定は法律関係の早期安定のために錯誤規定の特別規定として設けられたものであるから，一般規定である錯誤規定は，特別規定である担保責任規定によって排除される，とするのである。

(c) 選択可能説　学説の中には，この二つのいずれかが他方の適用を排除するというのではなく，選択主張が可能だとする見解も主張されている。すなわち，錯誤規定と瑕疵担保規定とはそれぞれ別の要件の下で表意者ないし買主を保護する規定であり，表意者ないし買主の保護という趣旨からすれば，当事者はそれぞれの要件の立証が可能である限り，いずれを主張してもよいとするのである。

2　和解と錯誤

　和解（695条）において当事者の一方に錯誤があった場合，その当事者は95条による無効を主張しうるのであろうか。

　696条は，和解によって当事者の一方が争いの目的たる権利を有しまたは有しないと認められたのに，後にそれに反する事実が明らかになった場合には，その権利は和解によってその者に移転または消滅したものとする旨規定されている。これは，そもそも和解は，事実はどうであれこの内容で争いをやめるという約束であるから，いったん和解が成立した以上，後に和解の内容に反する証拠が現われたとしても和解の効力は覆らないという，「和解の確定効」を意味する規定と解されている。したがって，当事者が和解によってやめようとした争いの目的たる事項に錯誤があったとしても，95条の規定の適用は排除されるのである。

　しかし，争いの目的以外の事項，とりわけ当事者が和解の前提として争わなかった事項が事実と食い違っていた場合には，和解の確定効は及ばない。したがって，このような点に錯誤があった場合には，当事者は95条による無効を主張できると解されている。判例も，たとえば，転付命令を取得したAと第三債

務者Bとの間で債権の弁済方法について和解が行われたが，後にその前提たる転付命令が無効であることが判明した場合（大判大正6・9・18民録23輯1342頁）や，金銭債務の存否に関する争いをやめるために，債権者Aが仮差押をしていた債務者B所有の特選金菊印苺ジャムを，債務者Bが代物弁済として交付する和解が成立したが，後にこのジャムは粗悪品であったことが判明した場合（最判昭和33・6・14民集12巻9号1492頁）などにおいて，95条の適用可能性を認めている。

3 錯誤と詐欺の接近

近時，学説においては，錯誤と詐欺とは，要件・効果において著しい差を示すべきではないという見解が主張されている。

まず，①権利行使者が表意者に限定されるということについては，先に見たように，今日の判例・学説により承認されており，したがって，この限りでは錯誤無効は詐欺取消に近づいているともいえる。しかし，一部の学説はさらに，②錯誤無効の第三者に対する対抗の問題についても，詐欺における善意の第三者保護の規定（96条3項）の趣旨の趣旨を及ぼすべきだとし，③錯誤無効の主張期間についても，126条と同様の制限を示唆する。

しかし，95条の適用は，96条とは異なり，錯誤が法律行為の「要素」に該当する場合に限定されている。そして，このような場合には，欺罔行為に直接関わっていない第三者に対する関係でも，表意者は保護され，無効の主張が許されるべきだと考えられる（多数説）。両規定はそれぞれ別個の基準により表意者の保護を図っているのであるから，両規定が競合する場合があるからといって直ちに一方の規定を他方にも類推するということは妥当ではなかろう。

§5　詐欺による意思表示

〔設例〕　Aは，Bに騙されて，土地をBに安く売却し移転登記手続を

済ませた。
(1) この場合において，Aは，Bに土地の返還を請求しうるであろうか。
(2) Aを騙したのが，Bではなく第三者Dであった場合，AはBに返還を請求しうるか。
(3) Bがこの土地をさらにCに売却していた場合，Aは詐欺を理由に売買を取り消してCに土地の返還を請求しうるか。
(4) (3)とは異なり，Aが詐欺を理由に売買を取り消す旨の意思表示をした後，登記名義をBのままに放置していた間に，BがCにこれを売却し登記を移転した場合はどうか。

1 詐欺による意思表示とは

〔設例〕では，他人に騙されて土地を売却した場合の法律関係が問題となっている。

他人に欺罔されて錯誤に陥り，その結果としてなされた意思表示を，詐欺による意思表示という。この場合，心裡留保，虚偽表示，錯誤（とくに表示錯誤）などの場合と異なり，表示と効果意思とは一致するので意思欠缺ではないが，効果意思を形成する過程において他人の不当な干渉が加わり，それが歪められた場合である。これを，意思欠缺と区別して，瑕疵ある意思表示という。

96条は，一定の要件の下に表意者に取消権を与えた。問題は，取消をなしうるためにはいかなる要件が必要か，また取消によっていかなる効果が生ずるのかであり，以下，これを検討する。

2 詐欺の要件

(1) 欺罔行為

96条が適用されるためには，まず，欺罔行為の存在が必要である。同条は意思表示の効力を問題としているのであるから，ここに欺罔行為というためには，①「他人を錯誤に陥れ」，②「その錯誤により一定の意思表示をさせる」行為であることが必要であり，しかも①・②のいずれの点についても欺罔行為者の

故意が必要だと解されている（大判大正6・9・6民録23輯1319頁等）。これを，詐欺における「二段の故意」という。つまり，たとえ第一段の，相手を錯誤に陥れる故意があったとしても，二段目の錯誤により意思表示をさせる故意が認められない場合には，たとえ結果的に，錯誤に陥った相手方がそれに基づいて意思表示をしたとしても，欺罔行為の要件を欠くから96条の適用は認められないのである。

(2) 欺罔行為の違法性

96条の欺罔行為は，違法と評価されるものでなければならない。取引においては，多少の誇張的な宣伝文句が用いられたり，かけひきが行われるのが通例であるから，取引通念上許容される範囲を逸脱したもののみが違法とされることになる。

単なる沈黙は，詐欺に該当しない場合が多いが，法律の規定により告知義務が認められ（商644条など），あるいは当該具体的な事情の下で信義則上告知義務が要求される場合において，これを告げなかったときには，沈黙が違法性を帯びて詐欺になる場合もありうると解される。

(3) 表意者が錯誤により意思表示をなしたこと

96条1項で，「詐欺による意思表示」を理由に取消が認められるのは，違法な欺罔行為が存在しただけでなく，表意者が，実際にその欺罔行為によって錯誤に陥り，その錯誤によって意思表示を行ったことが必要である。つまり，欺罔行為と表意者の錯誤および意思表示が因果の連鎖によってつながれていることが必要とされるのであり，したがって，欺罔行為があったとしても，表意者がそれに気づきながらあえて意思表示を行った場合には，96条に基づく取消は問題とならない。

3　詐欺の効果

(1) 一般的効果

詐欺による意思表示は，これを取り消すことができる（96条1項）。取消権を行使しうるのは，表意者自身，その代理人および承継人である（120条2項）。取消がなされた場合，法律行為は行為時に遡って無効となる（121条）。この遡及効の結果，たとえば契約の場合において既に相手方に引渡しまたは支払った

ものがあるときには、その返還を請求することができる。

したがって、〔設例〕(1)において、先に掲げた要件が充たされているときには、AはBに対して目的物の返還及び登記の抹消を請求しうることになろう。

(2) 第三者による詐欺の場合（96条2項）

96条2項は、相手方以外の第三者が詐欺をしたことにより意思表示がなされた場合には、相手方が事実を知っていた場合にのみこれを取り消すことができるとしている。これは、詐欺による意思表示の場合、騙された表意者にも何らかの落ち度があることが通例であり、事情を知らない相手方を犠牲にしてまでかかる表意者に保護を与える必要はないと考えられたからである。

〔設例〕の(2)がこれに該当し、したがってこの場合、Bが詐欺の事実を知っていた場合には、Aはこれを取り消すことができるが、Bが善意であればAはこれを取り消すことはできないということになる。

(3) 第三者に対する対抗（96条3項）

〔設例〕の(3)では、詐欺による取消を、目的物の第三取得者Cにも対抗できるのかが問題となっている。

96条3項は、詐欺による取消をもって善意の第三者に対抗できないと規定する。ここでも、事情を知らずに取引に入った第三者を犠牲にしてまで詐欺にかかった表意者を保護する必要はないと考えられたからである。ここに「善意の第三者」とは、詐欺の事実を知らずに、詐欺によってなされた意思表示に基づいて新たな法律関係に入るに至った者をいう。〔設例〕(3)における目的物の転得者Cは、この「第三者」の典型例である。

さらに問題となるのは、同条の適用によって保護されるためには、第三者が「登記」などの対抗要件を備えることまで要するかという点である。判例は、Aが詐欺にかかって農地をBに売却し、BがさらにこれをCに売却したが、Cが仮登記しか経由していない時点でAが取消権を行使し目的物の権利主張をしてきたという事案において、96条3項において保護される第三者を「対抗要件を備えた者に限定しなければならない理由は見出し難い」として、Cを保護した（最判昭和49・9・26民集28巻6号1213頁）。

学説では、登記の要否について見解が分かれ、この判決の理解についても、Cに仮登記があったからこそCを保護したものであり、少なくとも対抗要件に

準ずるものは判例上必要とされるとする見方と，判例によれば第三者に対抗要件は必要とされないとする見方とに分かれている。

◇ 発展・研究 ◇

取消後の第三者との関係

〔設例〕の(4)では，詐欺による取消がなされた後に第三者Cがその目的物につき法律上の関係に入った場合に，表意者Aはこの第三者Cに対しても取消を対抗しうるかが問題となっている。

まず，先に触れた96条3項は，取消前に登場した第三者との関係で取消の遡及効を制限する趣旨の規定であるから，同条の第三者は取消前の第三者のみを指すのであり，取消後の第三者には同条の適用はない（通説・判例）。しかし，取消の遡及効（121条）により，表意者は取消後の第三者に対し常に取消の効果を対抗できるとすると，取引の安全を著しく害することになり，問題がありそうである。

(1) 判例（対抗問題説）

判例は，Bの詐欺によりAが不動産をBに売却し，Aが詐欺による取消を行ったが，その後BがCのために当該不動産に抵当権を設定した，という事案において，Aが取消後の第三者Cに対抗するためには，取消による物権の変動を登記しなければならないとした（大判昭和17・9・30民集21巻911頁）。つまり，判例は，BからAへの物権の復帰とBからCへの物権の移転を対抗問題として捉え，177条によってこの場合の法律関係を処理するのである。

この判例の立場によれば，〔設例〕(4)では，取消後の第三者Cが登記を経由した以上，AはもはやCに対して権利を主張することはできないということになろう。

(2) 学　説

学説には，判例の解決に対する批判も多い。すなわち，まず，判例がこれを対抗問題として捉えるのは，取消の遡及効と矛盾するのではないかという，理論面での批判がある。また，実質面でも，判例の立場によれば，取消後はCの善意は問題とならず，Cが取消の事実を知って法律関係に入ったとしても保護されることになるが，このような悪意者まで保護することは疑問だという批判

も加えられている。

　このような批判に基づき，学説の一部には，取消の遡及効によりBは無権利者となるのであるから，CはBから権利を承継取得することはできないのが原則であるが，Cが善意であった場合には94条2項の類推適用によってその保護を図るべきだとする見解が主張されている（§3◇**論点**◇(2)の(b)を参照）。

§6　強迫による意思表示

　〔設例〕　Aは，Bに強迫されて，土地をBに安く売却し移転登記手続を済ませた。
　(1)　この場合において，Aは，Bに土地の返還を請求しうるであろうか。
　(2)　Aを強迫したのが，Bではなく第三者Dであった場合，Bに返還を請求しうるか。
　(3)　Bがこの土地をさらにCに売却していた場合，Aは強迫を理由に売買を取り消してCに土地の返還を請求しうるか。
　(4)　(3)とは異なり，Aが強迫を理由に売買を取り消す旨の意思表示をした後，登記名義をBのままに放置していた間に，BがCにこれを売却し登記を移転した場合はどうか。

1　強迫による意思表示とは

　本〔設例〕は，§5の〔設例〕において，Aが他人から騙されたのではなく，強迫されて意思表示を行った場合における法律関係を問題としたものである。
　強迫による意思表示とは，他人の強迫行為によって恐怖の念を抱き，それによって行われた意思表示をいう。この場合も，詐欺による意思表示と同様，表示と効果意思とは一致しているが，効果意思を形成する過程において他人の不

当な干渉が加わり，それが歪められた場合であって，「瑕疵ある意思表示」の一場合である。

96条は，表意者は意思表示を取り消すことができるとしているが，ここでも，その要件と効果が検討されなければならない。

2 強迫の要件

(1) 強迫行為

強迫による意思表示として96条1項の適用を受けるためには，まず，強迫行為の存在が必要である。ここにいう強迫行為とは，①「他人に害意を示して恐怖の念を生じさせ」，②「その恐怖により一定の意思表示をさせる」行為であり，しかも①・②のいずれの点についても強迫者の故意が必要である（大判大正5・5・8民録22輯931頁参照）。これを，強迫における「二段の故意」という。つまり，ここでも，たとえ相手に恐怖の念を生じさせる故意があっても，それにより意思表示をさせる故意が認められない場合には，96条の適用は認められないのである。

(2) 強迫行為の違法性

96条1項の適用が認められるためには，強迫行為は違法と評価されるものでなければならない。この違法性は，強迫行為の手段と目的を考慮して総合的に判断される。

(3) 表意者が恐怖により意思表示をなしたこと

96条1項で，「強迫による意思表示」を理由に取消が認められるのは，違法な強迫行為が存在しただけでなく，表意者が，実際にその強迫行為によって恐怖の念を抱き，それによって意思表示を行ったことが必要である（大判昭和4・1・23新聞2945号14頁）。つまり，強迫行為，表意者の畏怖および意思表示が，因果の連鎖によってつながれていることが必要とされるのである。

なお，強制的に意思表示の外形を作らされたような場合には，その意思表示は単に取り消しうるにすぎないのではなく，そもそも全く意思に基づくとはいえないので無効である（最判昭和33・7・1民集12巻11号1601頁）。

3 強迫の効果

(1) 一般的効果（96条1項）

強迫による意思表示は，これを取り消すことができる（96条1項）。詐欺の場合と同様，取消権を行使しうるのは，表意者自身，その代理人および承継人である（120条2項）。取消がなされた場合，法律行為は行為時に遡って無効となる（121条）。したがって，〔**設例**〕(1)の場合，Aは，契約を取り消して，土地およびその登記を戻してくれるようBに請求することができる。

(2) 第三者による強迫の場合

〔**設例**〕(2)では，Aは，相手方Bではなく第三者Dの強迫を受けてBに土地を売却している。このように第三者の強迫により意思表示をした場合につき，民法は，96条2項に対応するような制限規定を置いていない。したがって，相手方がこの第三者による強迫の事実につき善意か悪意かに関わりなく，表意者は，当該意思表示を取り消すことができる。強迫による意思表示の場合には，詐欺の場合より，意思決定に対する侵害の程度が大きく，表意者保護の必要性が高いからである。したがって，上の例において，Aは，売買の意思表示を取り消して，Bに土地およびその登記をもどしてくれるよう請求しうる。

(3) 第三者に対する対抗（取消前の第三者）

〔**設例**〕(3)では，強迫による意思表示の取消を第三者に対抗しうるかが問題となっている。強迫の場合には，96条3項に対応するような規定は存しない。したがって，詐欺の場合と異なり，強迫による意思表示の取消は，第三者が善意か悪意かに関わりなく，第三者に対抗することができる。ここでも，詐欺と強迫との要保護性の違いにより，このような差が設けられているのである。

(4) 取消後の第三者との関係

それでは，表意者が取消を行った後に法律関係に入った第三者との関係はどうなるのであろうか。〔**設例**〕(4)は，これが問題となっている。

この点については，強迫の場合にも，詐欺についてと同様のことが当てはまる。つまり，判例の立場によれば，表意者は，登記等の対抗要件を先に経ない限り，取消後の第三者には取消の効果を対抗できないことになるのである（さらに詳細は，§5の◇**発展・研究**◇を参照）。

§7 意思表示の効力はいつ発生するのか

〔設例〕 Aは，現在所有している車を売却しようと思い，友人Bに，これを20万円で売りたい旨の手紙を書き送った（承諾期間については，とくに定めていない）。
(1) 投函の翌日に，別の友人Cがこれを30万円で買うと言ってきた。手紙が未だBに配達されていなかった場合，AはBに対する申込を撤回することができるか。
(2) (1)において，手紙がB宅に配達されたがBは未だ読んでいなかった場合はどうか。
(3) Bが，Aの申込を承諾する旨の手紙を投函したが，この手紙は事故によりAのもとには届かなかった。この場合，AB間において売買契約は成立しているか。

1 意思表示の効力発生時期の持つ意味

〔設例〕の答えは，各意思表示がどの時点で効力を生ずるのかによって異なってくる。対話者間での意思表示の場合には，発信と到達・了知とがほぼ同時に生ずるので，意思表示の効力発生時期はほとんど問題とならない。しかし，設例のように隔地者間で郵便や使者を通じて意思表示が行われる場合には，発信・到達・了知の間に時間的なずれがあり，また発信されたが到達ないし了知はされなかった場合も生ずるので問題となるのである。

ところで，隔地者間における意思表示において，意思表示の伝達は，①意思の表白（意思を手紙に書いた時点），②発信（手紙をポストに投函した時点），③到達（相手方の家に手紙が届いた時点），④相手方の了知（相手方が手紙を実際に読んだ時点）の4つの過程をたどるのが通常であり，観念的には，効力発生についてもこの4つの時期が考えられる。しかし，このうち，単に意思表示が表白された時点（①）や相手方が現実に了知した時点（④）で意思表示の

効力が発生するとすることは，一方的に表意者又は相手方の利益に偏りすぎて妥当ではなく，したがってこれを採る立法例はほとんどない。そこで問題は，発信の時点で効力を生ずるとするのか（これを**発信主義**という），それとも到達の時点で効力を生ずるとするのか（これを**到達主義**という）である。

発信主義によれば，発信の時点で既に効力が発生しているのであるから，その後の意思表示によっていったんなした意思表示を撤回するということは原則としてできないことになろうし，意思表示の発信がされた以上，たとえ相手方に到達しなかったとしても，意思表示の効力は認められそうである。逆に，到達主義によれば，発信しても到達するまでは効力が生じていないのであるから，その時点までは表意者は意思表示を撤回することができようし，それが相手方に到達しなかった場合には，たとえ発信は通常の方法でなされ表意者に何ら落ち度がなかったとしても，その効力は認められない。

2 原則としての到達主義（97条1項）

わが民法は，97条1項において，到達主義を原則と定めた。とくに契約の解除や取消の意思表示のことを考えると，相手方に到達もしないのにその効力が生ずるとすることは相手方にとって酷であり，一方，意思表示が相手方に到達さえすれば相手方が了知できる状態になるのであるから，現実に相手方が了知していなくても，相手方に不当な不利益を及ぼすことにはならないと考えられたのである。

本条は，意思表示の効力発生時期に関する原則的な規定であるから，取消や解除などの単独行為のみならず，〔設例〕(1)(2)のような契約申込の意思表示についても適用される。つまり，申込は相手方に到達したときから効力を生ずるのであるから，申込者は，申込の意思表示を発した後でも，〔設例〕(1)のように到達以前であればこれを自由に撤回することができるし，また，申込が途中で紛失して届かなかった場合には，申込は効力を生じないのである。

3 到達とは

ここに**到達**とは，相手方によって直接受領されまたは了知されることまで要するものではなく，意思表示または通知を記載した手紙が郵便受けに配達され

るなど，客観的に相手がその意思表示を了知できる状態になることを意味する。判例も，会社に対する催告書が使者によって持参されたが，たまたま会社に居合わせた代表取締役の娘がそれを受け取って代表取締役の机の引出に入れたという事案において，たとえ娘に催告書の受領権限がなく，催告書のことを誰にも告げていなかったとしても，催告書は「相手方のいわゆる支配圏内に置かれ」たとしてその到達を認めた（最判昭和43・12・17民集22巻13号2998頁）。したがって，〔設例〕(2)の場合でも到達が認められ，申込の意思表示の効力は既に発生しているので，Aは，相当期間が経過するまで，これを撤回できない（524条。521条も参照）。

4 表意者の死亡と能力喪失

〔設例〕において，表意者Aが，申込の意思表示を発信した後に死亡したり能力を喪失した場合，その意思表示の効力はどうなるのだろうか。

(1) 原則（97条2項）

表意者の能力は，原則として意思表示がなされるときにあれば足りるのであり，発信後その到達前に表意者が死亡しまたは能力を失っても，当該意思表示の効力は妨げられない（97条2項）。発信後の死亡や能力喪失は，意思表示とは無関係な事実だからである。

(2) 例　外

契約の申込については，申込の特殊性を考慮すると，97条の適用を貫くことは必ずしも妥当ではない。すなわち，申込は，その意思表示だけで独立に意味をもっているわけではなく，あくまでも申込者の意思と承諾者の意思とが合体して契約を成立させることを目的として行われるものだからである。そこで，525条は，契約の申込の意思表示に関して，97条2項の一般原則に対する二つの例外を設けた。

(a) 例外1　　第一の例外は，申込者が反対の意思を表示した場合，たとえば，「私が死亡し又は無能力になったときにはこの意思表示は効力を生じない」という旨添えて申込をなした場合である。この場合において，申込者の死亡または能力喪失の事態が発生したときには申込は効力を失うので，申込受領者はそれに対して承諾をすることができなくなる（525条前段）。もっとも，97

条2項は強行規定ではないから，表意者が反対の意思表示をしたときにその適用が排除されるのは私的自治の原則から当然であり，したがってこれは厳格な意味での例外規定とはいえない。

(b) 例外2　第二に，申込者による特段の意思表示がなされていない場合であっても，申込の相手方が，申込者の死亡もしくは能力喪失を知った場合には，97条2項は適用されない（525条後段）。したがって，申込者が死亡し，そのことを相手方が知ったときには，申込は効力を失う。申込者が成年被後見人になりそれを相手方が知ったときには，申込は，それが日常生活行為に該当しない限りすべて取消可能となり（9条参照），申込者が被保佐人，被補助人となり，それを相手方が知ったときには，同意を要するとされた契約の申込については取消可能となる（12条，14条参照）。

これに対して，相手方が申込者の死亡を知らずに承諾の意思表示をなした場合には，525条の例外に該当しないので，一応契約が成立し，現実には申込者の相続人が契約上の権利義務を取得することになる。もっとも，雇用（625条）・委任（653条）・寄託（658条）・組合（679条）などのように，当事者の死亡が契約の終了原因として定められており，または，当事者の個性が重視されている契約類型においては，契約は成立しないものと解すべきである。

(b) 525条の適用範囲　525条は，申込者が申込の発信後，いつの時点までに死亡または制限能力者になった場合に適用されるのであろうか。通説は，本条は97条の例外規定であることから，前段については，申込が発信されて到達する前に申込者の死亡または能力喪失が生じた場合，後段についてはさらに，相手方が申込者の死亡または能力喪失を申込到達前に知った場合に限って適用されると解する。したがって，申込の到達後，承諾の発信前に申込者が死亡しまたは能力を喪失した場合や，申込者の死亡または能力喪失は申込の到達前に生じたが，相手方がそれを到達後に知った場合には，525条は適用されないということになる。これは，本条の適用範囲を狭く解することにより，契約成立の可能性を大きくするという考慮に基づく。

しかし，これに対して，通説のように考えると本条がほとんど無意味となること，申込者が死亡しているにもかかわらず，あえて契約を成立させる必要がどの程度あるかは疑問であることなどを理由に，通説に批判を加える見解も有

力に主張されている。

◇ 発展・研究 ◇

例外としての発信主義

(1) 承諾の発信主義

先の〔**設例**〕(3)では，承諾の効力発生時期および承諾の不到達のリスクを誰が負うのかが問題となっている。上に見たように，97条1項は，意思表示の効力発生時期について，到達主義を原則としているのであるが，契約の承諾の意思表示については，民法は例外として発信主義を採用した。すなわち，526条1項は「隔地者間ノ契約ハ承諾ノ通知ヲ発シタル時ニ成立ス」と規定しているところ，これは，承諾の意思表示の効力が発信の時に効力を生ずることを前提に，その時点で契約は成立するとした規定だと解されるのである。

(2) 発信主義採用の根拠

この規定の制定過程においては，激しい議論があった。承諾についても他の意思表示と同様に到達主義を採るとすれば，承諾者は，承諾の意思表示が申込者に到達するまでは撤回できることになるが，途中で紛失して申込者に到達しなかった場合には，契約が成立しないので，承諾者が契約の成立を信じて履行の準備をしてもそれが無駄となる可能性が生ずる。逆に，承諾につき発信主義を採れば，承諾者は発信した以上承諾の撤回はできないが，契約の成立を確信して履行に取りかかりうることになる。申込者から見れば，到達主義により相手方による承諾の撤回可能性が認められても，そもそも承諾の返事を受け取っていない段階なので，とくに損害は生じないが，発信主義の場合には，申込者は知らないうちに契約に拘束されることになり，とくに，〔**設例**〕(3)のような場合において，Aが，しばらく待っても承諾の返事が来ないのでBとの契約は成立していないと信じて他の者と契約をしたところ，実は最初の契約が成立していたというような不都合も生じうる。

いかなる利益を重視するかによって是非は異なってくるが，わが民法の立法者は，取引迅速の要請を重視し，承諾の意思表示については，その発信をすれば承諾者が直ちに履行の準備に取りかかることを可能とするところの発信主義を採用することにしたのである。

したがって、〔**設例**〕(3)では、承諾の意思表示がAに到達しなかったにも拘わらず、Bが承諾の意思表示を発信した時点でAB間の契約は成立している（もっとも、設例と異なり、Aの申込の意思表示に承諾期間が定められていた場合には、521条2項により、その承諾期間内に承諾の意思表示が到達しない限り契約は成立しない）。

(3) **承諾の発信主義は妥当か**

学説には、526条1項に対する批判もある。すなわち、取引の迅速という理由により承諾の発信主義が正当化されうるのは、発信と到達との間に相当の時間的間隔があり、不到達のリスクを考慮する必要がある場合であるところ、今日の郵便事情の下では、不到達の可能性は格段に小さくなっているし、ファックスやコンピューターを用いた通信の普及により時間的間隔もほとんど問題にならなくなっているので、発信主義の合理性はもはや存在しないし、また、世界の潮流は到達主義にあることから見ても、日本民法も到達主義に改めるべきだとするのである。今後さらに検討されるべき課題である。

第7章 代　　理

§1　代理とはどのような制度か

1　代理の意義

　民法上，自由な意思決定が保障された上で法律関係の自由な形成が期待されていることはすでに述べた（第1章§3の3(2)「私的自治の原則」を参照）。しかしながら，取引社会の発展は二つの方向で，その原則を修正変更することにならざるを得ない。

　第一に，意思能力が不十分な場合で，幼児や少年などのような未成年者，精神障害者などの制限能力者の場合には，自由な意思決定をそもそも期待することができないため，本人に代わって法律関係をとりむすぶ保護者が必要である。つまり未成年者には親権者，精神障害者には成年後見人，保佐人など，法が規定して財産の管理や取引を本人に代わって行う者であり，これを**法定代理**という。十分な意思決定ができないため行為能力を制限された本人を助けるものであるから，私的自治の原則から見るならば，「**私的自治の補充**」として理解されている。

　第二に，商取引の発達のため取引相手が拡大し，また取引範囲が拡張される場合には，個人がひとりで対応することはきわめて困難となり，その人の代わりとなって活動する別の人が必要である。これはさらに二つの場合に別れる。一つは会社や財団などの法人組織の場合である。法人を実際に動かしているのはその構成員であり，たとえば代表取締役や理事である。つまり法人に代わって法人のために取引や法律行為をする人が必要であり，これが代理人である（法文では代表ということが多い——たとえば53条——が，実質的には代理と同じ）。もう一つは，個人がなんらかの理由で他人の専門知識や能力を利用し

て，自分のかわりに取引をしてもらう場合である。あるサッカー選手が外国のプロチームと契約交渉する場合，周辺事情をよく知らなかったり語学が不安であったりすると，本人が直接に交渉するのは不便であり，また不利益であるかもしれない。そこで事情通で外国語の堪能な代理人を雇うことがある。また不動産取引について素人は，専門知識を有する不動産屋の知人に自宅の売買を依頼することもあろう。このような場合は**任意代理**という。以上の場合には，第一のように意思能力の制限がないわけでなく，判断能力はあるが，他人の経験や専門知識・能力を利用する場合であり，私的自治の原則から見るならば，「私的自治の拡張」として理解されている。

野球選手の契約更改における代理人交渉の禁止
　最近，野球やサッカーなど海外で活躍する日本人選手が増えてきたが，球団や所属チームとの契約交渉において日本との違いがクローズアップされるようになってきた。米大リーグでは代理人による交渉が通常である（野茂投手や伊良部投手は代理人を通じて交渉した）が，日本では契約更改などの際，本人による直接交渉が原則となっている。これは野球協約には明記されていないが，慣行とされているようである。しかしながらスポーツ選手本人に十分な交渉能力があるとは限らない。代理制度は誰にでも利用可能であるはずなのに，なぜ野球の選手のみ利用できないのであろうか。

2　代理の基本的構造──三面関係
(1)　意　義

　代理は，Aのためにすることを示してもっぱらBが取引相手のCとの間で意思表示を行えば，その法律行為の効果は直接AとCとの間で成立するという制度である（99条）。Aを**本人**，Bを**代理人**，Cを**相手方**と呼ぶ。

　Aが所有する土地をCに売り渡すためBを代理人として選んだ場合，実際の売買契約に際して意思表示するのはAでなくBであり，BとCとの間で契約の申込と承諾がなされるのである。そしてその売買契約はBとCとの間ではなく，AとCとの間で成立し，その法律行為の効果はAに帰属するのである。

図　代理における三面関係

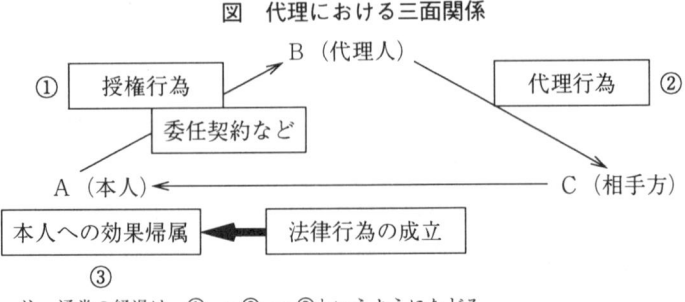

```
①  授権行為   →  B（代理人）  ←   代理行為   ②
                委任契約など
   A（本人）  ←—————————————————   C（相手方）
   本人への効果帰属  ←  法律行為の成立
        ③
```

注　通常の経過は，①→②→③というようにたどる。

(2) 三面関係

このように代理制度は本人，代理人，相手方の三者が予定されているため，相互の関係をむすぶと，いわゆる三面関係が成立する（図参照）。

つまり，

(a) 本人と代理人との関係（A・B間）

(b) 代理人と相手方との関係（B・C間）

(c) 相手方と本人との関係（C・A間）である。

そして本人・代理人間では代理権の授与が，代理人・相手方間ではその意思表示が，相手方・本人間では法律効果の帰属が問題となり，それぞれについて民法は定めている。したがって代理という制度を理解するためには，この三面関係を把握することが不可欠であるといってよい。先の事例によって三面関係を具体的にみてみよう。

(a) AとBとの間では土地の売却に関してBを代理人とする委任契約が存在する。これによってBに代理権が授与される（**代理関係**ともいう）。もっとも代理関係が成立する契約としては委任契約のみならず，請負契約や雇用契約によっても可能である。BにはAの土地を売却するという権限（**代理権限**）が与えられたことになる。この代理権限がそもそも与えられていなかったり，消滅したり，あるいは代理権限の範囲を越える行為（金銭を借りるなど）をした場合には，原則として代理の効果＝本人への効果の帰属は発生せず，したがってA・C間に売買契約は成立しないことになる。これを**無権代理**という（代理権限がある場合を**有権代理**ともいう）。代理権限の有無によって有権代理か無権

代理かが決まることになるわけである。

(b) BはCとの間で売買契約の意思表示をすることになる。しかしこれはBが自分のためしているのではなく，Aのためにしているのである。すなわちBは代理人として行為（**代理行為**）をしているのである。それが代理行為であることを相手方Cにもわかるように，本人のためにすることを示さなければならない（**顕名主義**）。また，Bの行為が代理権限外であれば（無権代理），その効果は本人Aに帰属しないことは先にみた。しかしCからみてBの行為が代理権限内であるかのような外観ないし表示があり，それをCが信頼することにやむを得ないような事情がある場合，Cを保護することが適当であろう。そこで例外的にその効果がAに帰属することにした。これを**表見代理**という。

(c) CとAとの間では，直接の取引や交渉が存在しないことが多い。しかし代理人Bの意思表示によって，その効果がAに帰属し，土地の売買契約が成立するのである。

代理の本質論

このようにして代理人Bの意思表示によって相手方Cと本人Aとの間に売買契約が成立するというような結果をどのように説明するかという問題がある。これは代理の本質論とも言われる。学説上，本人が行為者であり，代理人は単なる機関であるとする本人行為説，本人と代理人が共同して法律行為を行うとする共同行為説，行為者は代理人であるとする代理人行為説などがある。判例・通説は代理人行為説であり，代理行為の効果のみが本人に帰属すると説く。

3　代理の種類

(1) 法定代理と任意代理

先にみた制限能力者の保護者（後見人・保佐人など）には，法律の規定によって代理人が選任され，代理権が付与されていた。これを法定代理という。これに対して，契約などに基づき本人から依頼されて代理人となるのを任意代理という。この区別は，復任権（104条・106条）の場合や，代理権の消滅（112条2項）において意味がある。また，後に見る表見代理の適用解釈におい

てもこの区別を用いる場合がある。

(2) 能動代理と受動代理

代理人が積極的に相手方に対して意思表示をする場合を能動代理といい，消極的に相手方の意思表示を受ける場合を受動代理という。

4 類似の制度

他人のためにする法的制度は，代理のほかにも存在する。代理の理解のために必要な範囲で比較してみよう。

(1) 使者

商店経営者のAは，近くの電気店Cからテレビを買ってくれとの誘いがあって，しばらく考えていたが，買うことに決めた。Aは忙しくなったので，アルバイト学生のBにCの店へ行って購入することを伝えてほしいと頼んだ。これは代理といえるか。

この場合，Bは自分のためではなく，Aのために行動しており，Cの店でもAのために来ていることをBは言うであろう。その限りでは代理に類似している。しかしテレビの購入についての意思決定はもっぱらAが行い，BはAの意思表示をCに伝達しているにすぎない。Bにはテレビを購入するか否か，あるいはどの機種にするか，価格について交渉するかなどの権限は与えられていないのである。これは**使者**（伝達機関とも）という。そのため使者には意思能力すら必要でないと解されている。

(2) 間接代理

鞄業者のAは，原材料である外国の革製品を購入したく，C会社からの購入をBに委託した。Bは問屋として商品の注文を行うが，契約はBC間でなされる（Cとの契約書にはBが取引相手として表示される）。ただし，経済的な損得勘定はAに帰することになる。

この場合，BはAのために行動しており，最終的に経済的な効果もAに帰属している。しかし，BはBの名義で法律行為をしているのであって，少なくともCに対しては代理人として登場していない。これは問屋（商551条）といい，自己の名をもって法律行為をしながら，経済的な効果だけを委託者に帰属させる**間接代理**の一つである。したがって，革製品の売買契約はBC間で成立して

おり，その代金を支払う債務はBが負うことになる。

(3) 信　託

Aの父親はわが子の生活が安定することを願って，自分の所有する土地その他の財産を受託者Bに移転し，その運用から上がる収益を定期的にAに取得させることにした。これは，委託者が自己の財産権を受託者に移転して（**信託財産**），一定の目的にしたがって受益者のために財産の管理・処分を受託者にさせる**信託**という制度である（信託法1条）。Bは土地をCに賃貸し，賃料収益をあげることができるが，これは信託契約にもとづきAのために運用されるものである。信託財産から支出してたとえばCから株を購入する場合には，売買契約の当事者はBとCであって，AとCではない。他方，このようにBが主体となって取引をしながらも，取得した財産はBの所有ではなく，信託財産に追加されることになる。代理の場合と比較されたい。

§2　代　理　権

代理においては代理人の代理行為の効果が本人に帰属することになるが，そのためにはまず代理人に代理権がなければならない。代理権がない場合は無権代理となり，効果は本人に帰属しない。したがって，代理権の存在は，代理行為の効果が本人に帰属する要件（**効果帰属要件**）である。以下では，この代理権がいかなる原因で発生し，その範囲はいかにして決定されるかについて見ていくことにする。

1　代理権の発生原因

(1)　法定代理

法定代理の場合には代理権発生原因はさまざまである。本人に対して一定の身分関係にある者であり，未成年者の親権者（818条）がそうである。また本人以外の一定の者の協議や指定により選任される場合であり，協議離婚によって決められる親権者（819条1項），遺言による指定後見人（839条），遺言執行

者（1006条1項）である。さらに，裁判所によって選任される者には，相続財産管理人（918条3項，952条），不在者の財産管理人（25条，26条）などがある。

(2) 任意代理

(a) 代理権授与行為（授権行為）　任意代理の場合は，本人が代理人となるべき者に代理権を授与すること（**代理権授与行為**または**授権行為**という）によって発生する。授権行為は，委任契約によって発生することが多いが，これ以外でも雇用，請負，組合などの各種の契約に伴って発生することがある。

「委任ニ因ル代理」という表現

　民法は代理を委任契約から発生するものと考えていたので，このような表現が残っている（104条，111条2項）。しかし委任契約がなくても，別の契約（雇用契約など）によって代理権が授与されることがある。また委任契約があるからといっても，かならず代理権が授与されているとは限らない。したがって，現在では，委任（契約）と代理は別のものと考えられているのである。

(b) 委任状　代理権を授与するためにとくに方式は必要とされていない。したがって口頭でも授権行為は成立する。しかしながら，実際には，授権行為に際して**委任状**が交付されることが多い。委任状があれば，相手方にも代理権の存在を知らしめるのに好都合だからであり，また代理権を証明するためにも便宜である。委任状は，普通「私は，Bを代理人と定め，下記の事項を委任します。一　東京都〇〇区〇〇町〇番地　木造2階建て建物の売却の件」などと記載され，本人が署名捺印していることが多い。またこのような委任する事項や代理人氏名を明記せず，白地のまま本人の署名捺印がなされている**白紙委任状**が交付されることがある。多くは代理人を信頼して，あるいは「迷惑はかけませんから」などと代理人に言われるまま交付しているが，その結果本来の委任事項を超えた代理行為がなされたり，悪用されることもある。

2　代理権の範囲

(1) 代理権の範囲の決定

(a) 法定代理　代理関係においてもっとも重要なのは代理権の範囲である。

本人から代理人に与えられる代理権限の範囲は，法定代理権の場合は法律によって決定される。不在者の財産管理に関する28条，親権者に関する824条以下，後見人に関する859条以下などである。

　(b) **任意代理**　　任意代理の場合，代理権の範囲は授権行為の解釈によって決定される。任意代理の場合，委任状に記載された委任事項や内容からその範囲が分ることが多いが，委任状以外でも，代理権が授与された原因となる契約や本人・代理人間の関係・地位なども解釈のための重要な資料となる。不動産の売買契約を締結する代理権には，その登記をする権限が含まれうるし，売買契約が不成立の場合には手付金の返還を受領する権限を含むことがある。

　このようにして代理権の範囲が決定されるが，それでも不明な場合がありうるし，そもそも範囲を決めていないということもあろう。そこで民法はこれに対応した規定を設けた（103条）。代理権の範囲が不明確な場合を補う規定であるから，これを補充規定ともいう。

　(c) **代理権の範囲が明確でない場合**　　103条によれば，権限の定めのない代理人は第一に**保存行為**を，第二に代理の目的たる物または権利の性質を変更しない範囲において，その利用または改良を目的とする行為をすることができる。これは**利用行為，改良行為**と呼ばれる。

　保存行為とは，財産の状態をそのままに「保存」しておくこと，言いかえれば現状をそのままに「維持する」行為である。たとえば台風で建物の窓ガラスが壊れた場合，これを修理する行為をいう。利用行為とは，収益をはかる行為であり，たとえば建物を空家のままにするのでなく，賃貸にして賃料収入を得る行為，預かった現金を銀行預金に入れ利息をつけさせる行為をいう。改良行為とは，物や権利の経済的な価値を増加させる行為であり，たとえば建物に電気・ガス・水道などを設置する行為である。ただし，利用行為と改良行為については，目的物や目的である権利の性質を変更しない範囲内でしかできない。そのため，現状農地を宅地に変更するような行為は，改良行為になるかもしれないが，目的物の「性質」を変更することになるので権限の範囲を越えることになる。

　(2)　**代理権の制限**

　代理権の範囲が明確に決められていたり，あるいは103条によって規定され

た場合であっても，代理人がしてはならないとされるものがある。これは代理権に対する制限であると理解することができる。**自己契約**と**双方代理**である。

　(a) 自己契約　　自己契約とは，自分が当事者となるのに相手方の代理人となることをいう。Aは所有する家屋を売りたいので，Bにその売却方を依頼して代理人となってもらったところ，Bが自ら買主となることをいう。つまり家屋の売却についてBは代理人となったのに，同時にその売買契約の当事者（買主）となっているのである。この場合，Bは代理人としての立場を利用してAの事情をよく知ることができるであろう（売却価格の最低限など）。すなわちAにとっては手のうちをさらけ出していることになり，不利益な契約を結ばされる危険がある。そこで民法は自己契約を原則として禁止することにした（108条）。

　(b) 双方代理　　双方代理とは，同一の法律行為においてその当事者双方の代理人となることをいう。所有する家屋を売却したいAの代理人となったBが，家屋を購入したいCの代理人にもなることである。Bは双方の代理人としての地位を利用して，Aの代理人であるのにCの利益を最大限に図ることができ（Cの購入価格に合せて売買契約を結ぶなど），これはAにとって不利益である。そこで自己契約と同様にこれを原則として禁止した（108条）。

　(c) 例外　　もっとも以上の禁止は，A本人の利益を考慮したためであり，そのおそれがない場合には認めても差し支えないことになろう。そのため民法は「債務ノ履行」については例外とした（108条但書）。債務の履行はすでに決まったことをなすだけであり，とくに不利益となることがないからである。この例外にあたるものとして，**登記申請行為**がある。建物の所有権移転登記の申請にあたって，弁護士が登記権利者・登記義務者双方の代理人となった場合に，108条の法意に反しないとされた（最判昭和43・3・8民集22巻3号540頁）。

利益相反行為

　利益相反行為とは，当事者の間で利益が相反する内容をもつ行為であり，代理権が制限される場合がある。法人の理事が自己の債務について，法人を連帯保証人とすることは利益相反行為である。そこでこのような行為については，理事は代理権を持たず（代理権の制限），そのかわりに特別代理人を選任することにし

§2 代理権　175

た（57条）。親権者や後見人についても同様の問題は生じ，おのおのについて規定がある（826条，860条，847条2項）。以上の規定は，108条と趣旨を異にするものではないが，108条の特則と考えられている。なお商法においても，株式会社の取締役について同様の規定がある（商265条）。

　(d)　共同代理　　未成年者Aの両親である父Bと母Cは，Aを本人とする売買契約を代理することができる（824条）が，Cの知らない間にBだけが代理行為をしたとき，その契約は有効であろうか。親権は父母が共同して行わなければならない（818条3項）ので，Bの代理権には共同して行うべき制限が課されている。したがって，この代理は無権代理であると解されることになろう（ただし共同名義で行った場合は有効とされる〔825条〕）。このように複数の代理人がいて，その代理権の行使について共同して行うべき制限があるものを共同代理という。

3　代理権の消滅

　代理権が消滅する原因には，任意代理と法定代理に共通したものとそれぞれに固有のものとがある。共通の消滅原因としては，本人の死亡（111条1号）と代理人の死亡，破産，または代理人が後見開始の審判を受けたとき（同条2号）がある。本人が死亡した場合，通常，代理人を存続させる意味がないので代理権は消滅する。ただし商行為の委任による代理権に関しては例外とされる（商506条）。

　法定代理に固有の消滅原因は，法定代理の諸規定に定められている（25条2項，26条，834条，835条，846条など）。

　任意代理に固有の消滅原因としては，委任契約など代理権を与えた原因である契約関係が終了することによっても終了する（111条2項）。

4　復　代　理

　任意代理人はたとえ本人から信頼されてなったとしても，代理行為の性質によっては他人に頼んだほうが適当と考えることもあるし，法定代理人はそもそも自らの意思によって代理人となっているわけではない。そのため適当な他人

を選任して代理行為をしてもらう必要もあろう。これを**復代理**といい，その代理人を復代理人といい，民法は比較的詳細に規定している。

(1) 復任権

復代理人を選任する権限を復任権という。任意代理の場合，復任権は本人の許諾を得た場合か，やむを得ない事由がある場合（本人が病気で許諾を得ることが困難であるなど）でなければ，復代理人を選任することができない（104条）。もともと任意代理の場合，本人から特に信頼されて代理人となっている以上，これを逸脱することは本人の意思に反することになりかねないことから，復任権が制限されている。他方，その制限があっても任意代理人は不都合であれば辞任することができるので不利益となることがない。

このようにしてさらに選任された復代理人に過誤があった場合，その責任をどうすべきか。復代理人を選任したのが代理人である場合には，復代理人を選任・監督するにつき過失があった場合，本人に対して責任（具体的には損害賠償責任）を負う。復代理人の選任が本人の指名による場合，復代理人が不適任・不誠実であることを知っていながら，そのことを本人に通知せず，また解任することを怠ったという場合に限って，本人に対して責任を負う（105条）。

法定代理の場合，法定代理人はいつでも自由に復代理人を選任することができる（106条）。これは，法定代理人が本人の信任に基づいて代理人となっているわけでなく，辞任することも容易ではないからである。その反面，責任が任意代理のときよりも重い。自分の選任した復代理人の過失について，つねに本人に対して責任を負わなければならない（106条本文）。もっとも，やむを得ない事由があるときには，復代理人の選任・監督についてのみ責任を負うことにして，軽減した（同条但書）。

(2) 復代理の法律関係

復代理人はどのような権限を有するか。復代理人は，代理人の代理人ではなくて，あくまで本人の代理人であることに注意すべきである（107条1項）。したがって復代理人の権限は，代理人の権限内に限定され，復代理人は本人の名において代理行為をし，その効果は本人に帰属するのである。他方，復代理人を選任してからも，代理人は代理権を失うものではない。したがって，復代理人は代理人と同等の立場で本人を代理することになる（107条2項）。

◇ 論 点 ◇

1　授権行為の性質

　授権行為は委任，雇用，請負，組合などの契約に伴ってなされることが多いが，代理権はこれらの契約にもとづいてただちに発生するのか，あるいはこれらの契約とは別の独立した授権行為によって発生するのか，という問題がある。

　通説は，授権行為は本人と代理人との無名契約（債権各論にある「典型契約」に規定されていない特殊の契約）であるとしていた（**無名契約説**）。本人の行為のみならず，代理権授与に関する代理人の承諾が必要であると解するのである。これに対して，授権行為は本人の単独行為であるとする**単独行為説**も有力であり，これによれば代理権授与に関する代理人の承諾は必要とされない。この説は，無名契約説では，代理人の意思能力が欠けたなどの理由で，無名契約が無効となる場合には代理権授与が効力を持たなくなるという点を回避しようとするのである。もっとも最近では，そのような議論の実益を疑って，そもそも委任や雇用などの契約と別個の行為や契約を観念するのではなく，そのような「事務処理に関する契約」から生じるとする説もある（内田・128，四宮＝能見・266など）。

2　代理人の権限濫用

　代理人が代理権限内において代理行為をすれば，その効果は本人に帰属することになるが，代理人が本人のためでなく，自分や第三者の利益をはかるために代理行為をした場合はどうであろうか。法人Aから商品の購入および販売の権限を与えられている理事Bは，別会社Cから商品を購入し，これを他に転売してその利益を得たという場合，代理行為の効果はAに帰属するものとしてよいであろうか。商品を購入し販売したBの行為は，代理権の範囲内の行為である以上，法人Aはたとえば商品代金の支払い債務を負うべきことになろう。しかしそのような結果はAにとって不当であろう。代理人は権限を濫用しているものと評価することができるからである。他方，Aに効果が及ばないとすると，Cは不測の損害を被るおそれがある。もっともCがBの行為の意図を知っていた場合にまで，Cを保護する必要性はないであろう。そこで問題はこのような

場合の法律構成である。

最判昭和42・4・20民集21巻3号697頁は、代理人が自己または第三者の利益をはかるため権限内の行為をしたときは、相手方が代理人の右意図を知りまたは知ることを得べかりし場合に限り、93条但書の規定を類推して、本人はその行為につき責に任じないと解した。つまり、法人Aと理事Bを一体のものと把握し、Bの行為をAの真意でないものとみて、心裡留保の規定を類推したのである。

§3 代理行為

〔設例〕 (1) Aの代理人Bが、Aの代理人であることを取引の相手であるCに言わずに、代理権限内の意思表示（買主となる売買契約の申込）を行った。Aは契約の代金を支払わなければならないか。
　(2) Aの代理人Bが買い受けた家屋には、隠れた瑕疵があった。このとき、担保責任は誰が主張できるか。もしAがそのことを事前に知っていた場合はどうか。

1 顕名主義
(1) 意義・方法
代理人の意思表示が代理行為として本人に効果が及ぶためには、「本人ノ為メニスル」ことを示してなされなければならない（99条1項）。ふつうは「A代理人B」と示すことが多い。これを顕名主義という。他方、相手方からの意思表示についても同様であり（同条2項）、このときには相手方が本人のためにすることを示すことになる。

「顕名」の判断は必ずしも厳格ではない。方式は要求されていないので書面でなく口頭でもよい。すなわち代理行為の際の状況、周辺の事情から本人のた

めにしていることがわかれば，代理行為とみとめてよい（100条但書）。ここでは法律行為の解釈がなされるわけである。

　たとえば，肩書きに会社名を記載し，氏名の下に役職の印章を押した場合（大判大正8・4・21民録25輯624頁）や，氏名の肩書に「A鉱山出張所主任」と記した場合（大判明治40・3・27民録13輯359頁）にも顕名が認められている。営業所における被用者の行為は，一般にその使用主のためにすることが示されていると判断されるであろう（我妻・345頁）。

> **代理人の表示のない代理行為**
> 　わが国では，代理人が契約書などに本人の氏名を記載し，かつ本人の印鑑を押すということが多い。とくに未成年者の場合はそうである（自らの経験を振り返ってみよ）。契約書の外形からは本人自身がしているようにとれるが，実際には代理行為としてなされ，しかし代理人の表示がなされていない。このような場合でも，周囲の事情から代理人に代理意思があるものとみとめられるかぎりは，代理行為が成立すると解されている。意思能力のない幼児の名義でなされた契約は，正当な代理権ある者が代理してなしたものと推定すべきであるとした判例がある（大判大9・6・5民録26輯812頁）。もっとも，これは代理人が使者として，表示機関たる機能を果たしている場合もあるだろう。

(2) 顕名しないとき

　代理人が本人のためにすることを示さないときには，代理人自身のためにしたものとみなされる（100条本文）。顕名主義の当然の帰結である。〔**設例**〕(1)においては，前述したようにBがAの代理人と解されるような事情があるかどうかによって判断されよう。そのような事情がないと解されるときには，顕名がなく，B自身のためにしたものとみなされるので，Aは契約の代金を支払うべき債務を負っていない。

　ただし，商行為については顕名主義が採用されていない（商504条）。商事取引は非個人的な性格をもつために，本人のためにすることを示さなくても，代理人の代理行為は本人に対して効力を生ずるのである。

2 代理人の能力

代理人は意思能力さえあればよく，行為能力を要求されない (102条)。代理行為をしてもその効果は本人に帰属するのであって，代理人に帰属しないので，代理人にとって不利益は発生しないし，本人も行為能力に問題があればその人を代理人にしなければよいからである。したがって，代理人の制限行為能力を理由として本人が代理行為を取り消すことは許されないと解されることになろう。

もっとも法定代理人の場合には，制限能力者であれば欠格事由となることが多い (846条，847条，852条) ことに注意すべきである。たとえば後見人が制限能力者になれば，代理権を失うことになるであろう (無権代理となる)。他方，代理人自身は行為能力制度を理由として，授権行為の基礎である委任契約その他の契約を取り消すことは可能である。

3 代理行為の効果

(1) 効果の帰属

代理行為の効果は本人に帰属する (99条)。売買契約の申込に対して代理人が承諾の意思表示をすれば相手方と本人との間で売買契約は成立し，相手方と権利義務関係に立つ当事者 (売主・買主) となるのは，本人であって代理人ではない。これが代理行為の効果である。

(2) 代理行為の瑕疵

実際に代理行為をするのは代理人であるから，意思表示における瑕疵などは代理人において決定する (101条1項)。したがって心裡留保，通謀虚偽表示，錯誤，詐欺，強迫などの要件は代理人において検討吟味されることになる。ただし代理人が詐欺・強迫を受けた場合に生ずる取消権は，当事者である本人が取得する (代理行為の効果の帰属)。

担保責任の追及も同様であって，〔**設例**〕(2)において，担保責任 (570条) を追及できるのは本人であるAである。さらに目的物の家屋に瑕疵があることを知っていたかどうか，または知らないことについて過失があったかどうかは，代理人について決定するが，本人が特定家屋を指定していた場合には，特則がある。「特定ノ法律行為ヲ為スコトヲ委託セラレタル場合ニオイテ代理人カ本

人ノ指図ニ従イ」その行為をなしたときは，本人Aはその瑕疵を知っていたり，過失で知らなかった場合には，たとえ代理人が知らなくても，その不知を主張することができない（101条2項）。

§4 無権代理

〔設例〕　Aの知人Bはなんら代理権を与えられていなかったのに，Aの代理人と称してA所有の土地をCに売却する売買契約を締結した。CはAに契約の履行を求められるか。

1 無権代理とは何か——無権代理行為の法律状態

　無権代理とは，代理人として代理行為をしながら，その行為について代理権がない場合をいう。原則からいえば，代理権を与えていないことから本人には代理行為の効果が帰属しない。代理人は代理人として行為をしている（代理意思）のであって，自らに効果を帰属させようとはしていないので，代理人にも帰属しない（顕名がない場合〔100条〕とは異なる）。〔設例〕では，したがってAとCとの間にも，BとCとの間にも契約は成立しないことになり，CはAに土地の引渡を請求することはできない。

　しかしながら，それではCの信頼を裏切ることにもなり，また損害を被ること甚だしいことになるであろう。せいぜいのところBに対して不法行為責任を求めることができるにすぎず，ひいては代理制度自体に対する信用を失うことにもなりかねない。そこでCが取引をする際にBが代理人であるような外観があり，それを信頼したなどの場合には，本人に対して効果を帰属させ，有権代理と同じ結果をもたらすことにした。これを**表見代理**という。

　さらに，表見代理に当たらない場合であっても，ただちにこれをすべて無効としてしまうのではなく，本人が追認すれば有効となる途を残し，追認がない

表1

本人の対応策	相手方の対応策
① 追認権の行使 　⇒　有権代理と同じ結果となる	① 催告権の行使 　⇒　追認の確答を促す
② 追認拒絶権の行使 　⇒　本人への効果不帰属	② 取消権の行使 　⇒　効果不帰属の確定
	③ 無権代理人への責任追及
	④ 表見代理の主張 　⇒　有権代理と同じ結果

場合にはじめて無効とすることにした。これを狭義の無権代理という。**狭義の無権代理**の場合には，本人の追認あるいは追認拒絶によって代理行為の効果が左右される。Aが追認してくれれば，Cにはまったく問題がないが，追認拒絶されればあとはBに対して責任を求めるほかない地位に立たされる。しかも追認もしくは追認拒絶がなされるまでは，どちらになるかCにはわからないという不安定な法律関係が発生する。そこで相手方Cにも催告や取消の権利を与えて自ら行動できる余地を与えつつ，無権代理人にも特別の責任を負わせて，Cの保護を図っているのである。このような制度になっているため，無権代理を「無効」ということには多少無理があり，追認があれば有効となるので，これを「効果不帰属」ということがある。

　このように本人や相手方に対する影響は大きく，そのままでは不安定な状態に対する対応策を民法は用意している。これを表1にまとめてみよう。

　なお，表見代理と狭義の無権代理とを合せて広義の無権代理と呼ぶのが一般的であるが，表見代理と狭義の無権代理とをどのように理解するかについては学説が別れる。

2　本人の権利──追認権・追認拒絶権

　無権代理人がした契約は，当然には本人に効力が及ばないことは先にみた（113条1項）。これを本人の側から，有効に確定するか無効に確定するかの権利が与えられている。これが追認権と追認拒絶権である。

(1) 追認権

　無権代理人がした行為について，本人の一方的意思表示によって自分に効果を帰属させることを**追認権**という。これによって，あたかも代理権が存在したのと同じように扱うことができるのである。この追認は，相手方または無権代理人に対してなされることを要するが，無権代理人に対してなした場合，相手方が追認の事実を知るまでは，追認の効果を主張することができない（113条2項）。

　追認がなされれば，代理行為の効果は契約の時に遡って本人に帰属する（**追認の遡及効**）。この原則には二つの例外がある。

　第一に，相手方と本人との別段の意思表示（特約）があれば，遡及しないものとすることができる（116条本文）。

　第二に，追認によって第三者の権利を害することはできない（116条但書）。無権代理行為の後，本人が第三者と取引をしてから，本人が無権代理行為を追認した場合，第三者との取引が追認の遡及効によって否定されることになるので，取引の安全を確保するための規定である。

(2) 追認拒絶権

　本人は追認するだけでなく，追認を拒絶することもできる。**追認拒絶権**を行使すれば，無権代理行為の効果は本人に帰属しない。本人と相手方との契約は無効なものとして確定する。追認の場合と同様に，追認拒絶も相手方または無権代理人に対してなされる。無権代理人に対してなされたら，相手方がその事実を知るまでは追認拒絶の効果を主張できない（113条2項）。

3　相手方の権利——催告権・取消権

　追認権や追認拒絶権が本人にあるとしても，本人の権利行使は必ずしも迅速になされるとは限らない。そこで相手方に，本人の追認もしくは追認拒絶に左右されることなく，自らの権利行使によって法律関係を確定する手段が与えられる。これが**催告権**と**取消権**である。相手方は，本人に対して，相当の期間を定めてその期間内に追認するか否かを確答するように催告することができる（114条前段）。この期間内に確答がないときは，追認を拒絶したものとみなされる（同条後段）。その結果本人には効果が帰属しないことになる。

さらに，本人が追認する前には，相手方は無権代理人との行為を取り消すことができ（115条本文），これによって効果不帰属が確定する。ただし相手方が悪意である場合を除く（同条但書）。この取消権を行使したときは，後述する無権代理人の責任（117条）を追及することはもはやできない。

4　無権代理人の責任

　本人の追認拒絶によって無権代理行為の効力が本人に帰属しないことになった場合，無権代理人は相手方の選択に従って，契約の履行または損害賠償の責任を負う（117条1項）。判例によれば，この損害賠償責任は相手方保護と取引の安全ならびに代理制度の信用を維持するために特別に認めた無過失責任であると解され，かつ重大な過失に限定されないものとしている（最判昭和62・7・7民集41巻5号1133頁）。また損害賠償は，代理権があると信じたことによって被った損害（信頼利益）ではなく，有効な履行があったならば得られたであろう履行利益の賠償を指すものと解されている（最判昭和32・12・5新聞83＝84号16頁）。

　もっともこの責任は相手方の取引安全を確保する趣旨であるから，相手方は善意無過失であることを要する。したがって相手方が無権代理人に代理権がないことを知っていた場合，または過失によって知らなかった場合，117条の責任を追及することはできない（117条2項）。また無権代理人が制限能力者である場合も同様に117条の責任を追及することはできない（前出最高裁昭和62年判決）。

5　単独行為の無権代理

　なお，単独行為については特則がある。その行為の当時，「相手方カ代理人ト称スル者ノ代理権ナクシテ之ヲ為スコトニ同意シ又ハ其代理権ヲ争ハサリシトキ」に限って，113条から117条の規定が準用される（118条）。つまり相手方が同意するか，もしくは代理権を争わなかったとき以外は，単独行為の無権代理は追認によって遡及的に有効となることはないとしている。

　受働代理の場合は，無権代理人が同意ある場合に，113条から117条の規定が適用されるものとした。

◇ 論　点 ◇

1　責任追及の相手

　表見代理が成立するような場合に，相手方は本人に対してではなく，無権代理人に対して責任を追及する（117条）ことができるであろうか。表見代理と狭義の無権代理の関係をどう理解するかによって結果が異なる。判例は，表見代理が成立する場合であっても，相手方は表見代理を主張せず，無権代理人に対して責任追及することができるとする（最判昭和33・6・17民集12巻10号1532頁，最判昭和62・7・7民集41巻5号1133頁）。これは，両者は独立した救済手段であり，両者の要件が充足されるかぎり，相手方はいずれかを選択できるという解釈に立つ（選択責任説）。これに対して表見代理が成立しない場合において狭義の無権代理が補充的に救済手段を与えるという理解（補充的責任説）もある。補充的責任説の場合，相手方からすれば表見代理が成立するか否かは確実でないために相手方の救済が制限されるとの指摘がある（四宮＝能見・294頁）。

2　116条但書の意味

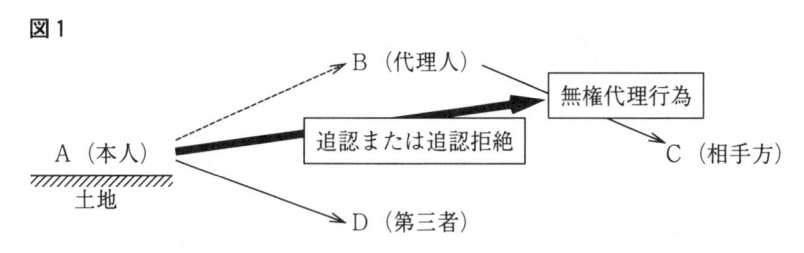

図1

　116条但書の意味は元来どう考えられていたであろうか。起草者によれば，図のA所有の不動産を無権代理人Bが勝手にCに譲渡した後に，Aは同一不動産を第三者Dに譲渡し，その後Aが無権代理行為を追認したような場合が想定されていた。このとき追認が遡及効を有することになれば，AがDに譲渡した時点からすでに所有権はCに移転していたことになるから，Aは無権利者であったことになる。そうするともはやDは権利を取得することができず，それではDを害することになるので，これを追認の遡及効を制限することで防ぎ，

第三者との取引の安全を確保しようとしたのである。

ところが，現在ではこれは二重譲渡における対抗問題（177条）として処理すれば足りる問題である。つまりCとDとの優劣はいずれが先に対抗要件（登記）を取得するかで決定される（物権編物権変動の項目を参照）のであって，Cへの譲渡が遡及的に有効とされてもそれだけでDが害されるわけではないのである。したがってこのような問題においては116条但書の意味はあまりないといえる。

3　無権代理人による本人の相続

図2

```
               B（自称代理人）
                        ┌─────────┐
                        │無権代理行為│
A（本人） ──追認または追認拒絶──→└─────────┘
                                    ↓
                                 C（相手方）
```

Aの死亡　⇒　A本人の地位がBへ移行するか？

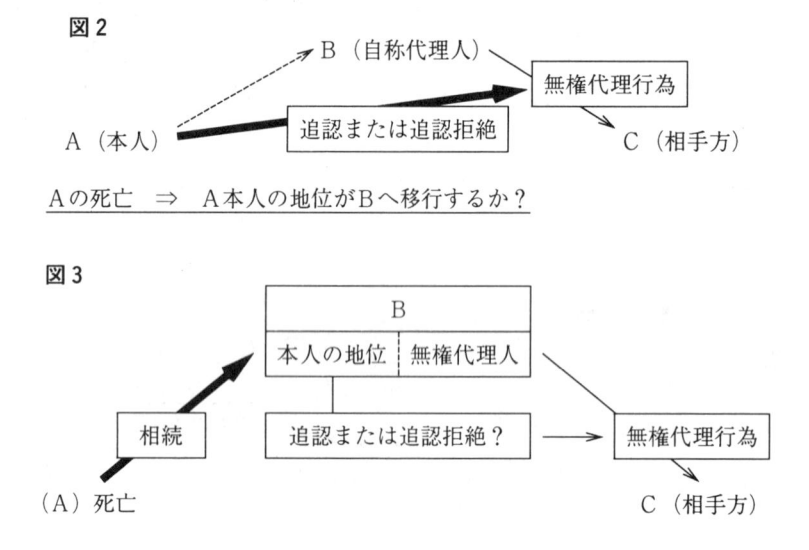

図3

```
              ┌──────B──────┐
              │本人の地位│無権代理人│
              └─────────────┘
       相続     追認または追認拒絶？ ─→ 無権代理行為
（A）死亡                              C（相手方）
```

図2におけるBは無権代理人としての地位を有しているだけであるが，もし本人Aが死亡，相続により包括的に被相続人Aの財産上の地位を承継する（896条）ならば，Bは本人としての地位をも取得することになろう。そうすると，たとえばBはみずからした無権代理行為を追認拒絶することも可能なのだろうか。図3においてB自身にAの有していた本人の地位が承継されたことが示されている。これは無権代理人の地位と本人の地位とが同一人に帰属したケースであり，追認があったと同様に考えることができるかという問題として議論されている。もし追認拒絶できるとすると，Bは代理権がないにもかかわら

ず代理人として行動しておきながら，たまたまAが死亡して得た（本人たる）地位によって今度は代理行為の効果を否定することを認めることになる。これは信義則に反すると考えることができ，判例はBは無権代理行為であることを主張することができず，追認を拒絶することはできないとする（最判昭和40・6・18民集19巻4号986頁）。

◇ 発展・研究 ◇

1　共同相続人の一人が無権代理人である場合

　最高裁昭和40年判決の事例は，ほかに共同相続人が複数いたものの，全員が相続放棄をした結果，無権代理人が単独相続したという事例であった。しかし相続放棄しなかったり，あるいは共同相続人が他に存在する場合はどう扱うべきであろうか。無権代理人は信義則上追認を拒絶することができないとしても，他の共同相続人がかならず追認に同意するとは限らず，また追認を拒絶したとしても無権代理人のように信義則違反であるとはいえない。また共同相続人は相続分に応じて承継する（899条）ために，少なくとも無権代理人の相続分の範囲では無権代理行為は当然に有効となるか，問題となる。

　最判平成5・1・21民集47巻1号265頁はこの問題に関して，追認権はその性質上相続人全員に不可分的に帰属し，全員が共同して行使しない限り無権代理行為が有効となるものではないとする。その結果一人でも追認に反対すれば無権代理行為は有効となることはなく，ましてや無権代理人の相続分の範囲で有効となることもない。そうすると相手方はもはや無権代理人に対して117条による履行または損害賠償責任を追及するほかなくなるが，もし相手方に過失があればそれすらも不可能となる。このような取扱いは，昭和40年判決と比較して妥当であろうか。

　相手方に過失がある場合について検討してみよう。昭和40年判決では相手方にたとえ過失があっても，無権代理行為は当然に有効であるために，無権代理人に対して結局は履行責任を追及できることになる。しかし元来は本人が生存しているときは，過失があるために無権代理人に対しては117条の責任追及ができず，本人に対しては表見代理も主張できなかったのである。それが本人の死亡という相手方と関係ない事実によって，無権代理行為が有効となるのは不

都合ではないか。これを避けるために，相手方が無過失である場合に限って（117条の責任が追求できる場合に限って）無権代理行為が有効となると解すべきであると主張されている（四宮＝能見・296頁）。妥当であろう。

2 本人が無権代理人を相続する場合

このときは，前項の場合と異なり，無権代理人たる地位を相続しても本人が追認を拒絶することは信義則に反しないであろう（最判昭和37・4・20民集16巻4号955頁——家督相続の事例）。もともと本人たる地位に基づいて行使することが認められていたからである。他方，相手方が無過失で117条の責任を無権代理人に対して主張できた場合はどうか。最判昭和48・7・3民集27巻7号751頁は，相続により本人は無権代理人の債務をも承継するのであって，追認拒絶できる地位にあるからといって，117条の責任を免れることはできないとする。

3 類似の事例

このほか，第三者が本人たる地位と無権代理人たる地位を両方とも相続した場合がある（最判昭和63・3・1判時1312号92頁など）。最近問題になった例は，意思能力のない，もしくは行為能力の制限された者のために，事実上の後見人が財産管理などの世話をしていた場合に，本人のため契約をした（無権代理行為）後に，事実上の後見人が正式に後見人として就任した場合，追認拒絶できるか，というものである。あたかも無権代理人が本人を相続した場合と同様に考えることができれば，信義則上，後見人は追認拒絶できないことになる（最判昭和47・2・18民集26巻1号46頁）。ところが，最判平成6・9・13民集48巻6号1263頁は，当然に追認拒絶できないとする取扱いに制限を課した。禁治産者Aの事実上の後見人B（Aの姉）が，相手方とA所有の建物について賃貸借契約を結んだのち，別の姉Cが後見人に就職し，追認を拒絶したというものである。その追認拒絶が信義則違反にあたるかが問題となったが，交渉の経緯や当事者の経済的不利益など諸般の事情を勘案し，追認拒絶が当事者間の信頼を裏切り，正義の観念に反するような例外的場合に当たるか否かを判断して決するとした。制限能力者の保護を基本として追認拒絶できる余地を残すべきであろう。

§5 表見代理

〔設例〕(1)「A県福利厚生部」は，A県の県庁職員によって運営されている私的な互助団体であるが，その事務所がA県庁建物内にある厚生課の隣にあり，厚生課職員が恒常的に「福利厚生部」の事務所でも働き，出入りの業者への商品の発・受注の仕事などを行ってきていた。B社はこれまでも同「福利厚生部」と取引を継続してきたが，業務用Faxを納入したところ，代金が支払われなかった。B社はA県に対して代金の支払いを請求したが認められるか。

(2) C銀行から融資を受けようと思ったAは，自己所有の土地に抵当権を設定することと融資契約の締結に関する代理権限をBに授与し，実印その他の書類を渡したが，BはDにその土地を売却してしまった。AはDに対して土地の返還を求めることができるか。

1 表見代理とは何か

そもそも無権代理においては，代理権が存在しないため代理行為の効果が本人に帰属しないことになるはずである。代理という制度が代理権を授与する行為から始まる以上，当然の結果であるし，本人にとっても与えていない権限からその責任を負わせるべきでないが，取引をした相手方にとっては不測の損害を被る可能性が高い。とくに代理人であるような外観を示していた場合は，外観を信頼した相手方の不利益は大きいであろう。そこで無権代理における例外を設けて，相手方に表見代理の主張を認め，本人への効果帰属を認めた。このようにあたかも真実代理権があったのと同じように，本人に負担を認める理由は**権利外観法理**から説明される。つまり，一方において外観を作出するにあたり本人に帰責性が認められること，他方において代理権の存在について相手方が善意無過失であることである。表見代理の各規定の解釈においてもこの法理から検討がなされる。

その類型には基本的に三つある。第一に代理権授与の表示による表見代理 (109条)，第二に代理権踰越による表見代理 (110条)，第三に代理権消滅後の表見代理 (112条) である。

2　代理権授与表示による表見代理 (109条)

　109条が規定する表見代理は，本人が他人に代理権を与えた旨の表示（代理権授与表示）をしていながら，真実には代理権を与えていなかったという場合に関するものであり，これを代理権授与表示による表見代理という。

(1)　代理権の授与表示

　109条の表見代理が認められるためには，本人が相手方（条文では「第三者」）に対して他人に代理権を与えた旨の表示をしたことが必要である。表示方法は書面に限られず，口頭でもよい。表示される相手方も制限がなく，特定人に対して表示される場合のほか，不特定多数を相手に新聞広告で他人を代理人とする旨の広告を出すことも表示とされる。

　次に代理権授与の表示をしている者（表見代理人または自称代理人）が，表示された代理権限内の行為をすることが必要である。もっとも109条が対象とする事例は実際には少ない。判例においては，この趣旨が拡張されて適用されているといってよい。

　〔設例〕(1)では，「A県福利厚生部」なる名称は代理権の授与表示にあたるであろうか。県から私的互助団体に対して授権行為がなされているわけではなく，その名称は互助団体がいわば勝手につけていることになろう。ただ事務所の位置からみて県もその存在を容易に知ることができたはずである。最判昭和35・10・21民集14巻12号2661頁は，東京地方裁判所が「東京地方裁判所厚生部」と名乗る団体に庁舎の一部の使用を許可し，現職職員をその事務に当たらせている場合には，その取引行為について表見代理の責任を負うとした。この判例に従えば，〔設例〕(1)でも県は表見代理責任を負わねばならない。

　さらに典型的なものはいわゆる名義貸しと白紙委任状（次項で説明）の事案である。名義貸しは名板貸しともいい，AがBに自己の名義を使用することを許可することをいうが，BがA名義で取引した相手方Cが，Aを本人とする取引をしたと誤信した場合に，Aに責任を問うことができるであろうか。Aが名

義を貸した行為を捉えて，代理権授与表示があったものと解することができるとされている。たとえばA会社がBに支店名義を用いることを許諾したときは，支店の業務についてA会社を代理する権限を有することを表示したものとしたり（大判昭和4・5・3民集8巻447頁），下請人Bの工事現場が請負人Aの直営のような外観を呈し，Bが注文者Cに対し現場代人として届出をし，なお自己の第五部長と掲載した印刷物等を配布したような場合に，代理権授与表示があるとされた（大判昭和16・12・6判決全集9輯13号3頁）。

なお，当初はこのような規定がなかった商法において，後にかかる趣旨が規定されるに至った（商23条）。自己の氏，氏名，商号を使用して営業することを他人に許諾した者は，その取引によって生じた債務について連帯責任を負うものとした（**名板貸責任**）。

(2) **白紙委任状**

判例上，多くみられるものが**白紙委任状**であり，委任事項や代理人氏名，相手方などが全部または一部白地とされた委任状が交付された場合である。しばしばなんらかの代理権は授与されてはいるが，その範囲が白紙委任状の段階では不明であったり，代理人が指定されていないという状況がある。たとえばAが自己所有の土地をCに売り渡すためBを代理人として必要な実印・印鑑証明書などとともに白紙委任状を渡していたところ，関係ないDに売った場合，Dから見れば代理権の授与表示があると信頼することがあるであろう。

ここでさらに代理人Bが実印，印鑑証明書，白紙委任状をさらに別の第三者E（白紙委任状の転得者）に渡して，Eが代理人欄に自分の名前を記入してAの代理人として代理行為をした場合はどうであろうか。最判昭和39・5・23民集18巻4号621頁は，本人が，とくに何人が上記各書類を行使しても差し支えない趣旨で交付したのでない限り，代理権授与の表示があったものとは認められないとした。

(3) **相手方の善意無過失**

表見代理は相手方の信頼を保護するという目的を有することから，相手方が善意無過失であることが要求される。110条には「正当の理由」が，112条には「善意の第三者」という文言があるが，109条にはそのような文言がない。しかしながら学説・判例ともに権利外観法理の趣旨から善意無過失を要件としてい

る。もっとも善意無過失であることの証明を相手方は負担することはなく，本人が相手方の悪意・有過失を証明すれば責任を免れる（最判昭和41・4・22民集20巻4号752頁）。相手方が信頼した代理権授与の表示は代理権の存在を推認させることから，これを覆す事実（相手方の悪意有過失）は本人の側で主張・立証すべきだからである。

なお，109条は代理行為が代理権限の範囲内であることが前提とされているが，権限外の行為であるときは権限踰越の代理（110条）を重畳的に適用することにより表見代理責任を肯定することが認められている（次項参照）。

3　代理権踰越による表見代理（110条）

110条は，代理権は授与されていたが，代理人がその権限の範囲を越えて（踰越）代理行為をした場合の表見代理であり，実際にはもっとも争われることが多いといわれる。

(1) 基本代理権の存在

代理権踰越による表見代理が成立するためには，まず本人と代理人の間に基本代理権が存在しなければならない。〔設例〕(2)においてBにはAから抵当権の設定と融資契約の締結に関する代理権が授与されていた。これを基本代理権とすれば，Dに土地を売り渡す行為はこの範囲を越えていることになる。そこで権限踰越の表見代理の適用が問題となるのである。したがって基本代理権が真実存在していない場合には，たとえ外見から代理権があるように見えても，110条の適用はない（白紙委任状や印鑑を拾った人が悪用した場合など）。

しかしながら，基本代理権といっても，その具体的内容は幅広く，さまざまである。ここでは代表的なもののみ取り上げることにしよう。

　(a) 公法上の行為　　かつて判例は，基本代理権は私法上の行為に関する代理権であることを前提として，Aが長女の死亡届を出すためにBに印鑑を預けて代理人としても，基本代理権は存在しないとした（大判昭和7・11・25新聞3499号8頁）。ところが，Aが登記申請行為をBに委任し，実印，印鑑証明書，登記済証をBに渡したところ，これを濫用してBがAを自分の債務の保証人とする契約を結んだ事例について，登記申請行為は公法上の行為であるが，その行為は私法上の契約に基づいてなされることから私法上の効果を生ずるとして，

110条の基本代理権であると認められた（最判昭和46・6・3民集25巻4号455頁）。しかし公法上の行為すべてが基本代理権たる資格を認められたのではない。私法上の取引行為の一環としてその行為（登記申請行為）がなされるとき（申請行為に基づく登記は契約上の債務の履行という私法上の作用を有すると解する）に限定されていると理解すべきであろう。

(b) 事実行為　会社取締役Aから，経理担当者Bは，A名義のゴム印と取締役として使用する印鑑を預かり，預金の出し入れをしていたが，A個人名義の保証契約を締結した場合に，110条の表見代理が成立するか。ここでは印鑑等を預かる行為（事実行為）が基本代理権となるかが問題となろう。判例は基本代理権は法律行為の代理権であるとして，事実行為の委託では基本代理権たりえないとする（最判昭和34・7・24民集13巻8号1176頁）。また，最判昭和35・2・19民集14巻2号250頁も，会社の勧誘員の仕事をしていたAが事実上，長男に勧誘をさせていた場合に，勧誘行為それ自体が事実行為であり，法律行為でないことを理由として，基本代理権と認めなかった。これには批判もある。実際に，印鑑を預けるのは事実行為であるとはいえ，それが財産上の取引においては重要な意味を持つ以上，基本代理権たる資格を全く与えないのは妥当ではなかろう。むしろ本人が印鑑を与えた状況などを勘案してその帰責性を考慮し，他方において相手方の正当理由（善意無過失）を判断することによって両者のバランスをとりつつ，トータルに決するのが適当であろう（幾代・381頁，四宮＝能見・306頁など）。

(2) 権限外の行為

次に，表見代理人の行為は授与された基本代理権の権限を越える行為でなければならない。権限踰越の表見代理であることから当然の要件である。もっとも実際には，基本代理権行使のために預かった印鑑，権利証その他の書類を冒用したりする場合が多い。〔設例〕(2)においては，授与された権限は抵当権の設定と融資契約の締結であって，Dへの土地の売却は明らかに権限外の行為である。したがって110条の適用が考えられ，あとは正当理由の判断がなされることになる。

(3) 正 当 理 由

さらに取引の相手方（条文では第三者）が代理人にその権限があると信じ，

かつ信じることについて「正当ノ理由」がなければならない。この「正当ノ理由」とは，相手方は代理権限があると信じることについて，善意無過失であることをいう。たとえば，代理人が所持していた委任状，実印その他の書類を証明することができれば代理権の存在を信じたことに「正当ノ理由」があるとされよう。善意無過失の立証責任は，110条の成立を主張する相手方にあるか，あるいはこれを争う本人の側に，相手方の悪意有過失の立証責任があるかは見解が分かれている。109条，112条と取扱いを異にする理由がないとして，本人に立証責任があるとする説（幾代・385頁）があるが，相手方に立証責任があるとする説（四宮＝能見・306頁）も有力である。また過失がなかったことについては相手方が，悪意であったことについては，本人が立証すべきであるという説も根強い（我妻・370頁，松坂・283頁，星野・228頁など）。

もっとも表見代理人が白紙委任状，印鑑証明書，登記済権利証を所持していても，代理権限の有無について疑念を生じさせるような事情があり，それを本人が立証すれば，相手方はさらに確認・調査をとるべきであり，これをしなければ正当理由が否定されている（最判昭和53・5・25判時896号29頁）。

(4) 重複適用

たとえば代理権授与が表示された者が権限外の行為をしたときには，権限内の行為を前提としている109条も，基本代理権の存在を要件とする110条もそのままでは適用できないであろう。しかし，表見代理の成立を認めないのは妥当でない。そこで，授権表示によって成立した109条の表見代理を基本代理権として，110条を適用することが判例上認められている。これが109条と110条の重複適用（重畳適用ともいう）である。

本人Aが他人のBにAの商号・名義を使用することを認め，印鑑をも使用させていたとき（109条の代理権授与表示による表見代理が成立する），さらに実印・印鑑証明書・A所有建物の権利証を預けていたので，これを利用してそのような代理権がないにもかかわらず，債権者Cのために建物に根抵当権を設定した。この根抵当権設定契約を締結する行為は，たとえ109条の表見代理が成立するとしても，通常の営業範囲を越えるので，これを110条の権限踰越の表見代理を適用して，A本人の責任を認めるのである（東京高判昭和39・3・3判時372号23頁）。

4 代理権消滅による表見代理

　代理権は本人や代理人の死亡によって，あるいは委任契約が終了したり，解除されることによって消滅することはすでにみた。しかしながら代理権の消滅は必ずしも外部から明確であるとは限らず，とくに委任状や実印などが代理人のもとに残っていたりすれば依然として代理権が存在しているものと相手方が信頼することがある。そこでこのような相手方を保護するため，代理権消滅による表見代理を認めた（112条）。

(1) 代理権の消滅

　112条の要件として，代理権が消滅していることが必要であるが，同時に代理権限の表示が残っていることが要求される。つまり代理権が消滅しているにもかかわらず，代理権限の表示（外観の存在）を除去しなかった点に本人に対して表見代理成立の責任を認めるのである。他方，外観が存在しなければ，たとえかつての代理人が無権代理行為をしても，本人が112条の責任を負うことはなく，相手方はかつての代理人に対して狭義の無権代理における責任を追及することができるにすぎない。

(2) 重複適用

　112条を適用する場合，代理権消滅後の代理人が代理権限内の行為をすることを要するが，権限外の行為（越権）をした場合には，110条との重畳適用が考えられる。

(3) 善意無過失

　112条も権利外観法理に基づいて相手方の代理権の存在に対する信頼を保護する制度であるから，相手方は善意無過失でなければならない（法文は「善意の第三者」としているが，そのように解されている）。そして代理権限を示す表示がある以上，これを信頼するのが当然であるから，その立証責任は本人にあると解される。つまり，本人が相手方の悪意，有過失を立証することで表見代理の責任を免れることになる。

5 表見代理の効果

　109条は「其（の）責ニ任ス」とされ，110条は「前条ノ規定ヲ準用ス」とし，112条は代理権の消滅を「善意ノ第三者ニ対抗スルコトヲ得ス」とするが，

各々の表見代理の効果は差異がないと解されている。すなわち無権代理行為が本人に対する関係で有効となり，あたかも有権代理であるかのごとく，効果が本人に帰属することになる。

◇ 論　　点 ◇

法定代理への適用の可否

110条の表見代理は法定代理についても適用があるだろうか。法定代理においては代理権の発生は本人の意思とは無関係であり，110条の成立に本人の過失などの帰責性を強く要求するならば，その適用を否定すべきことになるであろう。さらに法定代理は代理権の範囲が法定されているために，代理権の範囲を越えた行為を権限内であると相手方が信頼してもそれは保護すべきであるといえるか，との疑問も生ずる。しかしながら，本人の帰責性の考慮は相手方の正当理由をも加えて総合的に判断すべきであるため，帰責性のみをもって厳格な成立要件とすべきものではなかろう。また，代理権の範囲も各種法定代理によって一律ではなく，個別的に検討すべきであろう。そうすると一律に110条の適用を否定すべきではないと考えられる。

日常家事に属する債務に関して，761条は夫婦相互の代理権を規定していると解してよいが，これを基本代理権として表見代理の適用が可能であろうか。最判昭和44・12・18民集23巻12号2476頁は，110条の類推適用を認める。(このほか市長村長の越権行為と110条の関係について，最判昭和34・7・1民集13巻7号960頁も参照)。

◇ 発展・研究 ◇

正当理由における付随義務論

契約締結時における信義則上の付随義務に関する議論は近年盛んに議論されており，110条の表見代理における正当理由の判断においても付随義務論の視点から検討されている。前述した昭和53年最高裁判決においても，相手方の調査確認義務を肯定していた。北川・189頁以下によれば，銀行支店長代理の越権行為は，相手方から見てそのような権限が地位に伴っていると推定し得る(最判昭和49・10・24民集28巻7号1512頁)し，委任状，借用証書，実印，権利証

の所持人にも代理権を象徴するものをもっている限りで同様に考え得る（大判大正14・12・21民集4巻743頁）とされる。そのような場合，わざわざ本人に照会・確認する行動を起こすまでもない。しかし，取引環境や相手方によっては，権限の有無について信義則上の調査・照会・確認などをすべき義務が問われてきているのである。とくに相手方が金融機関である場合（最判昭和41・10・11金法460号7頁，最判昭和45・12・15民集24巻13号2081頁）や事業会社である場合（最判昭和51・6・25民集30巻6号665頁）にその傾向がみられる。たとえば不動産に関して本人の登記済権利証・実印を所持していても，その代理権の有無について疑念を生じさせるに足る事情があれば，相手方はその権限の有無について確認手段をとるべきであるとの判断がなされる（最判昭和42・11・30民集21巻9号2497頁）。また代理人が保証契約書，印鑑証明を持参していても結ばれる保証契約の内容が，期間・限度額の定めのない責任の重い連帯根保証であり，実父にも保証人になってもらえなかった等の事情がある場合には，本人に保証意思の確認をする必要がある（最判昭和51・6・25民集30巻6号665頁）とする。

　このように本人にとって重大な影響を及ぼすことになる財産取引においては，相手方において確認・照会などを行う信義則上の義務が要求され，それが正当事由の判断に関わるようになったことが理解できる。これをもって，代理人の作出した外観に対する信頼（善意無過失）という主観的態様の判断から，調査・照会・確認等の相手方の行為義務に重点が移行してきたとみることができる。したがって，契約締結時における信義則上の付随義務の存在，およびその不履行を本人が主張・立証すれば，110条の表見代理は成立しない，と解するのである（北川・188頁）。注目すべき見解であり，信義則上の付随義務論からの考察もあわせて検討すべきであろう。

〔参考文献〕
(1) 辻正美「代理」星野英一編代『民法講座1民法総則』（有斐閣，1984年）
(2) 高橋三知雄『代理理論の研究』（有斐閣，1976年）
(3) 伊藤進『任意代理基礎理論』（成文堂，1990年）

第8章　無効と取消

§1　無効と取消の相違とは

　民法は，**私的自治**（意思自治）を原則としているので，法律行為を行った当事者の意図したとおりの法的効果の発生を認める（有効）一方，種々の理由により当事者の意図した法的効果の発生を認めない場合がある。そのための法的技術が，**無効**と**取消**である。

　無効の例として，意思無能力者の法律行為（規定なし─私的自治の原則から当然に導かれる），公序良俗違反（90条），強行法規違反（91条の反対解釈），心裡留保（93条但書），虚偽表示（94条），錯誤（95条），無権代理（113条）などがあり，取消の例として，制限能力者の法律行為（4条2項，9条本文，12条4項，16条4項），詐欺または強迫（96条）などがある。

　無効と取消の基本的な相違は，次のように説明される。

　(1)　無効な行為は，はじめから効力を生じない。したがって，誰からでも，誰に対しても，いつでも無効を主張することができる。これに対し，取り消しうる行為は，特定の人（取消権者）が取り消すまで一応有効であり，取り消されると遡及的に効力を失い，はじめから無効であったものとされる（121条本文）。

　(2)　無効な行為は，追認によって有効となることはない（119条本文）が，取り消しうる行為は，追認によってはじめから有効だったことに確定する（122条本文）。また，追認しうるようになってから追認を推定させるような一定の事実（全部または一部の履行，履行の請求など）があれば，法律上当然に追認したものとみなされる（19条，125条）。

　(3)　無効な行為は，いつまでたっても無効であり，無効を主張しうるが，取

り消しうる行為は，一定期間の経過により取り消すことができなくなり，有効が確定する（126条）。

　しかし，このような相違は絶対的なものではなく，何を無効とし，何を取消とし，それにどのような法的効果を与えるかは立法政策の問題であり，両者の相違は相対的なものである。実際，**絶対的無効**だけでなく，特定人に対してのみ無効を主張しうる**相対的無効**もあり，あるいは無効の主張者を限定する（**取消的無効**）解釈がなされている。

　たとえば，心裡留保による意思表示は，原則的に有効としつつ（93条本文），悪意・有過失の相手方に対しては無効を主張できるとし（93条但書），通謀虚偽表示による意思表示は，原則的に無効としつつ（94条1項），善意（無過失）の第三者には無効を主張できないとしている（94条2項）。また錯誤による意思表示は，表意者（錯誤者）に重大な過失がある場合には，表意者自ら無効を主張できない（95条但書）が，表意者に重大な過失がなく，無効である場合（95条本文）にも，無効の主張者を表意者に限定し，また相手方が善意・無過失の場合には無効を主張できないという解釈も有力になされているのである。

　さらに，無効主張の手続についても，会社の設立無効の場合は，訴えによらなければならないとされている（商136条，147条，428条，有限会社法75条1項）。

---

§2　無効とは

　〔**設例**〕　Xが所有する不動産につき，その長男Aが無断でXの印鑑を持ち出し，XからAへの贈与を原因とする所有権移転登記を行ったうえ，Y銀行のために根抵当権を設定した。Xは，この事実を知り，根抵当権の不存在確認とその登記の抹消を求めた。これに対し，Y銀行は，その後XがY銀行から融資を受ける際，A名義となった上記不動産に二番抵当権を設定した事実を捉え，これはXからAへの上記不動産の贈与を追認したものとみるべきであり，本件根抵当権設定契約は

有効であると主張した。Y銀行の主張は正当か。

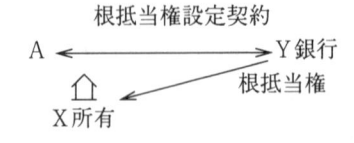

　　　　　　　　　根抵当権設定契約
　　　　　　A ←――――――――→ Y銀行
　　　　　　　⌂　　　　　　根抵当権
　　　　　　X所有

1　無効の効果

　無効とは，法律行為の効力がはじめから生じないことであり，本来，絶対的に無効であり，追認によっても有効となることはない（**絶対的無効・確定的無効**）。公序良俗に反する法律行為や強行法規に違反する法律行為は，この例である。

　しかし，民法は，取引の相手方または第三者保護のために，心裡留保，通謀虚偽表示および錯誤の場合などに，無効の効果を制限している（**相対的無効**）。また，無権代理行為は，その行為の効果が本人に帰属しないため，本人に対する関係では無効であるが，追認によって遡及的に有効となる（113条1項，116条）ので，その無効は，**不確定的無効**（未確定無効）である。

　法律行為の一部が無効の場合で，その残余部分の法律行為の有効性を維持すべき理由がある場合には，**一部無効**となり，残余部分の有効が認められる。一部無効につき，法律が明文規定を置く場合として，永小作権の存続期間（278条1項），不動産質の存続期間（360条1項），不能による選択債権の特定（410条1項），権利の一部が他人に属する場合の売主の担保責任（563条1項）などがある。また，利息制限法に定める最高利息を超える利息の超過部分も，一部無効の例である（利息制限法1条1項）。

　無効な法律行為は，本来，何ら効力を発生しないのであるから，たとえば公序良俗に反する売買契約が結ばれた場合において，まだ当事者双方が未履行であるなら，当事者双方ともに履行義務も発生していないのに対し，一方または双方が履行しているのであれば，それぞれの一方は，他方に対して，無効を理由として不当利得返還請求をなすことができる（703条，704条）。もっとも，公序良俗違反の場合には，不法原因給付を理由として，返還請求が認められないことが多いであろう（708条）。

2 無効行為の転換

無効な法律行為であっても、他の法律行為としては有効と解することができる場合があり、そのように取り扱うことを**無効行為の転換**という。たとえば、民法は、秘密証書遺言の要件を欠いても、自筆証書遺言としての効力を認めている（971条）。また、約束手形の振出交付と引換えに金銭の貸付を受けた場合において、その手形が法定の要件を欠き、無効であっても（手75条、76条参照）、金銭貸借証書としての効果が認められる場合も、その例である。

◇ 論 点 ◇

無効行為の追認

本来、非権利者による他人の物の処分行為は無効である。民法は、無効行為は後に追認されても、遡及的に有効となることはないとし（119条本文）、ただ当事者が無効であることを知ってその無効行為を追認した場合には、その追認の時から新たな法律行為がなされたものとして、将来に向かって有効となるとするだけである（119条但書）。これが、**無効行為の一般原則**である。

他方、民法は、無効の一例（不確定的無効）である無権代理行為につき、追認による遡及効を認めている（116条本文）。

それでは、〔**設例**〕（199頁）の、非権利者Aによる処分行為を権利者Xが追認した場合、いずれによって処理すべきであろうか。

学説は、**無効行為の追完の法理**を一般に認めている。すなわち、民法119条の構成は、無効を全くの空白と考えるものであって不当であるし、それは、民法上、法律行為が無効とされる場合のすべてに適合するわけではないし（たとえば、無権代理の場合には適合しない）、また民法自身も遡及的追認を承認している（116条本文）から、追認があったときは、当事者の通常の効果意思に従って遡及効を生ずると解し、あるいは、当事者および第三者に対する関係で不利益を及ぼさない範囲であれば、遡及的に追認することもできるのであって、この法理は、**無権代理行為の追認**と全く同一であると解している。そして、この無効行為追完の法理は、無効行為一般の遡及的追認に適用してもよいと解されている。

判例（最判昭和37・8・10民集16巻8号1700頁）も、〔**設例**〕の事案において、

「或る物件につき，なんら権利を有しない者が，これを自己の権利に属するものとして処分した場合において真実の権利者が後日これを追認したときは，無権代理行為の追認に関する民法116条の類推適用により，処分の時に遡って効力を生ずるものと解するのを相当とする」と判示した。

　無権代理行為と非権利者の処分行為は，前者が本人の名において，後者は自己の名において行為する点で異なるが，いずれも他人の権利の処分という点で実質的に同じであり，後者の場合にも，権利者が非権利者の処分行為を追認した場合にはそれを拒絶する理由はなく，処分行為の効果の帰属を権利者に認めてよい。したがって，この場合には116条本文を類推適用し，追認による遡及効を認めてもよく，Y銀行の主張は正当ということになる。ただし，第三者の権利を害することはできず（116条但書），もしXが追認をなす前に，当該不動産を第三者に譲渡していたのであれば，Xはもはや追認することができないであろう。

§3　取消とは

　〔設例〕　未成年者A（19歳）は，自己所有の自動車（A名義で登録済み）を両親の同意を得ずにBに売却・移転登録し，売却代金200万円のうち100万円を生活費やその他のAの借金の返済に充て，残りの100万円を遊興費に使った。その後，Aは，両親の同意を得なかったことを理由に，この売買を取り消した。この場合，Aの代金返還義務はどうなるか。また，Aの取消前にBがその自動車をCに売却していた場合どうなるか。

```
         未成年者    自動車     売　却
              ------ 売　却 ----->
          A ─────────────────→ B ─────→ C
                    取　消
```

1 取消権者

取消とは，一応有効に成立している法律行為を遡及的に無効とすることにより，表意者を保護するものであるから，取り消すことができる者（取消権者）が限定されている。120条1項および2項は，取消権者を列挙している。

(1) 制限能力者

制限能力者とは，未成年者（4条），成年被後見人（8条），被保佐人（11条ノ2）および被補助人（15条）である（19条1項）。制限能力者は，意思能力さえあれば単独で取り消すことができる。それは，取り消しうる取消となるのではなく，完全に取消の効力が生じる。取り消す場合にも行為能力を要するとすることは，取り消しうる取消となって法律関係を繁雑にするだけであり，また単独での取消を認めても，制限能力者に不利益をもたらすこともないからである。

(2) 瑕疵ある意思表示をなした者

詐欺または強迫（96条）により意思表示をした者である。

(3) 代理人

制限能力者または瑕疵ある意思表示をなした者の法定代理人および任意代理人である。法定代理人とは，親権者（818条），未成年後見人（838条1号）および成年後見人（838条2号，843条）である。

(4) 承継人

制限能力者または瑕疵ある意思表示をなした者の包括承継人（相続人）および特定承継人（契約上の地位を引継ぐ者）である。

(5) 同意をなすことを得る者

制限能力者の行為につき，同意をなすことができる者，つまり保佐人（12条，876条の2）および補助人（16条，876条の7）である。

2 取消の効果

取り消しうる行為が取り消されると，その行為は，遡及効により最初から無効であったことになる（**遡及的無効**—121条）。ただし，婚姻や養子縁組のような身分行為の取消には遡及効がないし（747条，808条1項），賃貸借や雇傭のような継続的契約の取消も，その効果は遡及しないと解されている。

取消の結果，取り消しうる行為は遡及的に無効となるから，当事者間には一切の権利・義務が発生しなかったことになり，未履行であれば履行義務がなくなり，履行されていれば，給付された物の返還義務が発生する。この返還義務は，不当利得返還義務と解され（通説），その範囲は，返還義務者の善意・悪意によって異なる。すなわち，返還義務者が善意の場合にのみ，「其利益ノ存スル限度ニ於テ」（現存利益）返還義務を負うのである（703条，704条参照）。ところが，制限能力者が返還義務を負う場合には，この者を保護するために善意・悪意を区別せず，常に「現ニ利益ヲ受ケル限度ニ於テ」（**現受利益**）の返還義務を負うとされている（121条但書）。

　この現受利益は，利得が有形的に残存する場合だけでなく，受領金を生活費や債務の弁済に費消し，自己の財産からこれらの支出を免れたことによる無形の利得（消極的利得）も含むと解されている（通説）。判例（大判昭和7・10・26民集11巻1920頁）も，「無能力者カ取消シ得ヘキ法律行為ニ因リ相手方ヨリ受領セシ金員ヲ以テ自己ノ他人ニ対スル債務ヲ弁済シ又ハ必要ナル生活費ヲ支弁シタルトキハ無能力者ハ其ノ法律行為ニ因リ現ニ利益ヲ受ケ居ルモノト謂ヒ得ヘキヲ以テ当該法律行為ヲ取消シタル以上民法第百二十一条ニ依リ其ノ弁済又ハ支弁シタル金員ヲ相手方ニ償還スル義務ヲ有スルモノトス」と述べ，無能力者（現行民法の制限能力者）が生活費や債務の弁済に費消した場合には「現受利益」が存するとして，その返還義務を認めた。これに対し，703条の不当利得に関し，遊興費に費消した場合には「現存利益」は存せず，その返還義務はないというのが判例（大判昭和14・10・26民集18巻1157頁）および通説の立場である。

　したがって，〔**設例**〕（202頁）の場合，Aは，受領した売却代金のうち，生活費等に使った100万円は返還しなければならないが，遊興費に使った100万円は返還しなくてもよいということになろう。しかし，このような結論には，即座には納得できないであろう（後述の◇**論点**◇（207頁）を参照）。

　取消の効果は，当事者間だけでなく，第三者に対しても生ずる。したがって，Bが第三者Cに自動車を売却していた場合でも，取消により，AはCから自動車を取り戻すことができる（登録自動車は，登録が所有権移転の公示方法であるから，即時取得の規定〔192条〕は適用されないというのが判例〔最判昭和62

・4・24判時1243号24頁〕・通説の立場である）。

3 取り消しうる行為の追認

　取り消しうる行為は一応有効に成立しているが，取消権者が，それを意思表示により確定的に有効にすることが**追認**である（122条本文）。つまり，追認とは，取消権の放棄であり，**追認権者**は，取消権者と同じことになるわけである。

　追認は，一応有効であった行為を確定的に有効とするだけであるから，それによって第三者の権利を害することはない。それゆえ，122条但書は無意味な規定であると解されている。

　追認は，「取消ノ原因タル情況ノ止ミタル後」になさなければ効力がない（124条1項）。つまり，未成年者は成年に達した後，成年被後見人・被保佐人・被補助人はそれぞれの審判が取り消された後，詐欺にかかった者はその事実を知った後，強迫を受けた者は強迫の状態を脱した後に，追認しなければならず，その前になされた追認は無効である。取り消しうる行為であることを知って追認する必要があるためである。

　他方，被保佐人または被補助人は，それぞれ保佐人または補助人の同意を得れば追認できるし（19条4項参照），未成年者も法定代理人の同意を得れば追認できると解されている（4条1項本文参照）。これに対し，成年被後見人は，成年後見人の同意があっても追認できない。また成年被後見人は，行為能力者となった後，その行為を了知した後でなければ追認できない（124条2項）。これは，成年被後見人は，自己の行為の意味を認識していないことが普通であり，その認識を要求したためである。

　法定代理人，保佐人または補助人が追認する場合には，本人が制限能力者であっても，いつでも追認できる（124条3項）。これらの者は，取り消しうる行為がなされればいつでも追認できるためである。

　追認の方法は，取消の場合と同じであり，相手方が確定している場合には，その相手方に対する意思表示によって行う（123条）。意思表示は，明示でも黙示でもよく，文書でも口頭でもよく，方式を問わない。

4　法定追認

　取り消しうる行為につき，取消権者が取消権を放棄したと考えられるような一定の事実があった場合には，追認がなされたものとみなされる。これが**法定追認**であり，125条はその事由を列挙する。すなわち，①全部または一部の履行，②履行の請求，③更改，④担保の提供，⑤取り消しうる行為によって取得した権利の全部または一部の譲渡，⑥強制執行である。

　法定追認となるためには，取消権者が追認をなすことができる時より後に，①から⑥の事由が生じたことが必要である。しかし，未成年者が法定代理人の同意を得て，被保佐人または被補助人が保佐人または補助人の同意を得て，あるいは法定代理人自身がこれらの事由の行為をした場合には，直ちに法定追認となる。もっとも，これらの行為に際し，異議を留めている場合には法定追認とはならない（125条但書）。

5　取消権の消滅

　取り消しうる行為は，取消権者が取消または追認しない限りその効力が確定せず，相手方や第三者にとって不安定な法律関係が継続する。そこで，前述の法定追認や制限能力者の相手方の催告権（19条）のほかに，民法は，取消権の行使期間を制限している。すなわち，取消権は，追認をなすことができる時から5年間行わないときは時効により消滅し，また行為の時より20年経過したときも消滅するのである（126条）。

　これらの期間は，時効期間なのか，それとも除斥期間なのかにつき見解が分かれる。条文の文言からは，いずれも時効期間（消滅時効）と解すべきであろう。しかし，取消権のような形成権は，一般の債権とは異なり，権利者の単独の意思表示だけで権利の内容が実現し，中断を考える余地がないことや，5年の時効期間を中断していけば，権利保護の期間は無限に延長し，20年の時効期間の存在意義がなくなってしまうことから，少なくとも20年の期間については除斥期間と解する見解が多い。

除斥期間　時効に類似するが，中断のない固定期間であり，その期間が経過した場合，裁判所は当事者の援用がなくとも（時効は当事者の援用を必要とする—

145条参照)，権利が消滅しているものとして取り扱わなければならない。

◇ 論 点 ◇

制限能力者の「現受利益」とは

　取り消しうる法律行為が取り消された場合，給付を受けた物を返還しなければならず，その返還義務の範囲は，703条と704条により規律されるが，ただ制限能力者が制限能力を理由に取り消した場合には，121条但書がその特則となるというのが通説・判例の理解である。

　この理解によれば，703条が定める善意利得者の返還義務の範囲，すなわち「其利益ノ存スル限度」(現存利益)と121条但書の「現ニ利益ヲ受クル限度」(現受利益)とは同一の意味内容であり，制限能力者は，取り消しうる行為についてたとえ悪意であっても，703条の善意利得者と同じく，「現存利益」の返還義務を負うだけであると解される。そのため，制限能力者は，受領金を生活費や債務の弁済など本来自己の財産から支出すべきものに使った場合には「現受利益」（＝現存利益）があり，その返還義務があるのに対し，遊興費に使った場合には「現受利益」がなく，その返還義務がないと解されている。

　しかし，受領金の費消使途により正反対の結果になることには違和感を感じることであろう。そこで，学説には，遊興費などに浪費した場合にも「現受利益」があるとして，その返還義務を認める見解が有力である。これに対し，民法121条但書の「現受利益」の意味を，制限能力者保護の観点から703条の「現存利益」とは別個の意味に解し，前者は，有形的に残存する利益のみを指し，遊興費はもちろん，生活費などに使った場合にも返還義務はないとする解釈を行うことも可能であろう。

　なお，現受利益の立証責任は誰が負うかにつき，見解が分かれる。判例（大判昭和14・10・26民集18巻1157頁）は，貸金を費消した浪費者（改正前民法では行為無能力者であった）には現受利益がないと推定し，この推定を覆す立証責任は，相手方にあるとし，学説の中には，制限能力者保護の観点から，この判例を支持する見解もある。他方，制限能力者の保護には取消権と悪意の場合の責任軽減だけで十分であり，不当利得の一般原則に従い，現受利益の不存在の

立証責任を制限能力者に負わせるべきであるという見解もある（この見解を採る下級審判例として，札幌地判昭和56・3・18金融商事判例639号40頁）。この見解に従えば，制限能力者は，現受利益が存在しないことを証明できなければ，その返還義務を免れないことになる。

〔参考文献〕
(1) 伊藤進「無効」『演習民法（総則物権）』（遠藤浩＝川井健＝西原道雄編）（青林書院，1989年）243頁以下
(2) 大島和夫「他人の権利の処分と追認」『別冊ジュリスト　民法判例百選Ⅰ　総則・物権［第四版］』（有斐閣，1996年）88頁以下
(3) 潮見佳男「取消と現に利益を受ける限度」『別冊ジュリスト　民法判例百選Ⅰ　総則・物権［第四版］』（有斐閣，1996年）88頁以下
(4) 岡孝「法律行為の取消と事後処理」『分析と展開　民法Ⅰ総則物権［第二版］』（山田卓生ほか著）（弘文堂，1997年）109頁以下

第9章　条件と期限

§1　条件とは何か

〔**設例**〕（1）　Bは高校3年在学中にA育英会の奨学生に採用され，翌年度大学へ入学した場合は，在学中の4年間，毎月47,000円の奨学金が給付されることになった。

（2）　A育英会の奨学生規約には，奨学生が留年した場合は奨学金の給付を打ち切るという条項がある。大学2年生のCはA育英会の奨学生であったが，3年生へ進級するための単位が足りず，留年してしまった。

（3）　小説家のF男は恋人のG子に，自分の小説が芥川賞を受賞したら結婚するという約束をした。この約束は停止条件付きの婚姻として認められるか。また，G子がH男という他の男性を好きになっても，G子とH男の結婚は許されないか。

1　条件とは

(1)　はじめに

われわれが契約などの法律行為を行う場合，その効力の発生・消滅を将来発生する事実にかからせることがある。たとえば〔**設例**〕(1)では，A・B間で定期贈与契約（552条）が結ばれたことになるが，その効力の発生は，Bの大学入学という将来の発生不確実な事実にかかっている。このように，法律行為の効力の発生（または消滅）を将来の発生不確実な事実にかからせる付加的な意

思表示（ないしはその事実自体）を**条件**という。これに対して，Bの大学入学の有無にかかわらず，翌年の4月から毎月47,000円を給付するという約束をした場合，翌年4月が訪れることは，将来における確実な事実である。このように，法律行為の効力の発生などを将来到来することの確実な事実にかからせる付加的な意思表示（ないしはその事実自体）は，**期限**という（期限について詳しくは→§2）。

法律行為に条件や期限が付けられると，法律行為の効力が制限されることになるが，条件や期限も効果意思の内容をなすものである。また，条件や期限を付けることは，法律行為自由の原則から，原則として自由である。

> **付款**　条件や期限は法律行為から生じる効力を制限するものであるが，このように，法律行為の当事者が法律行為の内容の一部として特に付加した制限を，法律行為の付款という。また，負担付き贈与（553条）や負担付き遺贈（1002条）における負担も，一般に付款とされる。

(2) 停止条件と解除条件

条件には，停止条件と解除条件の2種類がある。たとえば〔**設例**〕(1)の場合，Bが大学へ入学するという事実が発生してはじめて，Bは奨学金の給付を受けることができるようになるが，このように，条件（正しくは条件事実）が成就することによって，その条件が付けられた法律行為の効力が発生するという内容の条件を**停止条件**という（127条1項）。これに対して，条件とされた事実が発生すれば法律行為の効力が消滅するという内容の条件を**解除条件**という（同条2項）。〔**設例**〕(2)がその例であり，この場合は，Cの留年によって解除条件事実が充たされたことになる。

(3) 法定条件との差異

条件は，契約など法律行為の内容の一部であり，当事者が任意に定めたもの（付款）である。これに対して，法律行為の効力発生に不可欠なものとして法律が定める条件は**法定条件**と呼ばれ，ここでいう条件とは異なる。たとえば，農地法3条によれば，農地の所有権の移転は農業委員会または知事の許可を受けなければその効力を生じないとされるが，この場合の許可は法定条件にあた

る。また，公益法人設立における主務官庁の許可（34条）や，遺言者の死亡時に受遺者が生存していなければ遺贈の効力は生じない（994条）というのも法定条件である。もっとも，法定条件も，それが備わらなければ法律行為の効力が発生しないという点で真の意味の条件に類似しているため，128条や130条等を類推適用できるか問題となる。

2 条件（条件事実）となりうる事実

　法律行為の効力の発生・消滅が一定の事実の成就にかかっている場合，その事実は単に条件と呼ばれることもあるが，正しくは条件事実という。以下，どのような要件を備えた事実が条件事実となりうるか説明する。

(1) 将来の事実

　条件は将来の事実に関するものでなければならず，法律行為の当時たとえ当事者が認識していないことであっても，過去の事実を条件にすることはできない。たとえば，「昨日におけるスキー場の積雪量が100cmを越えていればスキーツアーに参加する」といった例を考えてみよう。この場合，昨日の積雪量は客観的に見れば既成の事実であるが，これは**既成条件**と呼ばれるものであり，真の意味の条件にはあたらない（客観説〔通説〕）。もっとも，この例は，「昨日の積雪量が100cmを越えていたということが判明し，それが通知されたならば，スキーツアーに参加する」という意思表示と解釈することもできる。そして，昨日までの積雪量が判明・通知されるのは将来の事実になるから，この場合は，本来の条件に該当することになろう。以上に対し，たとえ過去の事実であっても，法律行為の当時において当事者がその成否を確認できないならば条件とすることができるという主観説も，少数ながら存在する（梅謙次郎『訂正増補民法要義巻之一』328頁以下等）。

　なお，既成条件については特別の規定がある。すなわち，既成条件が法律行為の当時既に成就していた場合，その既成条件が停止条件とされたときは法律行為は無条件となり，解除条件のときは無効となる（131条1項）。既成条件が既に不成就に確定していた場合，それが停止条件とされたときは法律行為は無効となり，解除条件のときは無条件となる（同条2項）。客観説は，この規定を，自明の理を定めたものにすぎないとする。

(2) 成否不確定な事実

　条件は，将来の成否が不確定な事実に関するものでなければならない。この点が期限と異なる点である。たとえば，E高校野球部出身のDが，野球部が甲子園に出場したらE高校に100万円の寄付をするというのは，甲子園出場は不確実な事実であるから条件である。しかし，自分が死んだら寄付をするといった場合，Dの死亡は，いつ到来するか不確定であるが到来することの確実な事実である。したがって，この場合は，条件ではなく，不確定期限が付けられていることになる。このように，成否の確定性の点で条件と期限は区別されるのであるが，いわゆる出世払債務のように，条件か不確定期限か判断の困難な事例も存在する（出世払債務については→§2◇発展・研究◇1）。

3　条件を付けることのできない法律行為（条件に親しまない行為）

　〔設例〕(3)において，F男がG子とした約束が停止条件付きの婚姻の合意として効力があるとすれば，G子はこの合意に拘束され，F男の受賞という不確実な事実が発生するまで独身を通し，他の男性とは結婚できないことになる。また，F男が受賞すれば，2人はその時点から必然的に夫婦にならざるをえない。しかし，婚姻・離婚・養子縁組・認知などの身分行為は，その性質上直ちに確定的な効果の発生するものでなければならない。また，それに条件を付ければ，当事者のみならず第三者（〔設例〕(3)のH男など）の身分をも不安定なものにし，公序良俗に反する結果を招くことになる。したがって，身分行為に条件を付けることは，公益の観点からして認めることができない。手形の振出し・裏書や小切手の振出しなどの手形行為・小切手行為についても，条件を付けることは公益上許されない（手1条2号，75条2号，12条1項，77条1項1号，小1条2号等）。これは，流通証券である手形や小切手の取引を混乱させないためである。

　取消・追認・解除・相殺などの単独行為に条件を付けることは，相手方を極端に不安定な地位に陥れることになるため，原則として禁止される。相殺については，明文で規定されている（506条1項但書）。ただし，この禁止はあくまでも法律行為の相手方を保護するためのものであるから，相手方が同意するか，あるいはその条件が付けられることによって相手方が格別不利益を受けること

のない場合は，条件を付けることも許される。したがって，相手方の履行遅滞を理由に解除する場合（541条），催告期間内に履行がなされないことを停止条件とする解除の意思表示は有効である（大判明治43・12・9民録16輯910頁等）。

　条件を付けることの許されない行為に条件を付けた場合，明文で規定されていればそれに従うが（手12条1項後段，77条1項1号，小15条1項後段等），そうでない場合は，条件の部分のみならず法律行為全体が無効となる。

4　条件の成就

(1) 条件成就（または不成就確定）の効果

　停止条件付き法律行為は，条件成就の時からその効力が生じる（127条1項）。これに対して，不成就が確定すれば，法律行為は無効となる。したがって，〔**設例**〕(1)で，翌年度，Bがどこかの大学へ入学すればその時から奨学金が給付されるが，どこの大学へも入学できなかった場合，Bが奨学金の給付を受ける契約は無効となる。

　解除条件付き法律行為は，条件成就の時からその効力を失う（127条2項）。これに対して，不成就が確定すれば，効力が消滅しないことに確定する。そこで，Iが大学生の孫Jに対し，「車を贈与するが，今年度の学年末試験で落第点を取った場合は返してもらう」という約束をした場合，Jが1科目でも落第点を取れば贈与の効力は失われ，Jは車を返さなければならないことになるが，全科目合格点を取れば返す必要がなくなる。

　以上のように，条件成就の効果は原則としてその条件が成就した時から発生するが，当事者がその効果を条件の成就以前に遡らせる意思を表示した場合は，その意思に従う（127条3項）。

(2) 条件の成否の認定

　ところで，条件の成否については，各法律行為においてどのような事実が発生した場合に条件の成就（または不成就の確定）を認定すべきか，という問題がある。現状を変更することを条件事実とする場合（たとえば，大学へ入学すれば）を積極条件，現状を変更しないことを条件事実とする場合（たとえば，退学しなければ）を消極条件というが，いずれにせよ，条件の成否は，条件に関する意思表示の解釈によって決められる。この点に関し，判例は，土地およ

び温泉使用権を陸軍傷病兵療養所のために寄付するに際して，陸軍が同用途を廃止したときは無償で返還するという条件を付けていた場合，戦後陸軍省の廃止にともなって同土地等が厚生省に移管され，国立病院のため使用されるようになったときは，条件が成就したものと解される，と判示する（最判昭和35・10・4民集14巻12号2395頁）。この判例は，事情の変更により本来の条件事実自体が実現不可能となってしまった場合について，契約当時条件を付けた当事者の意思を勘案して条件の成就を認めたものといえよう。

(3) 条件成就の擬制

条件の成就によって不利益を受ける当事者が，故意に条件の成就を妨げ，その結果，条件の不成就が確定したときは，相手方は，条件が成就したものとみなすことができる（130条）。ここで故意とは，自己の行為が条件成就の妨げになることを知っていればよく，相手方に対する害意や，その行為によって不利益を免れようとする意思までは必要とされない。また，条件の成就を妨げる行為であっても，①それに相手方の同意がある場合や，②たとえば，「婚約中の男性と結婚したら今住んでいるマンションを譲る」と友人に約束していた女性が婚約を破棄したような場合は，信義則に反するとはいえず，条件の成就は擬制されない。なお，判例は，法定条件について，農地の売主が故意に知事の許可を得ることを妨げたとしても，130条の規定を類推適用して条件が成就したものとみなすことはできない，とする（最判昭和36・5・26民集15巻5号1404頁）。

130条の要件が充たされた場合，条件の成就によって利益を受ける当事者は，条件成就とみなすことのできる形成権を取得する。そこで，相手方に対する意思表示によってこの権利を行使すれば，条件が成就したものとみなされ，法律行為の効果が発生（停止条件の場合）または消滅（解除条件の場合）する。

5 特殊な条件をともなう場合

(1) 不 法 条 件

たとえば，「自分が会社の金を横領したら，そのうちの半分を分けてやる」というように，不法の条件を付けた法律行為は，条件の部分のみならず，法律行為全体が無効となる（132条前段）。そのような法律行為は，公序良俗に反するからである。また，「私のプライバシーを侵害するような内容の記事を書か

なければ，100万円与える」というように，不法な行為を行わないことを条件とする法律行為も無効である（同条後段）。不法な行為を行わないことは当然のことであるし，これを有効とするならば，利益を得るがために不法なことを企てる（たとえば，プライバシーを公表すると脅す）おそれがあるからである。

(2) 不 能 条 件

たとえば，「明日太陽が西から昇ったら土地を売る」というように，不能な停止条件を付けた法律行為は無効となる（133条1項）。一方，不能な解除条件を付けた法律行為は，無条件の法律行為とされる（同条2項）。

(3) 純粋随意条件

たとえば，「気が向いたら車を与える」というように，法律行為の一方の当事者の意思だけで成否が決まる条件を**純粋随意条件**というが，134条は，このうち，単に債務者の意思のみにかかる停止条件を付けた法律行為は無効である，と定める。このような法律行為をした債務者に，法律上の効果を発生させようとする意思があるとは到底考えられず，債権者が請求しても，「気が向かない」といわれれば，それ以上なんの追求もできないからである。これに対して，同じ純粋随意条件でも，「車を欲しくなったときはいつでも与える」というように，債権者の意思のみにかかる停止条件をつけた場合は，有効である。また，「上京の際は地酒を土産に持っていく」というように，一方の当事者の意思のみならず，それに基づいた何らかの事情が加わることを条件とする場合を単純随意条件というが，134条の反対解釈として，そのような条件を付けた法律行為は有効である。さらに，「車を与えるが，また乗りたくなったら返してもらう」というように，債務者の意思のみにかかる解除条件を付けた場合（純粋随意解除条件）は，有効である。債務者が条件を成就させる意思を表さないうちに死亡してしまえば，その法律行為は永久的に有効なものと確定するからである（梅・前掲書349頁等）。

6　期待権（条件付き権利）の保護

たとえば，KがLとの間で，「Lが1年以内に医師国家試験に合格したら，自己所有の土地・建物を与える」という停止条件付きの贈与契約を書面で結んだ場合，Lは，国家試験に合格するまでは，土地・建物の引渡請求権もないし，

所有権を取得することもできない。しかし，この場合でも，Lは，条件が成就すれば土地・建物の所有権を取得できるという期待的な利益を有している。Oが独身の姪Pにマンションを贈与したが，「Pが結婚したら返してもらう」というような解除条件をつけた場合，贈与者Oについても同様に，期待的利益が認められる。そこで，民法は，このような条件付き法律行為の当事者の期待を**期待権（条件付き権利）**として保護し，以下に述べる効果を認めることにした。

(1) 期待権の侵害

条件付き法律行為の各当事者は，条件の成否未定の間でも，条件の成就によって相手方が受けるべき利益を害することができない（128条）。したがって，上例で，Lが国家試験に合格する前であっても，その建物を取り壊したり，土地や建物を他に処分したりすることはできない。もしそのような行為を行えば，債務不履行責任（ないしは不法行為責任）を負うことになり，KはLに損害賠償をしなければならない。ただし，このような場合，その損害賠償請求権も，Lが国家試験に合格して初めて請求できる条件付き権利である，とされる。また，KがLの受験を妨害するなど条件の成就を妨げた場合も，Lの期待権が侵害され，Kは賠償責任を負うことになる。もっとも，この場合は，前述のように，Lには，条件が成就したとみなすことのできる権利もあるため（130条。Kの妨害がなければ，合格したという蓋然性があるとき），そのどちらを主張するかは，Lの選択に任せられる。なお，Lの合格前にKが土地・建物をMに売却した場合，LとMとの関係は，対抗問題として処理される（幾代・460頁以下等）。この場合，Lは，仮登記を行っておけば保護されることになる。また，Lの合格前にNが建物を壊したというように，第三者が期待権を侵害した場合は，条件付権利者に不法行為に基づく損害賠償請求権が認められる（709条）。

(2) 財産権としての独立性

条件付き権利・義務は，一般の権利・義務と同様に，処分（譲渡する，担保に供するなど）や相続，保存をすることができ，また，これに保証人や質権・抵当権などの人的・物的担保を付けることもできる（129条）。「保存」の例としては，上述のLの停止条件付き所有権を保護するための仮登記などがあげられる。

◇ **発展・研究** ◇

条件不成就の擬制

　130条は，法律行為の当事者が条件の成就を妨げた場合の条件成就の擬制について定めているが，これとは逆に，条件の成就によって利益を受ける当事者が不正な方法で条件を成就させた場合，相手方は，条件の不成就とみなすことができるであろうか。

　この点については，近時，著名な判例があり，X社が「くし歯ピン付き部分かつら」を製造販売したときは，X社はY社に違約金1,000万円を支払うという和解条項がある場合に，Y社がおとりを使ってX社に上記かつらを販売させたという事案で，最高裁は，130条の類推適用を認め，問題を肯定した（最判平成6・5・31民集48巻4号1029頁）。

§2　期限とは何か

〔設例〕　BはAから半年間の約束で30万円を借りた。3ヵ月経過後，Bはこの借金を返済することができるか。また，利息が約束されていた場合はどうか。

1　期限とは

　たとえば，「来月12月1日からアルバイトとして採用する」というように，将来到来することの確実な事実に法律行為の効力の発生（または消滅）ないしは債務の履行をかからせる付款を，**期限**という。上例の「12月1日」のように，将来到来する事実そのものを期限と呼ぶ場合もある（「期限の到来」というのがその一例）。

(1)　**始期と終期**

たとえば、①車の買主が「今月末日に代金を支払う」と約束した場合、債務の履行について期限（**履行期限**という）が付けられたことになり、売主はそれまでは代金を請求することができない（135条1項）。また、民法には直接規定する条文はないが、②上例の「12月1日からアルバイトとして採用する」という場合は、法律行為の効力の発生について期限（**停止期限**という）が付けられている、と考えられよう。このように、①債務の履行に関する期限、または、②法律行為の効力の発生に関する期限を**始期**という。

以上に対し、③たとえば「10年間年金を支払う」という契約の場合は、10年が経過すれば契約の効力が消滅して年金の支払いが打ち切られるが、このように、法律行為の効力の消滅に関する期限を**終期**という（135条2項）。

(2) 確定期限と不確定期限

たとえば、上の③の場合、10年の経過により期限は確実に訪れるが、このように、期限となる事実の到来する時期が確定しているものを**確定期限**という。一方、④「受取人が死亡するまで年金を支払う」というような場合は、将来受取人の死亡という事実が発生することは確実であるが、その事実の到来する時期は不確定である。そこで、このような期限は、**不確定期限**と呼ばれる。不確定期限は、期限とされた事実がいつ発生するかは不明であるが、それが将来必ず発生する事実である点で条件と異なる。しかし、具体的事案の中には、その付款が条件か不確定期限か判断の難しい場合も存在する（このことについては→◇**発展・研究**◇1）。

2　期限を付けることのできない法律行為（期限に親しまない行為）

法律行為自由の原則からいえば、法律行為に期限を付けることは原則として自由であるが、条件の場合と同様、その性質上期限を付けられない法律行為もある。

婚姻・離婚や養子縁組など直ちに効果の発生することを要する身分行為に始期を付けることはできない。また、婚姻や縁組によって形成される夫婦関係・親子関係は半永久的なものであるから、これらに終期を付けることも許されない。

しかし、条件と異なり、期限は将来確実に訪れる事実に関するものであるか

ら，条件の付けられない法律行為であっても，期限を付けることは許される場合がある。手形は信用取引において利用されるものであるから，それに満期（履行期限）を付けられるのは性質上当然のことである（手1条4号，33条，75条3号，77条1項2号）。

　なお，取消や相殺のように，遡及効の生じる行為に始期を付けることは無意味である。相殺については，明文がある（506条1項但書）。

3　期限の到来

　期限は，その内容とされた事実が発生したときに到来する。上例の「10年間年金を支払う」というように，期間をもって期限を定めた場合，期限は，次章で説明する期間の計算方法によって算出された期間の末日の終了によって，到来する。

　期限が到来した場合，①債務の履行期限たる始期が定められていたときは，債権者はその時から債務の履行を請求できるようになる（135条1項。したがって，消滅時効の進行も開始する〔166条1項〕）。ただし，債務者が期限前に行った弁済は有効であり，債務者は弁済したものの返還を請求することはできない（706条）。②法律行為の効力について始期が定められていたときは，始期が到来した時から効力が発生する。③終期が到来した場合は，法律行為の効力が消滅する（135条2項）。なお，条件とは異なり，期限到来の効果に遡及効を与えることはできない。期限を付けた趣旨にそぐわないからである。

4　期限付き権利（期限到来前の法律行為の効力）

　債務の履行について期限が定められている場合，債権自体は既に成立しているのだから，相手方や第三者がこれを侵害することができないこと，債権を処分・相続・保存し，また，これに担保を付けることができることは自明の理である。

　これに対し，法律行為の効力の発生・消滅に期限が付けられている場合，期限の到来によって権利を取得しあるいは回復する者には，一種の期待権（**期限付き権利**）があると考えられる。そして，期限付権利者の地位は条件付権利者のそれよりも強固なものと解されるため，条件についての128条，129条を類推

適用することが認められている。

5　期限の利益

(1)　期限の利益とは

本節冒頭の〔設例〕で，30万円の借主Bは，返済期限が来るまで借金を返済する必要がない。また，「3月20日から家を貸す」という場合，貸主は3月20日までは借主に家を引き渡す義務はなく，それまでは他人に貸しておくこともできる。さらに，「10年間年金を支払う」という契約の場合，年金の受取人は，その終期が到来するまでは権利を失うことはない。このように，期限が到来するまで①債務の履行が猶予され，また，②義務を負うことがなく，あるいは，③権利を失わないとされることによって法律行為の当事者が受ける利益を，期限の利益という。

(2)　どちらの当事者が期限の利益を有するか

たとえば，「今月末日に売買代金を支払う」という場合，期限の利益は，代金支払債務の債務者（買主）のみに存する。〔設例〕の金銭消費貸借が無利息の場合も同様，債務者Bのみが期限の利益を有する。このように，法律行為に期限が付けられる場合，債務者のために付けられる履行期限が多いと考えられるため，民法は，期限の利益は債務者のために定められたものと推定した（136条1項）。

しかし，同じ金銭消費貸借でも，利息が定められていた場合は，貸主（債権者）にも，期限までの利息を取れるという利益があるから，この場合は，債権者・債務者双方に期限の利益がある。また，知り合いに「渡米中荷物を預かってもらう」というような無償寄託の場合は，期限の利益を有するのは債権者（寄託者）のみである。このように，法律行為の種類によっては，期限が債権者の利益のために（も）定められることがあるが，それを認めさせるためには，債権者の側で反対の事実を証明しなければならない。

(3)　期限の利益の放棄

期限の利益は，相手方に対する一方的意思表示によって放棄することができる（136条2項本文）。ただし，このことによって相手方の利益を害することはできない（同項但書）。

そこで，当事者の一方のみが期限の利益を有するときは，この者は自由に放棄することができる。たとえば〔**設例**〕の金銭消費貸借が無利息の場合，Bは期限前でも30万円を返済することができる。もっとも，売主が目的物を期限前に引き渡すことによって買主に余分な保管費用を出捐させるというように，期限の利益の放棄によって相手方に損害が生じるときは，相手方の損害を賠償しなければ期限の利益は放棄できない，と解されよう。

一方，期限の利益が相手方のためにも存在する場合，当事者はまったく放棄ができないわけではなく，相手方の損害を賠償するならば放棄が可能である（我妻・422頁など通説）。この点について，判例は，定期預金の場合，満期までの利息を支払えば，銀行が一方的に期限の利益を放棄することも認められる，と判示する（大判昭和9・9・15民集13巻1839頁）。また，〔**設例**〕の金銭消費貸借が利息付きの場合，債務者のBは，半年分の利息を払えば，期限が到来する前でも借金を返済することができる。これに対して，債権者のAの方で期限の利益を放棄して，以後の利息は払わなくてもよいから元金を即刻返還せよということはできない。期限まで元金を借りておくという借主Bの利益は，利息の放棄などによっては塡補しえないものだからである。

(4) 期限の利益の喪失

137条は，債務者が①破産の宣告を受けたとき（1号），②担保を毀滅または減少させたとき（2号），③担保を供する義務を負う場合にこれを供しなかったとき（3号）は，債務者は期限の利益を主張できなくなる，と規定する。これらの場合は債務者の信用が失われるため，期限の到来するまで請求をしないでいると，債権の満足を得られなくなる可能性が高いからである。この趣旨から，②の担保の毀滅・減少は，債務者の行為でありさえすれば，必ずしも故意・過失を必要としないとされる（我妻・423頁等）。

137条の定める事由が発生して債務者が期限の利益を喪失すると，債権者は，期限の到来を待たずに，その時から，債務の履行を請求できるようになる。債務者は期限の未到来を理由に請求を拒むことができない。しかし，**期限の利益喪失事由**が発生したことによって期限の到来が擬制されるわけではないから，債権者から請求されるまでは履行遅滞とはならない。もっとも，破産宣告の場合については，破産法により，期限付き債権は破産宣告の時に弁済期が到来し

たものとみなす，とされている（破17条）。したがって，この場合は，137条の適用の余地はないことになる。

◇ 発展・研究 ◇

1　出世払債務

前述のように，条件と不確定期限とは理論的には明確に区別できるが，実際のケースでは判別の困難な場合も多い。その代表例は出世払債務である。

出世払債務とは，お金を借りるにあたり，「出世（成功）したら返済する」といった約束をした場合の債務をいう。この約束を条件・不確定期限のいずれに解するかは，結局は個々の法律行為の解釈の問題になる。すなわち，この約束が「出世した場合にのみ返済し，出世できなかったら返済しなくてもよい」という意味だとするならば，それは条件ということになる。しかし，出世払債務の多くはむしろ，「いずれは返済してもらうが，その返済時期を出世の時まで猶予する」という趣旨だと解されよう。したがって，この場合は，「実際に出世したときはもちろん，出世する見込みがなくなったときも返済しなければならない」という不確定期限の付いた消費貸借契約だということになる（大判大正4・3・24民録21輯439頁等）。なお，「資産が回復したら支払う」というような約束をした場合の債務も，広義では，出世払債務の一種とされる。

2　期限の利益喪失約款

137条は期限の利益の法定喪失事由を規定するが，このほかに，当事者が特約で，一定の事実が生じたときは期限の利益が失われると定める場合があり，これを**期限の利益喪失約款**という。たとえばクレジット契約などでは，割賦払債務を負う債務者が1回でも支払いを怠った場合とか他の債権者から強制執行を受けたときは債務者は期限の利益を失い，残債務全額を直ちに弁済すべきものとする条項が含まれる場合が多い。もっとも，ひとくちに期限の利益喪失約款といっても，その中には，①約定の事由が発生すれば当然に期限の利益が失われるものと，②債権者の期限の利益を失わせる旨の意思表示を待って初めて期限の利益が失われるものとの2種類が存在する。そして，具体的条項がそのどちらにあたるのかは，当該約款の解釈によって決せられる問題である（ただ

し，割賦販売法5条，30条の6参照)。なお，銀行が取引先に貸付を行う際に取り交わされる銀行取引約定書のひな形には，①当然に期限の利益が失われる事由と，②銀行の請求によって期限の利益が失われる事由とが分けて記載されている。

第10章 期　　間

§1　期間とは何か

　たとえば10月30日に4ヵ月間お金を借りる契約を結んだ場合，その借金の返済期（履行期限）はいつになるであろうか。また，よく「飲み屋の付けは1年で時効にかかる」といわれるが，その1年の期間の計算は，付けにしてもらったその日から始まるのであろうか，あるいは，その翌日からであろうか。

　6時間，10日間，3ヵ月，5年というように，一つの時点から別の時点まで継続した時の区分を**期間**という。上例のように，期間は，法律行為の効力や法定の効果が発生（または消滅）する時期を定めるについて重要な意味を持ち，その計算方法が問題となる。

　ところで，期間の計算方法について，契約などの法律行為で当事者が特段の定めをした場合や各種法令，裁判所の命令に特別の定めがある場合，それらに従うべきは当然のことである。しかし，民法は，そのような定めがない場合に備え，第1編総則の第5章（138条〜143条）に，期間の計算方法に関する一般規定を設けた（138条）。そして，この規定は私法関係のみならず，公法関係にも適用される（大判昭和5・5・24民集9巻468頁）。

§2　期間はどのように計算するのか

　〔設例〕（1）　4月15日午前11時に今から1年後といった場合，期間の

満了日はいつになるか。
　(2)　7月10日に、8月1日から2週間といった場合、期間の満了日はいつになるか。
　(3)　Aは11月29日の昼頃、叔父が死亡して自分が相続人となったことを知った。Aがこの相続を放棄しようとする場合、いつまでに放棄しなければならないか。
　(4)　社団法人Bは、社員総会を9月10日の午前10時に開くことにした。招集はいつまでにしなければならないか。

　民法は、期間の計算方法を、時・分・秒を単位とする短期の期間と日・週・月・年を単位とする長期の期間とに分けて規定するが、前者については、精密に瞬時から瞬時までを計算する**自然的計算方法**を、後者については、暦に従った**暦法的計算方法**を用いる。

1　時・分・秒を単位とする期間の計算方法
　時以下を単位とする期間の場合は、即時に起算される（139条）。したがって、午前9時45分に今から2時間自転車を借りるといえば、期間の満了点は午前11時45分となる。また、明日の午前9時から8時間着物を借りるといえば、起算点は次の日の午前9時、満了点は午後5時である。なお、139条には「時」しか規定されていないが、分・秒も同様と考えられる。
　ところで、たとえば240時間というように、何日にもわたる期間（この例では10日）を時間で定めた場合は、時を単位として計算するのが当事者の通常の意思と考えられよう。また、たとえば「4日と4時間」と定めた場合も当事者の意思解釈の問題となるが、ふつうは時を単位として計算する趣旨と解釈されよう。

2　日・週・月・年を単位とする期間の計算方法
(1)　起　算　日
　日・週・月・年を単位として期間が定められた場合、期間の初日は算入され

ない（140条本文）。〔設例〕(1)を例にとると，初日の4月15日は完全な1日ではなく，13時間という半端な時間しか残っていない。そこで，この場合の起算日は，翌日の4月16日ということになる（724条前段の3年の時効期間の起算日について，最判昭和57・10・19民集36巻10号2163頁）。ただし，期間が午前0時から始まるときは，初日が起算日となる（140条但書）。初日が完全な1日となるからである。したがって，〔設例〕(2)の場合は，8月1日が起算日である。

(2) 満　了　点

(a) 日・週をもって期間を定めた場合は，起算日から所定の日数または週数を数え（週の場合は，1週＝7日で数える），その末日が終了する時（午後12時）に期間が満了する（141条）。したがって，〔設例〕(2)の場合は，8月14日午後12時が満了点となる。

(b) 月・年をもって期間を定めた場合は，月の長短や閏年などを，とくに考慮することなく，暦に従って計算する（143条1項〔本項に「週」を加えたのは無意味とされる〕）。そして，月または年の最初の日が起算日となる場合，期間は，最後の月・年の最終日の午後12時に満了する。

これに対して，月・年の初日以外の日が起算日の場合，期間は，最後の月または年の起算日に応当する日の前日をもって満了する（143条2項本文）。したがって，〔設例〕(1)の期間は，起算日応当日である翌年の4月16日の前日，すなわち4月15日に満了する。〔設例〕(3)の場合，相続放棄の期間は，Aが自己のために相続の開始があったことを知ったときから原則として3ヵ月であるが（915条），このように，期間の最後の月（2月）に起算日（11月30日）の応当日がない場合は，その月の末日（平年ならば，2月28日）が満期日となる（143条2項但書）。

(c) 期間の末日が大祭日（「国民の祝日」と考えてよい），日曜日その他の休日にあたるときは，その日に取引をしない慣習がある場合に限り，その翌日が満了日となる（142条）。正月三が日は，ここでいう「その他の休日」に含まれる。

3　前に遡って計算する期間

たとえば62条は，社団法人の「総会ノ招集ハ少クトモ五日前ニ……為スコトヲ要ス」と規定するが，このように，過去に遡って期間を計算する場合

も，139条以下の規定が類推適用される。そこで，〔**設例**〕(4)の場合は，起算日が9月9日，末日が9月5日となるから，招集通知は，遅くとも9月4日までには発信されなければならない（通説）。

4 起算日に関する特則

　民法以外の法律には，期間の初日を起算日に算入するものもある。年齢の計算（年齢計算ニ関スル法律1項），戸籍の届出（戸43条1項），クーリング・オフ期間（割賦販売法4条の3，訪問販売法6条等）がその例である。そこで，たとえば，1994年4月1日午後5時に生まれた者は，2000年の3月31日午後12時に満6歳に達するため，1〜3月生まれの子と同様，早生まれの子として，その年の4月に小学校へ入学することになる。

◇ 発展・研究 ◇

商法520条および信義則

　前述のように，日・週・月・年を単位とする場合，期間は，末日の午後12時をもって満了するが，商行為によって生じた債権・債務に関しては，「法令又ハ慣習ニ依リ取引時間ノ定アルトキハ其取引時間内ニ限リ債務ノ履行ヲ為シ又ハ其履行ノ請求ヲ為スコトヲ得」という規定がある（商520条）。しかし，それ以外であっても，たとえば，深夜11時に債務を履行するようなことは，いくら期間内とはいえ信義則上許されない場合があろう。

第11章 時　　効

§1　時効とはどのような制度か

〔設例〕　(1)　A所有の甲地とB所有の乙地は隣どうしの土地であるが，その隣接する付近の土地（下図斜線部分）の帰属が問題となった。Aは20年以上前から，斜線部分は自己の所有地に属するものとして占有している。Bは，公図によれば斜線部分は乙地に含まれる，と主張する。斜線部分に所有権を有するのは，A・Bいずれか。

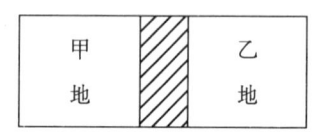

|甲地|▨|乙地|

(2)　Dは以前Cから借金をしたことがあるが，今回，その借金の弁済の有無が争いとなった。Dはここ10年以上もの間，Cから借金の返済を請求されたこともないし，Cに対して借金を承認した事実もない。借金を返した証拠が現在Dの手元になければ，DはCに借金を弁済しなければならないか。

1　時効の意義

　時効とは，一定の事実状態（ある者が所有者であるかのような状態，債務の存在しないような状態など）が長期間継続した場合に，その事実状態が真実の権利関係に一致するかどうか問うことなく，事実状態に沿った権利の取得や消滅を認める制度である。そこで，〔設例〕(1)の場合は，斜線部分を自己の所有

地として20年以上占有していたAに，斜線部分の所有権の取得が認められる。また，〔設例〕(2)については，実際に借金の弁済があったか否かにかかわらず，Cの貸金債権は消滅する。民法はその144条以下で時効を規定しているが，〔設例〕(1)のように，所有権などの権利の取得を認める時効を**取得時効**（162条～165条），〔設例〕(2)のように，債権などの権利の消滅を認める時効を**消滅時効**（166条～174条ノ2）という。

2　時効という制度はなぜ存在するのか（時効の存在理由）

(1)　はじめに

　民法の条文を見ると，取得時効については，所有者でない者が他人の所有する物を長期間占有すれば所有者となることができ（162条参照），消滅時効については，債務者が長期間その債務を弁済しないでいれば債務を免れることができる（167条1項等参照），と解される規定がある。しかし本来，法は，真実の権利者を保護することを目的としているはずである。にもかかわらず，もし時効によって，権利者がその権利を失ったり，債務者などの義務者がその義務を免れることができるとするならば，時効は，法の本来の目的に反する不道徳な制度ととらえられる可能性がある。そして，このようなことに思いをめぐらせれば，一見不道徳な制度に見える時効が民法典になぜ規定されているのか大いに問題となるところであり，これは，従来から，**時効の存在理由**の問題として盛んに議論されてきた点である。

(2)　三つの存在理由―通説の考え方―

　(a)　通説によれば，時効の存在理由としては，次の三つがあげられる。

　(ｲ)　**社会秩序の維持**　　一定の事実状態が永続すれば，社会（第三者）はこの状態を法律上正当なものと信頼し，それにもとづいて新たな法律関係を築き上げる。たとえば，土地を長期間占有するEがその土地の所有者でなくても，社会の人々はEを所有者と信頼し，Eからその土地を借りて家を建てたり，その土地を担保にして金を貸すようになる。また，多額の債務を負担している者でも，社会の人々が債務がないと信じるようになると，その者は，借金のない者として信用を与えられることになる。ところが，これらが真実の権利関係に合致していないという理由でくつがえされれば，その上に築き上げられた社会

の法律関係は，かえって安定を損なうことになる。したがって，この社会秩序の安定を図るためには，永続した事実状態をそのまま法律関係に高めることを必要とする。

(ロ) **立証困難の救済**　たとえば，長年月の間，所有者のように土地を占有している者は，実際にその土地の所有者である可能性が高い。また，長期間債務の弁済を請求されない者は，既に弁済をしたか，あるいは債務は最初から存在していなかった可能性が高い。このように，永続した事実状態は，かえって真実の権利関係と一致する蓋然性が高い。ところが，その一方で，長期間が経過すれば，証拠は散逸し，所有権の証明や債務の弁済の証明などはきわめて困難になる。そこで，この蓋然性を根拠に，時効によって，真に権利を取得し真に義務を免れた者の立証困難を救済することが必要となる。

(ハ) **権利の上に眠れる者は保護に値しない**　真実の権利者であっても，長期間その権利を主張しないでいる怠惰な権利者は保護する必要がない。

(b) 従来の通説は，以上三つの存在理由を，取得時効・消滅時効両者に共通する存在理由と見て，(イ)を時効の根本的な存在理由，(ロ)と(ハ)を第二次的な存在理由ととらえている（我妻・430頁以下）。

◇ **論　点** ◇

1　通説に対する批判

上に述べた通説に対しては，今日，次のような批判（章末参考文献(1)173頁以下）がなされている。

① 通説は時効の主たる存在理由として永続した事実状態を信頼した社会（つまり第三者）の保護を説くが，他の第三者保護の制度と異なり，時効では，信頼を保護すべきはずの第三者に善意・無過失が要求されていない。

② 第三者保護を目的とする規定では，ふつう第三者のみが保護されるのであるが，時効では，第三者以前にまず当事者（占有者・債務者など）が保護されており，この点でも，他の第三者保護の制度と大いに異なっている。

以上のような鋭い批判により，今日では，通説は，根底からその存在基盤を揺るがされている。

2 時効の存在理由に関するさまざまな考え方

　時効は一見不道徳な制度に見えるため，時効の存在理由については，今日まで，通説以外にも数多くの説が主張されてきた。

　(1)　その第一は，上述の蓋然性を根拠に，立証困難の救済をもって，取得時効・消滅時効に共通の唯一の存在理由と見る見解である（吾妻光俊「私法に於ける時効制度の意義」法協48巻2号1頁以下）。

　この見解に従えば，取得時効は，その物の占有がいつから始まったかわからないほど長期間占有している所有者等の立証困難を救済する点にこそ，その意義があることになる。ところが，短期取得時効について規定する162条2項は，占有の始めにおける善意・無過失を要件としているため，この場合は，占有の始期が明らかにされる必要がある。したがって，消滅時効や長期取得時効（162条1項）についてはともかく，短期取得時効については，この説による説明では困難を来すことになろう（注民(5)161頁〔安達三季生〕）。

　(2)　個々の時効ごとに存在理由を考察する説

　取得時効と消滅時効の存在理由を共通ととらえる従来の説に対して，今日ではむしろ，個々の時効ごとに時効の存在理由を考察する傾向が強い。

　(a)　まず，消滅時効については，立証困難の救済をその主な存在理由としつつ，取得時効については，「権利の上に眠る形式的権利者よりも，権利の客体について厚い実質的利害関係をもつ者」の保護が中心的存在理由だとする説がある（舟橋・167頁以下）。

　(b)　次に，取得時効をさらに長期取得時効と短期取得時効とで区別し，短期取得時効は，前主が無権利であった場合や取引行為に瑕疵があった場合の譲受人の取引の安全を保護する制度だと解する説がある（山田卓生「取得時効と登記」川島還暦Ⅱ『民法学の現代的課題』125頁以下）。

　(c)　さらに，原則として時効は，真の権利者の権利を確保し，弁済者の二重弁済を避けさせるための制度であるが，例外として，短期取得時効は取引安全のための制度であるという説が有力に主張されている（参考文献(1)303頁以下）。

　(3)　以上に対して，最近，義務者（所有者に占有物返還義務を負う占有者，債権者に弁済義務を負う債務者）といえども，いつ権利者から権利行使されるかもしれない不安定な状態にいつまでも置かれるべきではないという価値判断

から，時効は，権利者の権利を消滅させ，義務者を義務から解放する制度であるという説が唱えられている（参考文献(2)574頁〔松久〕）。これは，非所有者・非弁済者の保護を時効の目的とする点で，真の権利者や弁済者の立証困難の救済を目的とする説と真っ向から対立する説である。

◇ 発展・研究 ◇

沿革からの探究

　旧民法の起草者ボアソナードは，時効が非所有者に所有権を取得させ債務者に債務を免れさせる制度であるならば，それは公義にもとり道理に反する制度となってしまう，むしろ時効は，所有権の取得や債務の弁済の証拠を失った者に助けを与える制度ではないか，と主張する（『再閲修正民法草案註釈第5篇』〔252〕）。旧民法は，このような時効観にもとづいて時効を「法律上ノ推定」（証拠編89条本文）と規定した。これに対し，現行民法は，時効を権利得喪原因と改めた。しかし，この法律構成の変更が時効の存在理由の理解になんらかの影響を与えるものなのかどうか，この点は大いに考えてみる必要があろう。

　なお，短期取得時効については，192条の即時取得との関係を検討する必要があろう。すなわち，即時取得は，無権利者から動産を譲り受けた者の取引の安全を保護の対象とするが，162条2項は，短期取得時効の目的物を「不動産」と規定し，即時取得の目的物が「動産」とされているのと対応する。したがって，この対応関係を考慮すれば，短期取得時効は，無権利者を所有者と信頼して不動産を譲り受けた占有者の取引の安全を保護する制度であるという説（来栖三郎「民法における財産法と身分法(3)」法協61巻3号28頁以下）がかなりの説得力をもって浮上してくるのである（以上について，参考文献(5)）。

§ 2　時効の法律構成

1　なぜ問題となるのか

　わが現行民法は，時効を権利の得喪原因と定める（162条，163条，167条〜174

条)。そこで、これら条文の文理に従って解釈すれば、時効は非権利者が権利を取得し、真の権利者が権利を喪失する制度だということになるかもしれない。これに対して、真実の権利者や真に義務を免れた者の立証困難を救済するという点に時効の存在理由を求める立場からは、このような法律構成はあまり望ましくないことになる。また、145条は、「時効ハ当事者カ之ヲ援用スルニ非サレハ裁判所之ニ依リテ裁判ヲ為スコトヲ得ス」と規定するが、この条文によれば、時効の完成だけでは時効の効果は発生しないようにも見える。したがって、時効の援用をどのように位置づけるかということも、時効の法律構成を行うにあたって重要な点である。すなわち、時効の存在理由や援用との関係をどう考えるかによって、その法律構成にも差異が生じうるのである。

2 学　説

時効の法律構成に関する学説は、次の二つに大別される。

(1) **実体法説**

実体法説とは、時効により権利の得喪という実体法上の効果が生じるとする説である。この説は、条文の文理にも合致し、現行民法の起草者の意思（梅謙次郎『訂正増補民法要義巻之一』368頁以下）にも一致する。ただし、この説においては、権利の得喪という効果と時効の存在理由とをどのように結びつけるかという点が、大きな問題となる。実体法説は、時効の援用の性質をどのように考えるかによって、①攻撃防御方法説、②解除条件説、③停止条件説、④要件説に細分される（詳しくは→§12）。

(2) **訴訟法説**

この説は、長年月継続している事実状態（所有者であるかのような状態、債務者でないかのような状態など）こそ真実の権利関係と一致している蓋然性が高いということを根拠に、時効は実体法上の権利得喪原因ではなく、訴訟法上の制度であり、過去における権利の取得や消滅（または不存在）を証明するための唯一の証拠方法（**法定証拠**）である、と主張する（法定証拠説）。この説では、時効の援用は証拠方法の提出という意味を持つ（吾妻・前掲論文33頁以下、川島・428頁以下等）。**訴訟法説**においては、時効は真実の権利関係に即してとらえられるため、不道徳な制度という批判からは免れることができる。し

かし，この説は，現行民法の文理や起草者の意思からかなり隔たっているため，今日では，あまり支持者を見出すことができない。

◇ 論　点 ◇

「立証困難の救済」という存在理由と権利得喪構成
　実体法説のもとで「立証困難の救済」という存在理由をとろうとするならば，時効を権利得喪原因とする法律構成との関連が問題となる。しかし，たとえ真の権利者や真に義務を免れた者であっても，長期間の経過のため権利の取得や弁済などの証拠を提出できなければ，裁判上は非権利者あるいは義務者と認定されざるをえないことになろう。そこで，時効は，裁判上非権利者・義務者と認定されざるをえない者（実は権利者・非義務者）に権利の取得や義務の消滅を認めるという方法でこれらの者を保護する制度だと考えれば，実体法説のもとでも，「立証困難の救済」という存在理由をとることは可能であろう（長期取得時効について，参考文献(5)46頁）。

§3　所有権の取得時効（その１）［時効完成の要件］

　〔**設例１**〕　現在Dが占有する土地は，A→B→C→Dと売買され，Dが所有権を取得したと信じて長年月占有してきた土地である。ところが，Dの占有が10年以上も継続した時点で，Aが，A→Bの売買は無効でBは無権利者であるため，C・Dは所有権を取得していないとして，Dに対して，同土地の明渡しを請求してきた。Dは，Aの請求に応じなければならないか。

　§1の〔**設例**〕(1)では，取得時効の機能として，隣接する土地の間で所有権の帰属が問題となった事例をあげたが，取得時効は，本〔**設例**〕のように，相

手方Cを所有者と信頼して土地の取引を行い，その土地を自己の物として長期間占有してきた占有者Dを保護するためにも機能する。民法はその162条と163条とで，**所有権の取得時効**と**他の財産権の取得時効**を規定するが，これらのうち，所有権の取得時効を規定しているのは，162条である。同条は，ある物を所有の意思をもって平穏かつ公然に一定の期間継続して占有した者はその物の所有権を時効によって取得できる，と定める。時効取得のため必要な占有の期間は，通常は20年（162条1項），占有の始め善意・無過失であれば10年（同条2項）である。以下，これらの要件について説明する。

1　占　有

　取得時効が完成するためには，一定の要件を備えた占有が必要である。**占有**とは，「自己ノ為メニスル意思ヲ以テ物ヲ所持スル」ことをいう（180条）。たとえば宅地に居住するとか田畑を耕作するなどの例があげられるが，その詳細は物権法で説明される。

(1)　自主占有（「所有ノ意思」をもってする占有）

　所有権の取得時効が完成するための占有は単なる占有ではなく，「所有ノ意思」をもってする占有，すなわち所有者としての占有でなければならない。この占有は**自主占有**と呼ばれ，それ以外の占有は**他主占有**と呼ばれる。

　自主占有と他主占有の区別は，占有者の内心の意思で決まるのではなく，その占有を取得する原因となった事実，すなわち「**権原**」の性質によって客観的に定まるとされる（最判昭和45・6・18判時600号83頁等）。したがって，占有者の内心の意思がどうであろうと，売買や贈与など所有権の移転を目的とする行為によって占有を取得すれば自主占有であり，賃貸借や寄託などによって占有を取得すれば他主占有となる。自主占有であるためには，その占有者が実際に所有者である必要はない。占有取得の原因となった行為が，売買や贈与のように，外形上占有者に所有権を取得させる行為であれば，前主が無権利者でもその行為が無効でもかまわない。

　ところで，権原の性質に基づいて自主占有が認定されるといっても，10年あるいは20年以上も前の事実を証明するのは，非常に困難である。そこで，民法は，占有者は自主占有を行うものと推定した（186条1項）。したがって，時効

取得を主張する者は、自己の占有が自主占有であることを証明する必要はなく、これを争う側で、その占有が他主占有（たとえば、借主としての占有）であることを証明しなければならない。

このように、賃借人などの他主占有者は、いくら長く占有しても所有権を時効取得できないことになるが、他主占有者が、①「自己ニ占有ヲ為サシメタル者ニ対シ所有ノ意思アルコトヲ表示」するか、②「新権原ニ因リ更ニ所有ノ意思ヲ以テ占有ヲ始」めれば、他主占有は自主占有となる（185条）。たとえば、賃借人が賃貸人から賃借物を買い取れば、その時から自主占有が開始する（最判昭和52・3・3民集31巻2号157頁）。

(2) 平穏・公然の占有

第2に、占有は「平穏」かつ「公然」の占有でなければならない。したがって、暴行や強迫によって取得したり保持したりする占有や隠れて行う占有は、取得時効の基礎たる占有にはなりえない。しかし、占有者が不動産の所有者等から異議を受けたり、不動産の返還請求や登記の抹消請求を受けても、そのことだけでは平穏性を失うことにはならない（最判昭和41・4・15民集20巻4号675頁）。なお、平穏・公然の占有も推定される（186条1項）。

2 10年または20年占有が継続すること（時効期間）

(1) 長期取得時効と短期取得時効

取得時効が完成するためには、上述の要件を備えた占有が10年または20年継続することを要する。20年の取得時効は**長期取得時効**、10年の取得時効は**短期取得時効**と呼ばれる。

(2) 短期取得時効の要件

(a) 占有の始めにおける善意・無過失　占有者が占有の始めに「善意ニシテ且過失ナカリシトキハ」10年間の占有で時効取得が認められる（162条2項）。ここでいう「善意」とは、他の場合と異なり、自己に所有権があると信じることをいうとされる。この善意も推定される（186条1項）。

「無過失」とは、そのように信じたことについて過失がないことをいう。したがって、〔設例1〕で、Dが占有取得時に善意・無過失ならば、10年の占有でDは時効取得するが、過失があれば、20年の占有を必要とする（占有の承継

については→(3)(c))。一般に，登記簿上の所有名義人を真正の権利者と信じて不動産を譲り受けたときは無過失とされるが（大判大正2・6・16民録19輯637頁，大判大正15・12・25民集5巻897頁），登記簿等の公簿を調査しない場合（最判昭和43・3・1民集22巻3号491頁等），幼児の法定代理人として取り引きする者の代理権の瑕疵を調査しなかった場合（大判大正2・7・2民録19輯598頁）などは，過失があるとされる。なお，無過失は推定されないため（186条1項参照），取得時効を主張する側で立証する必要があるとするのが通説・判例（大判大正8・10・13民録25輯1863頁，最判昭和46・11・11判時654号52頁）である。

　占有者が占有の始めに善意・無過失ならば，その後悪意となっても，短期取得時効の完成を妨げられない（大判昭和5・11・7評論19巻民1478頁）。これに対して，取引によらずに占有を取得した場合は，10年間継続して善意・無過失であることを要するとする有力説（四宮＝能見・342頁）もある。

　(b)　不動産であることを要するか　　162条2項によれば，短期取得時効の目的物は「不動産」とされ，動産はその対象外とされている。この点について，民法起草者は，動産には即時取得の規定（192条）があるから，短期取得時効の必要はないと説明していた（梅・前掲書413頁）。

　ところが，即時取得は動産取引の安全のための制度であり，取引行為によって動産の占有を取得した場合にのみ適用される。そこで，取引行為以外によって占有を取得した場合，たとえばFがEの山林を自己の山林と信じて樹木を伐採したようなときは，即時取得は適用されず，起草者の説に従えば，Fが伐採した木材の所有権を取得するには，20年の時効期間を要する。このため，今日の通説は，このような立法は立法者の過誤であるとして，不動産の場合とのバランスから，動産についても，即時取得が適用されないときは162条2項を類推適用すべきだ，とする（しかし，短期取得時効を不動産の取引の安全を保護する制度ととらえ，動産の取引の安全を保護する即時取得と対応すると考えれば，同項を動産に類推適用することは，かえって短期取得時効の趣旨に反することになろう〔参考文献(5)69頁以下参照〕）。

(3)　占有の継続

　占有は，10年または20年継続しなければならない。

　(a)　自然中断　　「占有者カ任意ニ其占有ヲ中止シ」たり，「他人ノ為メニ之

ヲ奪ハレタルトキ」は時効は中断し，再び占有が開始すれば，その時から改めて時効期間の計算が始まる（164条）。これが**自然中断**である。ただし，占有者が占有を奪われても，占有回収の訴え（200条）を提起して勝訴すれば，占有はその間も継続していたものとみなされる（203条但書）。

　(b)　占有継続の推定　　10年あるいは20年といった時効期間の間占有が継続していたことを証明することは困難であるため，期間の最初と最後に占有した証拠があれば，その間占有は継続したものと推定される（186条2項）。占有の継続を否定する者は，自らそのことを証明しなければならない。

　(c)　占有の承継　　他人から占有を承継した者は，その選択に従い，自己の占有のみを主張することもできるし，自己の占有に前主の占有を併せて主張することもできる（187条1項）。前主の占有を併せて主張する場合には，その瑕疵（悪意・有過失・強暴・隠秘など）もまた承継する（同条2項）。なお，ここでいう「前主」とは，直前の前主のみならず，現占有に先立つすべての前主をいう（大判大正6・11・8民録23輯1772頁）。そこで，本節冒頭の〔**設例1**〕で，B・C・Dの占有期間が図①のようだとすると，C・Dが善意・無過失ならば，Dは，自己の占有のみを主張しようと，B・Cいずれからの占有を主張しようと自由である。しかし，これを少し変更し，Dの占有が8年で，Cが悪意または有過失とすると（図②），Cから始まる占有では，Cの悪意または有過失が承継されて短期取得時効を主張できないため，DはBからの占有を主張するほかない。

```
                  7年        6年        12年
図①   A ——— B ⌢ C ⌢ D ⌢
                （善意・）  （善意・）
                 無過失     無過失

                  7年        6年        8年
図②   A ——— B ⌢ C ⌢ D ⌢
                （悪意    ）（善意・）
                  or        無過失
                 有過失

                  7年        6年        8年
図③   A ——— B ⌢ C ⌢ D ⌢
                （善意・）  （悪意    ）
                 無過失      or
                           有過失
```

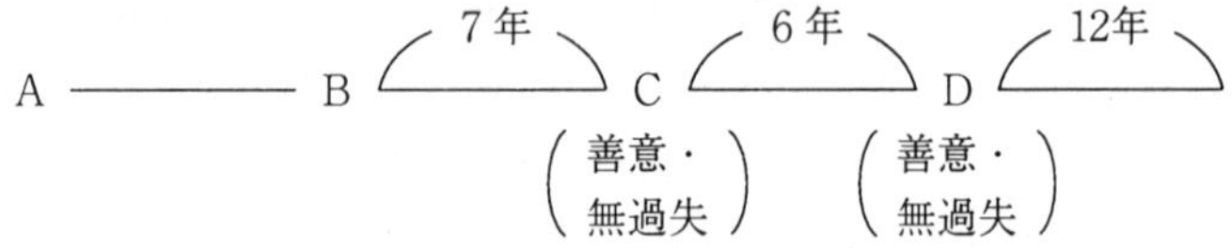

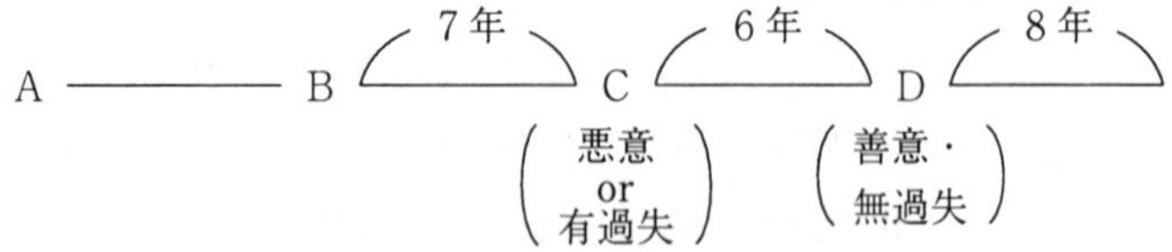

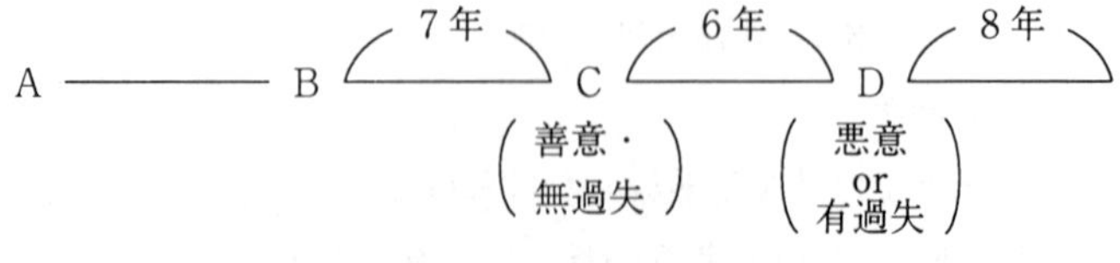

では，図②を変更し，Cが善意・無過失で，Dが悪意または有過失の場合（図③），Dは，Cから始まる占有による短期取得時効を主張できるか。判例は，占有の始めにおける善意・無過失を定めた162条2項は2個以上の占有が併せて主張される場合においても適用されるとして，最初の占有者Cが善意・無過失でありさえすれば短期取得時効が認められる，と判示する（最判昭和53・3・6民集32巻2号135頁）。学説には賛否両論あるが，Dも善意・無過失でなければならないとする説も有力である（ただし，この説をとると，Cの担保責任〔561条〕の問題が生じてこよう）。

(4) 時効期間の起算点

所有権の取得時効は，自主占有が始まった時からその進行を開始する。判例（最判昭和35・7・27民集14巻10号1871頁）によれば，占有者は，占有継続中の任意の時点を起算点として選択することはできず，必ず時効の基礎たる事実（占有）の開始した時を起算点とする必要がある。

しかし，古くから土地を占有しているような場合，占有開始時期が明らかでないことは，大いにありうることである。そこで，有力説（川島・569頁等）は，現在から遡って時効期間を計算することを主張する（**逆算説**）。長期占有者の立証の困難の救済を取得時効の存在理由と考えれば，時効期間の逆算も許されてしかるべきである（ただし，短期取得時効では，占有の始めにおける善意・無過失が要件となっているため〔162条2項〕，占有開始時は確定されなければならない。また，立証困難の救済ではなく，取引安全の保護を短期取得時効の存在理由と解するならば，逆算説は，短期取得時効には妥当しえない理論ということになろう）。

3　取得時効の目的物

(1) 公　　物

道路・河川・農業用水路・公園などの公物は時効取得できるか。以前は行政官庁が公用廃止の意思を明示しない限り時効取得は不可能とされていたが，最高裁は，この見解を改め，公共用財産が長年の間放置され，公共用財産として維持すべき理由がなくなった場合には，黙示的に公用が廃止されたものとして，時効取得を認めた（最判昭和51・12・24民集30巻11号1104頁）。学説においては，

公物にも原則として時効取得が認められるとする説が有力である。

(2) 土地の一部

土地のように，区分した一部が1個の所有権の客体となりうる物は，その一部についても時効取得が可能である（大連判大正13・10・7民集3巻509頁）。他人の土地に無権原で樹木を植えつけた者も，その樹木を時効取得できる（最判昭和38・12・23民集17巻12号1696頁）。

(3) 自己の物を時効取得できるかについては→§5。

◇ 論　点 ◇

1　所有の意思の推定をくつがえすには

186条1項によれば，占有者の所有の意思は推定されるが，この推定をくつがえす方法として，最高裁は，相手方が他主占有権原を証明するか，「外形的客観的にみて占有者が他人の所有権を排斥して占有する意思を有していなかったものと解される事情」（他主占有事情）を証明するという2つの方法がある，と判示する（最判昭和58・3・24民集37巻2号131頁〔お綱の譲り渡し事件〕）。この後者の，他主占有事情を証明するについては，所有権移転登記手続の有無や固定資産税負担の有無などが重要な判断要素になると解されるが，最判平成7・12・15民集49巻10号3088頁によれば，占有者と登記名義人との人的関係等によっては，占有者が移転登記手続を求めなかったり，固定資産税を負担していないという事実も，常に他主占有事情を認めるための決定的な事実になるわけではない，とされる。

2　相続と取得時効

(1) 相続と占有承継

```
                                            相続人  10年以上
                                                    占有
   A ─────── B ─────── C ─────── D  ⌒
              ⎛悪意⎞    ⎛悪意⎞    ⎛善意・⎞
              ⎜ or ⎟    ⎜ or ⎟    ⎝無過失⎠
              ⎝有過失⎠  ⎝有過失⎠
```

本節冒頭の〔設例1〕で，CからDが占有を取得した原因が売買ではなくて相続であり，B・Cが悪意または有過失，Dが善意・無過失だとした場合（上

図参照)，Dは自己の占有のみを主張して短期取得時効を援用できるであろうか。これは，187条の「承継」は売買・贈与のような**特定承継**のみを指すのか，相続のような**包括承継**も含むのかという問題である。この点について，大審院は，包括承継人は前主の地位をそのまま承継するにすぎないとして否定していたが（大判大正4・6・23民録21輯1005頁），最高裁は，187条1項は相続のような包括承継にも適用される，と判例を変更した（最判昭和37・5・18民集16巻5号1073頁）。したがって，Dは短期取得時効の援用を認められることになる。通説も，これに賛成する。

　しかし，短期取得時効を，善意・無過失でなされた取引の安全を保護する制度と考えれば，187条の「承継人」は，特定承継人に限定されることになろう（草野元己「相続と取得時効」松商短大論叢39号1頁以下）。

(2) 相続と新権原

> 〔**設例2**〕　Hは生前，Gから土地・建物を借りて住んでいたところ，Hの相続人Iは，その土地・建物をH所有の物であったと誤信して，相続時から20年以上居住してきた。Iは，この土地・建物を時効取得できるか。

　〔**設例2**〕のHは他主占有者であるが，これは，一般に，相続は185条の「新権原」にあたるかという問題として論じられている。そして，従来の判例は相続を新権原と認めなかったが（大判昭和6・8・7民集10巻763頁），最高裁は判例を変更し，①相続人が被相続人の占有を相続により承継したばかりでなく，②新たにその物を事実上支配することにより占有を開始し，③相続人に所有の意思があると見られる場合，相続人は新権原によって自主占有を始めたと解することができるとした（最判昭和46・11・30民集25巻8号1437頁）。なお，最近の判例によれば，他主占有者の相続人が独自の占有を根拠として取得時効を主張する場合は，186条1項による「所有ノ意思」の推定は働かず，相続人の占有が外形的客観的に見て独自の所有の意思に基づくものと解される事情を，相続人自ら証明しなければならない，とされる（最判平成8・11・12民集50巻10号

2591頁)。

　しかし，もし長期取得時効の存在理由を真の所有者の立証困難の救済に求め，短期取得時効の存在理由を占有取得者の取引の安全の保護に求めるならば，相続により占有を取得したＩに短期取得時効を認めるのは疑問であろう。また，Ｈが他主占有者であることが明らかならば，その相続人Ｉに長期取得時効を認めることも問題であろう。

§4　所有権の取得時効（その2）[時効完成の効果]

1　所有権の取得

　§3であげた要件を充たせば，占有者は占有物の所有権を取得する（162条）。もっとも，この利益を得るためには時効の援用（145条）がなされる必要がある（援用については→§12）。なお，判例（大判大正7・3・2民録24輯423頁，最判昭和50・9・25民集29巻8号1320頁）・通説によれば，時効は承継取得ではなくて，原始取得だとされる。ただし，時効取得の登記は，所有権移転登記の方法によるというのが判例である（大判大正14・7・8民集4巻412頁，大判昭和2・10・10民集6巻558頁）。

　これに対して，法定証拠説は，時効は実体法上の権利変動をもたらすものではなく，過去における権利の取得や消滅の法定証拠である，と論じる。しかし，同説は，民法の文理からはあまりにもかけ離れた説だといえよう。

2　遡　及　効

　時効の効力はその「起算日ニ遡ル」（144条）。そこで，取得時効によって所有権が取得されるのは，時効期間の満了時ではなく，時効期間の開始時だということになる。この遡及効が認められる結果，①時効期間中生じた果実は時効取得者に帰属し，②時効取得された物を時効期間中侵害した者は，時効取得者に対して不法行為責任（709条）を負うことになる。さらに，③抵当権や賃借権の設定などのように，時効取得者が時効完成前に行った処分は有効となる。

3　時効取得の対抗

　時効取得も177条の物権変動に含まれ，時効による不動産の所有権の取得は，登記がなければ第三者に対抗できないというのが判例であるが（前掲大判大正7・3・2，最判昭和33・8・28民集12巻12号1936頁等），この問題は，物権法で詳述する。

◇　論　　点　◇

遡及効はなぜ認められるか

　時効の遡及効が認められる理由について，通説は，時効は時効期間中継続した事実関係をそのまま保護しようとする制度だから当然のことである，と論じる（我妻・442頁，於保・288頁）。起草者によれば，より具体的に，もし時効期間満了後はじめて所有権を取得するとすれば，期間満了前の果実は全部所有者に返還しなければならないことになり，また，長期間不確定な状態にあった権利関係について再び争いの起こらないようにするのが時効制度の趣旨であるから，と説明される（梅・前掲書372頁）。これに対して，取得時効を，かつて所有権を取得した者の立証困難を救済する制度と解する立場では，遡及効が認められるのは，いわずもがなのことになろう。

§5　自己の物の時効取得

〔設例〕　BはAから土地を贈与され，所有権移転登記を経由しないまま占有していたところ，8年後，AからCが同じ土地を買い受け，先に登記を済ませてしまった。その後もBは占有を続けていたが，Bの占有が受贈時から10年経過した時点で，Cが土地の明渡しを請求してきたため，Bは取得時効を援用した。これに対し，Cは，Bの占有は自己の物の占有であるから，時効取得できないと反論する。Bの時効取得は認められるか。

162条は，取得時効の目的物を「他人ノ物」（1項），「他人ノ不動産」（2項）と規定している。この点について，通説は，自分が所有する物について所有権を取得することは無意味であるからこの要件が掲げられたが，時効とは何ぴとの所有であるかを問わずに事実状態を権利関係に高めようとする制度であるから，他人の物であることを証明する必要はない，とする（我妻・478頁以下等）。これに対して，取得時効を真の所有者の立証困難を救済する制度と解する立場からは，取得時効の目的物はむしろ自己の物であり，ただそれを立証できないだけであるとされる。

判例は，所有権に基づいて占有する者についても162条の適用があるものとし，〔設例〕のBは自己の物の占有者であるが，取得時効を援用できると解す（最判昭和42・7・21民集21巻6号1643頁）。また，不動産の買主は売主に対する関係でも時効取得を主張できる，と判示する（最判昭和44・12・18民集23巻12号2467頁）。

◇ **発展・研究** ◇

「自己の物の時効取得」を認める必要はあるか

本問題については，事案を類型化した検討が必要であろう。まず〔設例〕は，同一土地の二重譲渡において未登記譲受人Bが取得時効を主張した事案であるが，Bは所有権の取得をCに対抗できないのであるから（177条），Cとの関係においては，Bは所有権を取得した者ではなく，占有当初から他人の物の占有者である，と解することも可能であろう（最判昭和46・11・5民集25巻8号1087頁）。もっとも，いずれに解するにしても，判例は，未登記譲受人Bの取得時効の援用を認める（しかも，判例理論では，CはBの時効取得当時の所有者であって「第三者」ではないから，Bは登記がなくても時効取得を対抗できるとされる。詳しくは→物権法）。しかし，Bは登記欠缺の不備を免れるため取得時効を主張したのであって，このような目的で取得時効を主張することが許されるか疑問のあるところである。

次に，売買契約の買主が長年月の経過によって既に所有権取得の証拠を失ってしまった段階で，売主の側が古い証拠を引っ張り出して，買主に所有権の主張をしてきたような場合，取得時効（とくに長期取得時効）は買主の立証困難

を救済するために大いに役立つであろう。しかし，買主が買受けの事実を証明できなければ，買主は他人の物を占有していると認定されざるをえず，裁判上は，買主が他人の物を時効取得したという構成で，その立証困難を救済することになる。したがって，この場合も，法律構成上は，自己の物の占有を基礎とした時効取得を考える必要はない，といえよう。なお，前掲最判昭和44・12・18の買主は，所有権取得の立証困難の回避よりもむしろ，原審が確定した代金額の支払いを免れる目的で取得時効を利用しており，この点で問題がある。

§6 所有権以外の財産権の取得時効

1 時効完成の要件

(1) どのような権利が取得時効の対象となるか

163条は，所有権以外の財産権を，「自己ノ為メニスル意思ヲ以テ」平穏かつ公然に継続行使する者のためにも，取得時効の成立を認める。同条は取得時効の対象を単に「所有権以外の財産権」と定めているが，すべての財産権について取得時効が認められるわけではない。

まず，地上権・永小作権・地役権などの用益物権や，約定担保物権のうち質権については，時効取得が認められる。ただし，地役権については，後述のような制限がある。次に，鉱業権・漁業権などの準物権や特許権・実用新案権・著作権などの無体財産権も，時効取得できるとされる。賃借権は債権であるが，地上権や永小作権と同様，賃借物の継続的用益という方法で権利行使を行うため，時効取得が認められる（最判昭和43・10・8民集22巻10号2145頁）。

以上に対し，留置権や先取特権のような法定担保物権は法律の規定に基づいて発生する権利であるため，事実状態を基礎とする取得時効とは無関係の権利である。また，一回的給付を目的とする債権は，権利行使の継続ということがないため，取得時効は成立しえない。取消権・解除権などの形成権は，1回の行使でその目的を達成して消滅する権利であるため，当然，取得時効は否定される。

(2) 自己のためにする意思をもって財産権を行使すること

　ここで財産権の行使とは，事実上その財産権の内容に即した行為を行うことである。すなわち，地上権や賃借権のような占有を内容とする権利については，占有（他主占有）がそれにあたるが，占有を内容としない権利の場合は，**準占有**（205条）がそれにあたる。なお地役権については特別の規定（283条）があり，たとえば通路を開設した通行地役権のように，その行使の方法が「継続且表現ノモノニ限リ」時効取得が認められる。

　「自己ノ為メニスル意思」の存否は，「所有ノ意思」と同様，内心の意思によって決まるのではなく，外形的・客観的に判定される。

(3) その他の要件

　財産権の行使（占有または準占有）は平穏かつ公然でなければならないこと，占有または準占有は時効期間中継続しなければならず，占有または準占有が断絶すれば時効も中断（自然中断）する点（165条，164条）は，所有権の取得時効と同様である。

　時効期間も，所有権の取得時効と同様，占有または準占有の始め善意・無過失であった場合は10年，その他の場合は20年である（163条，162条）。

2　時効完成の効果

　時効が完成すれば，事実上行使されていた賃借権などの財産権が取得される（163条）。ただし，所有権の取得時効と同様，時効の援用が必要であり（145条），遡及効も認められる（144条）。

---

§7　債権の消滅時効（その1）[時効完成の要件]

　〔設例〕(1)　BはAから50万円を1年後に返済する約束で借りたが，弁済期が来てもBはまったく返済せず，Aからも何の請求もなく10年が経過した。その後しばらくして，Aから借金の返済を求められた場

合，Bは時効を援用してAの請求を拒絶できるか。

(2) Dは以前，家具店のCからソファーを買ったことがあるが，それから2年3ヵ月ほど経過したある日，CからDのもとに，未払いを理由とするソファー代金の督促状が舞い込んだ。Dは，ソファーを買った10日後に代金を払ったはずであるが，その時の領収書はもはや手元にない。Dは支払いを証明できない以上，Cの請求に応じなければならないか。

1 はじめに

(1) 民法は，その167条以下で，各種財産権の消滅時効を定めている。このうち，**債権の消滅時効**を定めるのは167条1項と168条〜174条であるが，167条1項は一般の債権の消滅時効を定め，168条〜174条は，たとえば飲食料債権の消滅時効（174条4号）のように，特殊な債権の消滅時効を規定している。なお，民法総則以外では，724条が規定する不法行為に基づく損害賠償請求権の消滅時効が重要である。また，民法以外では，商法の商事時効（商522条），手形法・小切手法の手形債権・小切手債権の消滅時効に関する規定などがあげられる（手70条，77条1項8号，小51条）。

(2) 債権の消滅時効は，民法その他の法律で，債権者がその債権を行使せずに一定期間経過した場合，債権消滅という効果を生じさせる制度として規定されている（167条1項等）。そこで，このような規定を前提とすれば，〔設例〕(1)のBが時効によって，それまで負担していた債務を免れることになるのも，時効がもたらす当然の結果であると考えられないわけでもない。しかし，これでは，債権者にとって消滅時効は酷な制度となるため，その存在理由については，これまで，さまざまな主張がなされてきた（→§1）。だが，社会秩序の維持を時効全体の根本的な存在理由とする通説でも，消滅時効については，証拠を保全することの困難を救う趣旨が強いという説明がなされている（我妻栄〔幾代通補訂〕『全訂第1版民法案内2』330頁以下等）。したがって，債権の消滅時効については，商事時効など特別な時効を除いて，債務者の立証困難の救済を主たる存在理由とすることが，学界の共通認識だといってもよいであろう。とす

れば，消滅時効は，①〔設例〕(2)のように，既に債務を弁済した債務者が，その後の年月の経過によって弁済の証拠を失った場合とか，あるいは，②そもそも最初から債権が存在しないにもかかわらず，債権者と称する者が債務の履行を迫ってきて，これに対して債務の不存在を証明できないような場合にこそ，その効用を発揮するものといえよう。

(3) 債権の消滅時効は，債権の不行使と，不行使の状態が一定期間継続することを要件とする。そこで，これらについては，次の2，3で詳述したい。

2 時効はいつから進行を開始するのか（消滅時効の起算点）

(1) 債権の消滅時効が完成するためには，債権の行使が可能であるにもかかわらず，債権者がその債権を行使しないことを必要とする。というのは，権利行使が可能なはずであるのに長期間権利が行使されていないという事実こそ，既に弁済などにより債権が消滅しているといった蓋然性を形成する基盤になる，と考えられるからである。また，まだ債権の行使ができない段階では，債権者は権利の行使を怠る怠惰な債権者であるとはいえない，ということも理由にあげられる。

(2) 民法は，消滅時効の起算点を「権利ヲ行使スルコトヲ得ル時」と定める（166条1項）。ここで「権利ヲ行使スルコトヲ得ル」とは，弁済期の到来や条件の成就のように，権利を行使する上で**法律上の障害**のないことをいい，**事実上の障害は時効の進行を妨げない**とされる。そこで，債権者が不在・病気など個人的な事情で権利行使できなくても，そのことは，時効の進行を妨げる事情とはならない。また，未成年者に法定代理人がいなかったり，天災事変が起こった場合でも時効の進行は妨げられず，民法は，これらが時効期間満了直前に起きた場合に，一定期間時効の完成の猶予を認めるにすぎない（158条以下。詳しくは→§11）。さらに，債権者が債権の存在や債権を行使できる時期になったことを知らなくても，724条前段のような特別の規定のある場合を除いて，時効の進行は妨げられない。

以上に対し，法律上の障害があった場合でも，それが債権者の意思によって除去できるものならば，時効の進行の妨げとはならない。そこで，同時履行の抗弁権（533条）が付着している債権であっても，債権者は，自己の債務の履

行を提供さえすれば相手方に履行を請求できるのであるから，この場合も，履行期が到来すれば，時効は進行を開始する。

(3) 以下，各種の債権について，時効の起算点を具体的に説明する。

(a) **確定期限のある債権** 弁済期が一定期日に確定している債権の場合は，その弁済期が到来した時から，時効の進行が開始される。

(b) **不確定期限のある債権** 不確定期限が付けられた場合，履行遅滞が生じるのは債務者が期限の到来を知った時であるが（412条2項），時効については，債務者の知・不知に関わりなく，履行期が到来した時から進行する（大判大正4・3・24民録21輯439頁）。

(c) **期限の定めのない債権** 履行期の定めのない債権の場合，履行遅滞が生じるのは債務者が履行の請求を受けた時からであるが（412条3項），債権者はいつでも履行を請求できるのであるから，時効は債権成立の時から進行する。〔設例〕(2)の代金債権がこれにあたるとすれば，時効はDがソファーを買った時点から進行する。なお，債務不履行に基づく損害賠償請求権（415条）は本来の債権と法的に同一性を有するため，その消滅時効は，本来の債務の履行を請求しうる時から進行を始める，とされる（大判大正8・10・8民録25輯1859頁，最判平成10・4・24裁時1661号66頁等）。

(d) **請求の通知や解約の申入れ後一定期間経過してはじめて現実に請求できる債権** たとえば，通知預金債権がこれにあたる。判例は，債権者は債権成立の時からいつでも請求の通知などを行えるから，時効は，債権成立後その一定期間が経過した時から起算されるとし（大判大正3・3・12民録20輯152頁），学説も賛成する。

(e) **停止条件の付いた債権** 条件が成就した時。

3 時効期間

(1) 一般の債権

債権の消滅時効期間は，原則として，10年である（167条1項）。167条1項は，債権の消滅時効期間に関する一般規定であり，民法の他の条文や民法以外の法律に特則があれば，それに従う。

(2) 商行為によって生じた債権

商行為によって生じた債権については，特別法である商法が民法167条1項に優先し，その時効期間は5年とされる（商522条本文）。この時効は**商事時効**と呼ばれるが，かなり広い分野の取引に適用される。なお，民法など他の法令に5年より短い時効期間の定めがある場合は，それに従う（同条但書）。

(3) 定期金債権

年金債権や扶養料債権のように，ある期間（たとえば20年間とかあるいは債権者の生存中など）金銭その他の代替物を定期的に給付させることを目的とする債権を，**定期金債権**という。一定期間ごとにその期の給付（たとえば，今期分の年金）を請求する債権を支分債権というが，定期金債権とは，この支分債権発生のもととなる基本債権のことである。定期金債権については2種類の時効期間があり，①第1回目の弁済期から20年間，または，②最後の弁済期から10年間で時効にかかる（168条1項。ただし，公的年金は，各種特別法に時効の規定がある。また，親族関係にもとづいて当然に発生する扶養料債権〔877条以下〕は，親族関係の存続する限り時効にかからない）。

利息や賃料を発生させる債権も性質上定期金債権に含まれるが，これらは，元本債権や賃貸借そのものから切りはなして考えることができないため，168条の定期金債権にはあたらないとされる。なお，クレジットの分割払いのように，本来1個の債権額を数回に分割したにすぎない場合は，基本債権が存在するわけではないから168条は適用されず，各支払期ごとに通常の時効の進行が開始するだけである（大判明治40・6・13民録13輯643頁）。

(4) 定期給付債権

「年又ハ之ヨリ短キ時期ヲ以テ定メタル金銭其他ノ物ノ給付ヲ目的トスル債権」の時効期間は，5年とされる（169条）。169条はわかりにくい条文であるが，弁済期の到来が1年以内の債権という意味ではなく，基本権である定期金債権から派生する支分権のうち，1年以内の周期で定期的に支払われる各支分権の時効を意味する（大判大正10・6・4民録27輯1062頁等）。各期ごとの年金・扶養料・地代・賃料・利息などがこれに含まれる。起草者によれば，定期的に弁済がなされる場合は，債務者が長く受取証を保存することがまれであるため，5年という短期の期間を設けたとされる（梅・前掲書428頁以下）。弁済期の間隔が1年を超える支分権は，通常の債権として10年の時効に服する（167

条1項)。なお，割賦払債権のように，基本債権が存在せず，1個の債権を分割したにすぎない債権は，定期給付債権にあたらず，169条は適用されない（大判明治37・3・29民録10輯335頁等)。

(5) **短期消滅時効**

民法は，170条～174条で，特定の債権について，3年以下の短期の時効を定めているが，これを**短期消滅時効**という（なお，定期給付債権の時効〔169条〕や商事時効〔商522条〕のような期間5年の時効も，短期消滅時効に含められる場合がある)。短期消滅時効が定められた理由は，これらの債権が金額の少ない債権であったり，日常頻繁に発生する債権であったりするため，受取証書が交付されなかったり，交付されても長く保存されなかったりして，短期間で弁済などの証拠が失われる，という点にある（なお，参考文献(6)411頁以下〔金山〕参照)。

民法が規定する各種短期時効は，以下の債権に適用される。

(a) 3年の時効にかかる債権　①医師・助産婦・薬剤師の治療・勤労・調剤に関する債権（170条1号)。②「技師，棟梁及ヒ請負人ノ工事ニ関スル債権」（同条2号)。③弁護士・公証人がその職務に関して受け取った書類についての責任（171条)。

(b) 2年の時効にかかる債権　①弁護士・公証人の職務に関する債権。事件終了の時から2年間で時効にかかる（172条)。②「生産者，卸売商人及ヒ小売商人カ売却シタル産物及ヒ商品ノ代価」（173条1号)。本節冒頭の〔**設例**〕(2)の代金債権がこれにあたり，Dは時効を援用すれば，Cの請求を拒絶できる。この時効については，消費者が買主の場合にのみ適用されるのか，あるいは商人が買主の場合にも適用されるかについて争いがある。判例（最判昭和36・5・30民集15巻5号1471頁等）や多くの学説は後説をとるが，反対説（我妻・493頁以下等）も多い。③「居職人及ヒ製造人ノ仕事ニ関スル債権」（173条2号)。「居職人」とは，理容師・美容師・クリーニング業者など，自分の仕事場で他人のための仕事をする者のことである。④「生徒及ヒ習業者ノ教育，衣食及ヒ止宿ノ代料ニ関スル校主，塾主及ヒ師匠ノ債権」（同条3号)。

(c) 1年の時効にかかる債権　①「月又ハ之ヨリ短キ時期ヲ以テ定メタル雇人ノ給料」（174条1号)。ただし，労働基準法115条等の特則があり，ほとん

どの場合時効期間は 2 年となる。②「労力者及ヒ芸人ノ賃金並ニ其供給シタル物ノ代価」(同条 2 号)。「労力者」とは，大工・左官・植木職人などを意味し，雇用関係に立たない者をいう。③運送賃 (同条 3 号)。④「旅店，料理店，貸席及ヒ娯遊場ノ宿泊料，飲食料，席料，木戸銭，消費物代価並ニ立替金」(同条 4 号)。⑤「動産ノ損料」(同条 5 号)。

(6) 判決などで確定した債権

10年より短期の時効期間が定められた債権であっても，判決によりその権利が確定すれば，債権の存在が公の機関によって確定されたことになるため，証拠保全の困難を根拠に短期時効を認める必要はなくなる。したがって，これらの債権が，確定判決，あるいはそれと同一の効力を有するもの (裁判上の和解，調停など) によって確定した場合は，一般の債権と同様，時効期間は10年となる (174条ノ 2 第 1 項)。

◇ 論　点 ◇

1　消滅時効の存在理由

前述のように，近時は，債権の消滅時効について，債務者の証拠保全の困難の救済を第一の存在理由ととらえる傾向が強い。ところが，民法は消滅時効を権利の消滅原因と構成しているため，そのような考えに対する疑問は，今日でも根強く存在する。

しかし，実際は既に弁済がなされ，債権が消滅していたとしても，弁済者が弁済の証拠を提出できない場合，この者は，裁判上，まだ債務を弁済していない者として認定されざるをえない。したがって，裁判所に提出された一般の証拠だけでは未弁済者と認定されてしまう者の立証困難を救済するために，消滅時効が債権の消滅という実体法上の効果をもたらすと考えれば，実体法説との齟齬は生じないことになろう。なお，期間 5 年の商事時効 (商522条) については，取引の短期決済の要請がかなり大きいと考えられよう。

2　消滅時効の起算点

一般に，消滅時効は，権利を行使するについて法律上の障害がなくなった時からその進行を開始する，とされる。しかし，これに対しては，166条 1 項の

「権利ヲ行使スルコトヲ得ル時」とは，「権利を行使しうることを知るべかりし時期」，すなわち，債権者の職業・地位・教育などから，「権利を行使することを期待ないし要求することができる時期」と解する有力説も存在する（参考文献(1)310頁）。判例にも，弁済供託（494条）における供託物の取戻請求権の消滅時効についてであるが，「『権利ヲ行使スルコトヲ得ル』とは，単にその権利の行使につき法律上の障害がないというだけではなく，さらに権利の性質上，その権利行使が現実に期待のできるものであることをも必要」とすると判示するものも出現している（最大判昭和45・7・15民集24巻7号771頁）。

3　期限の利益喪失約款の付いた債権の消滅時効

　割賦払債務には，債務者が賦払金の弁済を1回でも怠った場合，債務者は，①債権者の意思表示により，あるいは，②それがなくても当然に，期限の利益を喪失し，債権者は直ちに残債務全額を請求できる，という約款が付けられることが多い。では，債務者が賦払金の弁済を怠った場合，残債務全額の時効は，その時点から即座に進行するであろうか。判例は，①の場合について，この場合は期限の利益を喪失させるか否かは債権者の自由に属するから，債権者が特に残債務全額の弁済を求める意思表示をした場合に限り，その時から全額について時効の進行が開始する，と判示する（大判昭和15・3・13民集19巻544頁，最判昭和42・6・23民集21巻6号1492頁）。

　学説には，判例に賛成し，①と②の場合で時効の起算点を区別する説（債権者意思説）も多数存在する（柚木・〔下〕433頁以下等）。一方，近時は，これに反対する説（即時進行説）も数多く主張されている。この説は，②の場合はもちろん，①の場合も，債権者はいつでも期限の利益を失わせるための意思表示ができるのであるから，債務不履行時から直ちに残債務全額の時効が進行する，と解する（我妻・487頁等）。しかし，即時進行説には，債務者のために残債務全額の請求を猶予している債権者が不利になるという問題が存在する。これに対して，債権者意思説には，残債務全額についての請求がなければ，いつまでも時効が進行しないのではないかという疑問があるが，各弁済期からその弁済期ごとの割賦金の時効が進行するのであるから，必ずしも債務者の保護に欠けることはないと考えられる（柚木・〔下〕434頁）。

§8 債権の消滅時効（その2）[時効完成の効果]

1 債権の消滅

所定の時効期間の経過により消滅時効が完成すれば，債権は消滅する（167条1項，168条以下）。ただし，時効の援用が必要である（145条。時効の援用との関係で法律構成上議論があることについては→§12）。

2 遡及効

時効による債権消滅の効果は，起算日に遡って生じる（144条）。そこで，時効によって債務を免れたとされる者は，起算日以降の利息や遅延損害金を弁済する必要はない（大判大正9・5・25民録26輯759頁）。通説は，その理由について，継続した事実関係をそのまま保護し，時効期間中の複雑な権利関係の争いを回避するため遡及効が認められた，と説明する（我妻・442頁，注民(5)34頁〔川井健〕）。しかし，債権の消滅時効を，真に弁済した者等の立証困難を救済する制度と解すれば，時効の効果が起算日に生じるのは当然のことと考えられる。

◇ 論　点 ◇

遡及効の例外

時効によって消滅したとされる債権でも，その債権が時効完成以前に相殺適状にあった場合は，債権者は，その債権を自働債権として相殺することができる（508条）。これは，144条が定める遡及効の例外となる。相殺適状にある債権を有する債権者は，その債権と相手方の債権とが清算されたと同様な利益状況にあるため，請求など時効を中断する行為をとくに行わないのが通常と見られる。したがって，このような場合は，時効にかかった債権でも，弁済などによって消滅した蓋然性は低いと判断される。また，清算されたと同様に考えている債権者の信頼を保護する必要もある。以上の理由から，508条は，相手方が債務の履行を請求してきた場合に，時効完成後でも相殺をもって対抗できるとした，と解される。

§9 債権以外にどのような権利が消滅時効にかかるか

1 所有権
　167条2項によれば，債権・所有権以外の財産権は20年で消滅時効にかかるとされる。そして，債権の消滅時効は167条1項，168条以下に規定されているが，所有権の消滅時効に関する規定はまったく存在しない。したがって，所有権は，その不行使が長期間続いたとしても，いっさい消滅時効にはかからない。これは，近代私法における所有権の永久性の思想の現れと考えられる。

2 所有権以外の物権
(1) 用益物権
　地上権・永小作権・地役権は，20年間それらの権利の不行使が続くと，時効によって消滅する。有力説によれば，これらの物権が時効にかかる根拠は，立証困難の救済というよりも，所有権の円満性という理想に基づいて，所有権を制限する他物権の存続を限定しようとする点にある，とされる（川島・429頁，445頁）。

(2) 担保物権
　担保物権は被担保債権に付従する権利であるから，被担保債権が時効にかかれば担保物権も時効により消滅するが，原則として，担保物権が単独で時効にかかることはない。ただし，抵当権は例外であり，20年間抵当権が行使されないと，債務者・抵当権設定者以外の者（抵当不動産の第三取得者，後順位抵当権者など）に対しては，396条の反対解釈により，被担保債権から独立して消滅時効にかかる，とされる（通説）。もっとも，これに対しては，抵当権が被担保債権から独立して消滅するのは397条の場合のみであり，397条は抵当不動産の第三取得者が抵当不動産を占有した場合の規定である，という反対説もある（来栖三郎・判民昭15年度117事件評釈，草野「抵当権と時効」玉田古稀『現代民法学の諸問題』45頁以下）。

3　物権的請求権

物権的請求権は物権に当然に伴う権利であるから、物権自体から独立して消滅時効にかかることはない。したがって、所有権に基づく請求権は、所有権と同じく、時効によって消滅することはなく（大判大正5・6・23民録22輯1161頁）、他物権に基づく請求権も、単独で時効にかかることはない（通説）。

4　形　成　権

取消権・解除権などの形成権は、権利者の一方的意思表示だけで権利関係の変動という目的が達成され、消滅する権利である。したがって、時効の中断を考える余地はまったくなく、この点で、はたして形成権に消滅時効が認められるのか疑問がある。たとえば126条は、「取消権ハ追認ヲ為スコトヲ得ル時ヨリ五年間之ヲ行ハサルトキハ時効ニ因リテ消滅ス」と規定しているが（同条前段）、このような明文にもかかわらず、形成権について規定されている期間はその性質上除斥期間ではないか、という主張が古くからある。そこで、この問題については、§14の除斥期間のところで説明したい。

◇　論　　点　◇

抗弁権の永久性

〔設例〕　AはBに自己の資産を贈与する契約を書面で結んだが、しばらくしてBにだまされていることに気づいた。しかし、その後Bから何の請求もなかったため、とくに取消しの意思表示もしないでいたところ、Aがだまされたことを知ってから5年以上経過した後、突然Bから資産の引渡しを請求された。この場合、Aは取消権を行使して、その履行を拒絶できるであろうか。

抗弁権の代表例としては、保証人の催告・検索の抗弁権（452条、453条）、同時履行の抗弁権（533条）などがあげられるが、これらの抗弁権は、相手方の請求権の行使を一時的に阻止するための権利であり、相手方の請求権が行使さ

れなければ行使できないといった性質の権利であるため，時効は本来的に問題とならない。

　これに対して，**抗弁権の永久性**の問題として従来から議論されているのは，むしろ形成権が抗弁権として機能する場合である。すなわち，〔**設例**〕のように，Bの請求に対し，Aがそれを拒絶するため防御的に取消権を行使する場合にも126条が適用されるのか，といった問題である。

　抗弁権の永久性とは，ある権利が他人に対して一定の行為を請求するという攻撃的な形で機能する場合は，期間によって制限されるのに対し，他人の請求に対して現状の維持を主張するという防御的な形で機能する場合は期間の制限に服さない，という原則である。ある権利にもとづいて現状の変更を請求する者がいる場合，長期間経過後にその請求がなされても，以前の事実関係の立証に困難を来すため，法は権利の期間制限を設けて，現状の変更を否定する。しかし，ある権利に基づいて現状を維持しようとする者は，現状の変更を請求する者がいなければ権利を主張する実益がないのであるから，たとえその権利を行使するための期間が経過したとしても，他からの請求権の行使に対して現状維持を主張する権利を奪われてよいはずはない。抗弁権の永久性を肯定する学説によれば，その根拠は，以上のように説明される。そこで，〔**設例**〕を少し変更して，AがBに既に資産を引き渡していた場合は，Aは，所定期間経過後は取消権を行使してその返還を請求できないが，〔**設例**〕の場合は，Aはまだ資産を引き渡していないため，期間経過後も取消権を行使できることになる（川島・578頁以下等）。

　抗弁権の永久性の原則は，少数説によって有力に主張されているが，多数説は，この原則を否定している。しかし，〔**設例**〕で，Aが期間内に取消権を行使する期待可能性がないという点などを考慮すると，このような場合には，Aの取消権の行使を認めるのが，当事者間の公平にもかなうであろう。民法典には抗弁権の永久性に関する明文の規定は存在しないが，時効にかかった債権による相殺を認める508条を類推することにより，Aの取消権の行使が認められる可能性はあろう（内田・316頁）。

§10 時効の中断

〔設例1〕 BはAから200万円借金をしていたが、Aから何の請求もなかったため、返済期日後もそのままにしていた。ところが、返済期から9年半経過後、AからBのもとに借金の返済を促す督促状が届いた。これに対し、Bはとりあえずその一部の50万円を弁済したが、さらに1年経過後、Aから残額の返済を求める訴えが提起された。この場合、Bは、時効を援用してAの請求を拒絶することができるか。

1 時効の中断とは何か

　時効が完成するためには、占有（準占有）または権利の不行使という状態が時効期間中継続することを要する。しかし、時効の進行中にその進行を無意味にするような事実が発生すれば、それまで進行した時効は御破算となる。これを**時効の中断**という。時効の中断があれば、単に時効の進行がストップするのではなく、中断事由終了後、またゼロから時効の期間が計算し直される。〔設例1〕では、Bの一部返済が時効の中断と認められ、時効は、この時点を起算点として改めて進行を開始する。なお、時効の中断には、取得時効にだけ認められる自然中断（164条、165条）もあるが、ここで説明するのは、取得時効・消滅時効に共通の**法定中断**である。

2 なぜ時効の中断が認められるのか（時効中断の根拠）

　時効中断（法定中断）**事由**としては、①請求、②差押え・仮差押え・仮処分、③承認の三つがあげられる（147条）。では、これらの事由によって、なぜ時効は中断するのであろうか。この点は時効の存在理由の理解の仕方と大いに関係があり、権利行使説と権利確定説の対立がある。

(1) 権利行使説

　権利行使説によれば、次の二点が時効中断の根拠としてあげられる。①権利

者により権利が主張されるか、あるいは、義務者により権利が承認されて権利者がそれを信頼した場合、権利者はもはや権利の上に眠る者ではない（大連判昭和14・3・22民集18巻238頁）。②権利者によって真実の権利が主張され、または、義務者によって真実の権利が承認されれば、真実の権利関係と異なる事実状態、すなわち、時効の基礎である事実状態の継続が破れる（我妻・457頁以下）。

　もっとも、権利行使説も、あらゆる権利主張に時効中断の効力を付与するわけではない。この説によれば、時効は永続した事実状態を尊重する制度であるから、これを破る権利の主張も明瞭確実であることを要し、このため一定の形式が必要となる、とされる。

(2) 権利確定説

　権利確定説によれば、時効中断事由は、それによって権利の存在（取得時効については不存在）が確認されるところに意義がある、とされる。すなわち、長期間継続した事実状態は真実の権利関係と一致している蓋然性が高いからこそ時効が認められるのであって、強い証拠力をもつ事実によって権利の存在（不存在）が確認されるならば、進行してきた時効はその時点で存立基盤を失うとし、ここに中断の根拠が求められる（川島・473頁等）。

3　どのような場合に時効は中断するか

(1) 請　　求

　民法は、中断事由の第1として、権利者の**請求**をあげる（147条1号）。とはいっても、あらゆる請求が中断事由となるのではなく、中断事由になりうる請求は、裁判所が一定の形で関与するものに限られる（149条〜153条）。その理由について、権利行使説は、時効は永続した事実状態を尊重する制度であるから、これを破る権利の主張も明瞭確実な形態をとることを要する、と説く（我妻・458頁）。しかし、その「明瞭確実な形態」がなぜ裁判所の関わるものに限定されるのかについては、十分説明されていない。これに対して、権利確定説では、裁判所という公的機関の確認に結びつけられる請求のみが中断事由に該当する、とされる。したがって、その趣旨に基づいて中断事由が限定されることは、いうまでもないこととなろう。

　(a) 裁判上の請求（149条）　　一般に、「**裁判上の請求**」とは、権利者が原

告となって訴えを提起することを意味する。その中心は，債権者が債務者に履行請求するとか，土地の所有者が占有者に所有権に基づく明渡請求をする（大判昭和16・3・7判決全集8輯12号405頁）といった，給付の訴えである。しかし，確認の訴え（大判昭和5・6・27民集9巻619頁）や反訴でもかまわない。また，債権不存在確認訴訟で被告が債権の存在を主張して応訴し，被告勝訴の判決が確定した場合は，裁判上の請求に準ずるものとして時効の中断が認められる（前掲大連判昭和14・3・22）。

〔**設例2**〕 XはCから500万円借り，その担保として自己の所有する土地に抵当権を設定した。Cの死後，XはCの相続人Yに対して，生前Cから借金を免除されたと称して，抵当権設定登記の抹消登記手続を求める訴えを提起した。これに対し，訴訟中Yが貸金債権の存在を主張し，その主張が認められた場合，貸金債権の時効は中断するか。

〔**設例2**〕では，貸金債権の消滅時効の中断が問題となっている。しかし，この場合，Yは貸金の弁済を求めて訴えを提起したわけではないため，上記訴訟におけるYの権利主張がはたして149条の「裁判上ノ請求」といえるのか問題となる。

この点について，従来の学説は，裁判上の請求により中断が認められるためには訴訟物たる権利が既判力によって確定される必要がある，という厳格な態度を示していた（兼子一『新修民事訴訟法体系』〔増訂版〕178頁等）。これに対し，権利行使説は，必ずしも既判力によって権利の存在が確定される必要はなく，一定の形式をもった裁判上の主張ならば「裁判上の請求」と認められる，と解する（我妻「確認訴訟と時効中断」『民法研究Ⅱ』263頁以下）。他方，近時の権利確定説の中には，①判決による権利の確定の度合いは既判力という極度に強い確定である必要はなく，強い確定力を生じさせるものであればよいとする説（安達三季生「判批」判評122号35頁等）や，②争点効に基づいて権利が確定する場合にも中断の効力が生じるとする説（石田穣「裁判上の請求と時効中断」『民法と民事訴訟法の交錯』185頁以下等）も出現している。

判例は，①所有権に基づく登記手続請求の訴訟で，被告が自己に所有権があることを主張して請求棄却の判決を求め，その主張が判決で認められた場合について，被告の所有権の主張は裁判上の請求に準ずるものとして，原告のための取得時効を中断すると判示し（最大判昭和43・11・13民集22巻12号2510頁），②債務者兼抵当権設定者が債務の不存在を理由として提起した抵当権設定登記抹消請求の訴訟で，債権者兼抵当権者が被担保債権の存在を主張した場合について，その主張は裁判上の請求に準ずることを理由に，被担保債権の時効の中断を認める（最判昭和44・11・27民集23巻11号2251頁）。しかし，③債権者が受益者に対して詐害行為取消の訴えを提起した場合は，被保全債権の時効は中断しない，とされる（最判昭和37・10・12民集16巻10号2130頁）。

時効の中断は，訴えを提起した時にその効力を生じる（民訴147条）。訴えの提起以外の裁判上の主張が裁判上の請求に準ずるとされる場合は，裁判上権利を主張した時に中断の効力が生じる。

> **権利確定説**に対しては，なぜ判決確定時ではなく，訴え提起時に中断の効力が生じるのかという疑問が起こるかもしれない。しかし，訴え提起から判決確定までには一定の期間を要するため，その間に時効が完成すれば，訴えを起こした権利者の権利は保護されない結果となる。これが権利確定説においても，訴え提起時（訴え提起以外の裁判上の主張については，その権利を主張した時）に時効が中断するとされる理由である。

裁判上の請求による時効の中断は，訴えが却下されたり取り下げられた場合には，その効力を生じない（149条）。149条でいう「却下」には，請求が棄却された場合も含まれる（大判明治42・4・30民録15輯439頁）。

(b) 支払督促の申立て（150条）　金銭その他の代替物または有価証券の一定の数量の給付を目的とする債権については，債権者が裁判所書記官に対して**支払督促**（民訴382条以下）**の申立て**をすれば，時効が中断される。ただし，債権者が民事訴訟法所定の期間内に仮執行宣言の申立てをしないため支払督促の効力が失われるとき（民訴392条）は，中断の効力は生じない。

(c) 和解のための呼出し・任意出頭（151条）　民事上の争いについては，当事者は，訴えを提起する前に，簡易裁判所に和解の申立てをすることができ

る（民訴275条1項）。和解の申立てがなされると簡易裁判所に当事者が呼び出されるが，和解が成立すれば，和解の申立ての時に時効は中断する。ただし，呼び出しても相手方が出頭しなかったり，出頭しても和解が調わなかった場合は，1ヵ月以内に訴えを提起しなければ中断の効力は生じない。当事者双方が簡易裁判所に任意に出頭して和解を申し立てた場合も同様であり，和解が調えば，任意出頭した時に中断の効力が生じる。なお，本条は，調停の申立てにも類推される（大判昭和16・10・29民集20巻1367頁，最判平成5・3・26民集47巻4号3201頁）。

(d) **破産手続参加（152条）** **破産手続参加**とは，債務者の破産手続において債権者が配当を受けるために債権の届出をすること（破228条）をいい，破産債権の届出によって時効が中断する。しかし，債権者が届出を撤回したり，請求が却下されれば，中断の効力は生じない。破産の申立ても，同様に時効中断事由となる（ただし，判例は，裁判上の請求と同視する〔最判昭和35・12・27民集14巻14号3253頁〕）。

(e) **催告（153条）** 〔**設例1**〕の督促状による請求のように，義務者に義務の履行を請求することを**催告**という。わが国の民法は，裁判外で行われる催告も時効中断事由と認める。このため，内容証明郵便等で弁済の請求をするだけでも，時効は中断する。ただし，催告は暫定的な中断事由であるにすぎず，6ヵ月内に裁判上の請求や差押えなどの完全な中断手続をとらなければ，中断の効力は生じない。そこで，〔**設例1**〕を少し変更して，Bの一部弁済（後述のように，承認にあたる）がなかったとした場合，Aの訴えの提起は催告の1年後であるため中断の効力は生じず，それ以前に時効が完成することになる。要するに，催告は，時効完成まぎわになって，権利者に訴えの提起などの確定的中断手続をとるだけの時間的余裕がない場合に，とりあえず催告をさせて時効の完成を防ぐという点にこそ，その意義が認められる。したがって，単に催告をくり返しただけでは，中断は認められない（大判大正8・6・30民録25輯1200頁）。

催告は，後に本格的な中断手続をとるための予備的手段であるため，催告自体については，これを広く認めてもかまわないとされる。そこで，債権の一部の催告や一部の相殺も，債権全体に対する催告として認められる。また，同時

履行の抗弁権を有する債務者に，債権者が反対給付を提供せずに履行請求した場合，債務者を履行遅滞に陥らせることはできないものの，時効の中断は認められる。さらに，手形の呈示を伴わない催告であっても，手形債権の時効を中断する効力が認められる（最判昭和38・1・30民集17巻1号99頁）。

(2) 差押え・仮差押え・仮処分

差押えは，金銭債権の実現を図るために債務名義（民執22条）に基づいて行われる強制執行（同43条以下），および抵当権など担保権の実行としての競売（同181条以下）の第一段階の手続である。**仮差押え**や**仮処分**は，まだ権利者が債務名義を獲得していない段階で，将来の強制執行を保全するために行われる手続である。以上の差押え・仮差押え・仮処分も時効中断事由とされる（147条2号）。しかし，権利者の請求により，または法律の規定に従わなかったことによりこれらが取り消された場合は，中断の効力は生じない（154条）。

なお，差押え・仮差押え・仮処分は，それが時効の利益を受ける者に対して行われなかった場合は，これをその者に通知した後でなければ中断の効力は生じない（155条）。そこで，物上保証人に対する抵当権の実行により抵当不動産が競売に付された場合は，これが債務者に通知されることによって，被担保債権の時効が中断する（最判昭和50・11・21民集29巻10号1537頁）。

(3) 承認（147条3号）

承認は，たとえば借金の借主が貸主に対して借金の存在を認めるように，時効によって利益を受ける者が時効により権利を失う者に対して権利の存在を認める観念の通知である。承認が時効中断事由となりうる根拠について，権利行使説は，義務者により承認がなされると権利者はそれを信頼して請求を控えるため，あえて権利行使を行わなくても権利行使を怠ったことにはならない，という点をあげる。これに対して，権利確定説は，承認は義務者本人による相手方の権利の確認であり，このような行為は相手方の権利の存在を証明する有力な証拠である，という点に中断の根拠を求める。

承認を行うには，なんら特別な方式を必要としない。承認は，明示のみならず黙示でもよいとされ，①支払延期の懇請や②手形の書替えの承諾，③担保の提供などは，債務の承認と認められる。また，④債務の一部弁済は債務全体についての承認にあたる（最判昭和36・8・31民集15巻7号2027頁）。したがって，

〔設例1〕でBが債務の一部として50万円弁済した行為は，200万円の債務全体の承認となり，Aの貸金債権の時効を中断する。このほか，⑤利息の支払は元本債務の承認と認められる。これに対して，銀行が銀行内の帳簿に利息を元本に組み入れた旨記入する行為については，債権者たる預金者に表示されたわけではないから，承認があったと認めることはできないとされる（大判大正5・10・13民録22輯1886頁）。しかし，銀行内の記帳がすべて電磁化され，預金者は預金支払機で電磁化された内容を自動的に通帳に記帳できる今日，このような判例が通用しうるか検討する余地はあろう。

中断事由としての承認は，代理人でも行うことができる。しかし，物上保証人が被担保債権を承認しても，その承認は被担保債権の時効を中断する承認にはあたらず，物上保証人との関係でも中断の効力は生じない，とされる（最判昭和62・9・3判時1316号91頁）。

次に，承認は，相手方の権利について，それを処分する能力・権限がなくても行うことができる（156条）。そこで，たとえば被保佐人は保佐人の同意がなくても単独で承認をすることができる。しかし，承認を行うためには，管理の能力・権限は必要となる。したがって，未成年者が法定代理人の同意を得ずに行った承認は，取り消すことができる（大判昭和13・2・4民集17巻87頁）。

4　だれに中断の効力が及ぶか

148条によれば，法定中断は，時効中断の当事者およびその承継人の間においてのみその効力を有するとされる。ここで当事者とは，中断をした者とその相手方（債権者と債務者，所有者と占有者など）をいう。また，承継人には，相続人などの包括承継人と，物の買主などの特定承継人の両者を含む。これに対して，①Aの所有する土地をB・Cが共同占有していたとき，AがBに対して中断をしても，Cにはその効力は及ばず，②A・Bの共有地をCが占有している場合，AがCに対して中断しても，その効力はBには及ばない。また，③土地を占有するAが，Bの提起した所有物返還請求訴訟で敗訴しても，その土地の所有者と主張する別の者Cとの関係では時効中断効は生じず，したがって，AはCに対しては取得時効の成立を主張することができる。さらに，④連帯債務者に対する差押えや，連帯債務者の1人が行った承認は，他の連帯債務者に

対しては，時効中断とならない（440条）。

このような**中断の相対効**の根拠について，民法起草者は，法定中断はすべて特定人間の行為であることを理由とする（梅・前掲書380頁）。これに対して，権利確定説は，判決による時効中断の効力はその既判力の人的範囲（民訴115条）に限られるからである，と説明する（川島・474頁。もっとも，承認については，このような説明は困難である）。

以上の148条が定める中断の相対効に対しては，155条・292条・434条・457条1項の例外があり，たとえば，連帯債務者の1人に対して行った請求は，他の連帯債務者の時効も中断する（434条）。また，判例は，物上保証人は債務者の承認により生じた被担保債権の中断の効力を否定することはできない，とする（最判平成7・3・10判時1525号59頁）。なお，自然中断（164条，165条）は，取得時効の基礎である占有又は準占有の継続が断絶される場合であるから，その効力はすべての人に及ぶ。

5 中断後の時効の進行

たとえば，代金支払請求の訴えで勝訴した売主がその後長年月，強制執行を申し立てなかった場合，当該代金は判決後買主から売主に支払われ，代金債権は消滅した蓋然性が高いとも考えられよう。そこで，確定判決などにより時効が中断した後でも，占有や権利不行使の状態が長期間存在すれば，債務者や占有者を保護する必要が生じる場合も起こりうる。このため，いったん中断した時効も，その中断事由の終了した時から，新たな進行を始めるものとされる（157条1項）。

中断後新たに進行する時効の起算点を主な中断事由について説明すると，①裁判上の請求については判決確定時（157条2項），②破産手続参加，差押え・仮差押え・仮処分については，それら手続の終了時である。③催告が他の中断事由によって補強された場合は，その中断事由の終了時が新たな起算点となる。④承認はその通知が相手方に到達した時から，新たな時効の進行が開始する。

中断後の時効期間は原則として中断前の時効期間と同じ長さであるが，権利が判決などで確定した場合は，その権利について10年より短い時効期間の定めがある場合でも，時効期間は10年となる（174条ノ2第1項）。

◇ 論　点 ◇

1　一部請求と中断の範囲

　たとえば，債権額100万円の債権について，その1割の10万円を請求する場合のように，1個の債権の一部についてのみ請求する訴えが提起された場合，この請求によって債権全体の時効が中断するであろうか。判例は，この点について，①債権の一部についてのみ判決を求める旨明示して訴えが起こされた場合は，債権の一部のみが訴訟物となるのであるから，時効中断の効力はその一部の範囲においてのみ生じる，とする（最判昭和34・2・20民集13巻2号209頁）。これに対して，②債権の一部についてのみ判決を求める趣旨が明示されていないときは，債権の全部について中断の効力が生じる，とされる（最判昭和45・7・24民集24巻7号1177頁）。しかし，学説上は，異論が多い。

2　裁判上の催告

　訴えが形式的理由で却下されたような場合，「裁判上の請求」による時効の中断は認められないが（149条），その場合でも，権利者は，訴えの提起にともなって催告も行っていると解することができる。しかし，催告は暫定的な中断事由であり，6ヵ月以内に他の強力な中断手続をとることを必要とする（153条）。ところが，訴えが却下される前に6ヵ月が経過してしまえば，訴え提起によって権利を主張した者の権利は保護されないことになる。そこで，今日では，裁判上催告がなされた場合は，訴訟継続中催告が継続しているとして，これを「**裁判上の催告**」と名づけ，他の中断手続は訴訟終結後6ヵ月以内にとればよいとする理論が承認されている。

　有力説は，この理論を前述の一部請求訴訟や基本的法律関係確認の訴えなどに及ぼし，訴訟終結時から6ヵ月以内に訴えを提起すれば，残部の請求権や基本的法律関係から生じる請求権について中断が生じる，とする（我妻・467頁等）。判例は，①株券の返還請求に対して，訴訟中，その株券に関して生じた被担保債権の存在を主張して留置権の抗弁を提出した場合を「裁判上の催告」と認める（最大判昭和38・10・30民集17巻9号1252頁。ただし，本判決は，前掲最判昭和44・11・27によって変更されたと見ることもできる）。また，②破産の申立

てをした債権者が破産手続において行った権利行使の意思表示も「裁判上の催告」と同様に考えられ，破産の申立てが取り下げられた場合も，取下げ後6ヵ月以内に他の強力な中断事由に訴えればよい，とする（最判昭和45・9・10民集24巻10号1389頁）。

§11 時効の停止とはどのような制度か

1 停止とは

　時効の進行中，たとえば震災などで権利行使が不可能か著しく困難になったようなとき，時効の進行を一時停止させることが必要な場合があろう。この点，民法でも**時効の停止**が定められているが（158条以下），日本の民法では，時効の停止は，時効期間中いつでも認められるのではなく，時効完成まぎわに時効中断を困難にする事情が生じた場合にのみ認められる。また，その事情の終了後一定期間が経過するまでの間時効の完成を猶予する，という方法がとられているにすぎない。

2 どのような事情が生じたときに停止するのか（停止事由）

　(1)　時効期間満了前の6ヵ月内の間に，未成年者・成年被後見人に法定代理人がいないときは，未成年者・成年被後見人が能力者となるかまたは法定代理人が就職した時から6ヵ月の間は，これらの者に対して時効は完成しない（158条）。

　(2)　未成年者・成年被後見人がその財産を管理する父母または後見人に対して有する権利については，これらの者が能力者となるかまたは後任の法定代理人が就職した時から6ヵ月の間は時効は完成しない（159条）。

　(3)　夫婦の一方が他の一方に対して有する権利については，婚姻解消の時から6ヵ月の間は時効は完成しない（159条ノ2）。

　(4)　相続財産に関しては，相続人が確定するか，相続人不存在として管理人が選任されるか，または破産の宣告があった時から6ヵ月の間は時効は完成し

ない（160条）。ここで時効が停止する権利には，相続財産に属する権利のみならず，相続財産に対する権利も含まれる。

(5) 時効期間満了の時にあたり，地震・水害・戦乱などの天災その他避けることのできない事変のため中断をできない場合は，その妨害の終了した時から2週間の間は時効は完成しない（161条）。

§12　時効の援用とは何か

〔設例〕　BはAから500万円を借り受け，Bの親戚のCは，その担保として自己の不動産に抵当権を設定した。弁済期から10年以上経過後，突然Aから抵当権に基づくCの不動産の競売が申し立てられた。これに対して，Cは，Bの債務は消滅時効にかかっていると貸金債権の時効を援用する。この場合，Cの時効の援用は認められるか。

1　援用の性質

　時効の援用とは，〔設例〕におけるCの主張のように，時効が完成した場合に，時効の利益を受ける者が時効の利益を受けるという主張をすることをいう。わが民法は，一方で，時効の完成により権利が取得され，あるいは消滅すると規定しているが（162条，163条，167条〜174条），他方で，それだけでは裁判所は時効を適用できず，裁判所で時効が適用されるためには当事者がその援用をしなければならない，と一見矛盾するかのような規定を設けている（145条）。ここに援用の性質を論ずる意味が認められるのであるが，この問題は，時効の存在理由や法律構成をどのように解するかということと密接に関わる問題である。そこで，以下では，時効の法律構成について述べた§2の分類をもとに，さらに細分して説明することにする。

(1) 実体法説

(a) 確定効果説（攻撃防御方法説）　時効の完成によって権利の得喪が確定的に生じるということを前提として，援用は訴訟上の攻撃防御方法にすぎないとするものである（柚木・〔下〕341頁以下）。162条・167条等の文理に最も適合的な説であり，従来の判例である（大判大正8・7・4民録25輯1215頁）。しかし，この説に対しては，当事者が援用しなければ実体関係と裁判との間に矛盾が生じるなどの批判がある。

(b) 不確定効果説　この説は，時効の完成だけでは権利の得喪は確定しないという説であり，次の2つに細分される。

① 解除条件説　時効の完成によって一応権利の得喪が生じるが，この得喪は確定的ではなく，援用があれば時効の効果はそのまま確定し，時効を援用しない意思表示があれば権利の得喪はなかったことに確定するという説である（川名兼四郎『日本民法総論』〔訂正6版〕284頁以下等）。時効の効果の発生を解除条件的にとらえるため，このように呼ばれる。

② 停止条件説　時効の完成により時効の効果は停止条件的に発生するだけであり，援用があってはじめて権利の得喪が生じるとする説であり，通説である（我妻・444頁以下等）。この説では，援用は，時効の効果を確定させる意思表示ととらえられる。近時の判例にはこの説に従うものがあるが（最判昭和61・3・17民集40巻2号420頁），農地の所有権移転許可申請協力請求権（農地法3条参照）の消滅時効に関する特殊な事案である。

(c) 要件説　不確定効果説は援用を条件的なものと解するが，条件とは本来法律行為に付けられるものであるから，「条件的」とはいっても，それは比喩的な説明を施しているにすぎない。これに対して，要件説とは，時効の完成とともに，援用を時効の効果発生のための一要件と解するものであり，近時有力な説である（中島弘道「時効制度の存在理由と構造（2・完）」法学新報64巻5号7頁以下等）。

(2) 訴訟法説（法定証拠提出説）

時効は時の経過そのものに人証・書証に勝る強力な証拠価値を与えた制度であり，時効の援用は，そのような法定証拠を裁判所に提出する行為だとする説である（吾妻・前掲論文37頁等）。この説は，攻撃防御方法説と同様，援用を訴訟法上の行為と解するが，攻撃防御方法説が時効を実体法上の権利得喪原因と

しているのに対し，時効制度全体を訴訟法上の制度と説明する点で大いに異なっている。

2　だれが援用できるのか（時効の援用権者）

〔設例〕で，Aの貸金債権が消滅すればCは抵当権の負担を免れることになるから（抵当権の付従性），貸金債権が時効にかかった場合，Cは独自にその時効を援用することができそうな気がする。しかし，民法は，援用権者を単に「当事者」と定めているだけであり（145条），どのような者が「当事者」に含まれるかについては明確でない。

　この点について，大審院は，145条の「当事者」を「時効ニ因リ直接ニ利益ヲ受クヘキ者」（**直接受益者**）と解し（大判明治43・1・25民録16輯22頁等），保証人・連帯保証人はこれにあたるが，抵当権設定者，抵当不動産の第三取得者，詐害行為の受益者などは間接受益者にすぎないので債権の消滅時効を援用できない，と援用権者を狭い範囲で認めていたにすぎなかった。

　これに対し，学説は，大審院の見解はすこぶる狭いと批判し，援用権者を，①「時効によって直接権利を取得しまたは義務を免れる者の他，この権利または義務に基づいて権利を取得しまたは義務を免れる者」（我妻・446頁），②直接・間接を問わず「時効によって当然に法律上の利益を取得する者」（柚木・〔下〕352頁），③「当該の訴訟上の請求について時効の主張をなす法律上の利益を有する者」（川島・454頁）などと定義し，より広範囲の者を援用権者と認める。

　このような批判を受けて，最高裁は，時効により「直接利益を受ける者」が援用権者であるという基準はそのまま維持しながら，援用権者の範囲を徐々に拡張してきた。すなわち，①他人の債務のため自己の所有物を譲渡担保に供した者（最判昭和42・10・27民集21巻8号2110頁），②物上保証人（抵当権設定者）（最判昭和43・9・26民集22巻9号2002頁），③抵当不動産の第三取得者（最判昭和48・12・14民集27巻11号1586頁），④仮登記担保権が設定された不動産の第三取得者（最判昭和60・11・26民集39巻7号1701頁）は被担保債権の消滅時効を援用できるとされ，さらに，⑤詐害行為の受益者は，被詐害債権の時効を援用できるとされる（最判平成10・6・22民集52巻4号1195頁）。また，債務者の一般債

権者は，当然には他の債権者の債権の消滅時効を援用できないが，⑥債務者が無資力の場合は，債権者代位権（423条）により債務者に代位することによって，債務者に対する他の債権者の債権（債務者が物上保証人であるときは，被担保債権）の時効を援用できる，とされる（前掲②最判）。以上のように，今日の判例では，少なくとも消滅時効については，かなり広範囲の者が援用権者とされるに至った（上記のほか，最判平成2・6・5民集44巻4号599頁，最判平成4・3・19民集46巻3号222頁）。取得時効については，一般に，時効取得者自身はもちろん，この者から地上権や抵当権の設定を受けた者も取得時効を援用できるとされるが（通説），判例は，建物賃借人が建物賃貸人の敷地所有権の取得時効を援用することを否定する（最判昭和44・7・15民集23巻8号1520頁）。

なお，近時の学説の中には，援用権者の範囲は援用が問題になっている者の類型ごとにきめ細かく考えるべきであり，一律に広げることには賛成できないとする有力説も存在する（星野・285頁）。

3 どこで援用するのか（援用の場所）

攻撃防御方法説・法定証拠提出説によれば，援用は訴訟上の行為とされるため，必ず裁判所で行う必要がある。一方，援用を，時効の利益を受けるという実体法上の意思表示と解する説では，裁判外でも援用が認められる。ただし，裁判外で援用が行われても，その事実は裁判で主張されることを要するから，実際上，両説の間に差異はないともいえる。

4 いつまでに援用するのか（援用の時期）

時効の援用は，事実審の口頭弁論終結時までになされればよい。それゆえ，第1審で援用していないときでも，第2審で援用することができる（大判大正7・7・6民録24輯1467頁）。しかし，法律審である上告審で初めて援用することは認められない（大判大正12・3・26民集2巻182頁）。

5 援用の撤回

判例は，時効の援用は訴訟上の攻撃防御方法にすぎないから，当事者は自由に撤回できるとする（大判大正8・7・4民録25輯1215頁）。法定証拠説も同旨

を述べる（川島・447頁）。これに対し，停止条件説を主張する有力説は，援用は時効の効力を実体法上確定させるものであることを根拠に，撤回を否定する。

6 援用の相対効

援用の効果は，援用した当事者とその相手方以外の者には及ばない。時効の援用が当事者の意思を顧慮した制度である以上，時効の効果を受けるか否かは，各当事者において独自に決定すべきと考えられるからである。したがって，物上保証人が被担保債権の消滅時効を援用しても，債務者にはその効力は及ばず，以後は，担保の伴わない債権となる。また，判例は，共同相続人の一人Bが被相続人Aにおいて完成した取得時効を援用した場合でも，その援用の効力は他の共同相続人Cの持分には及ばず，裁判所はBの持分についてのみ時効を適用できるだけである，とする（大判大正8・6・24民録25輯1095頁）。

◇ 論　点 ◇

援用の実質的根拠

援用の法的性質については前述したが，これとともに問題となるのが援用が必要とされる実質的根拠である。この点，攻撃防御方法説や法定証拠説は弁論主義の当然の帰結とするが，これに対しては，なぜ民法がわざわざ当然のことを規定したのかという批判がある（参考文献(1)181頁）。

一方，通説は，時効の利益を受ける立場にある者がそれをいさぎよしとしない場合に，その者の意思を尊重する必要がある，という点を強調する（我妻・432頁）。しかし，このような説明は，時効を，無権利者に権利を取得させ義務者に義務を免れさせる制度と解する考え方に基づくものであり，疑問である。むしろ，時効の根本的存在理由を，真の権利者や既に弁済した者などの保護にあるととらえた上で，援用を当事者の良心に託せば，不正な時効取得や時効消滅を防ぐ一助となりうると解するのが正当であろう。

§13 時効利益の放棄と時効完成後の債務の承認

〔設例〕 商店を経営するBはAから営業資金として200万円借りたが、返済期に返せる見込みがなかったため、返済の猶予を申し出て認められた。その後Aからは長期間請求がなかったが、返済猶予を申し出てから5年半ほど経過した時、突然Aから支払いを請求する書状が届いた。Bは全額を払うことが困難であったため、Aに対して分割払いの申し出をしたが、しばらくして既に時効が完成していることに気づいた（商522条参照）。Bの申し出を了承したAから第1回目の割賦金を請求されたとき、Bは時効を援用して支払いを拒むことができるか。

1 時効完成前の放棄

時効完成前に時効の利益を放棄することはできない（146条）。その理由としては、一般に、①公益上の制度である時効を個人の意思であらかじめ排除することは認められない、②貸金債権などの債権者が債務者の不利な立場につけ込んで時効利益の放棄を強要することを防ぐということがあげられる。しかし、①の理由では、146条の立法趣旨を具体的に説明したことにはなりえない。したがって、もっぱら②の理由がその根拠となろう。

なお、時効期間延長の特約とか時効の起算点を遅らせる特約のように、時効の完成を困難にする特約は、146条の趣旨から無効と解される。これに対し、時効の完成を容易にする特約は有効とされる。また、時効期間進行中の放棄は、時効を中断する承認（147条3号）と見ることができる。

2 時効完成後の放棄

時効完成後の放棄は、146条の反対解釈により可能である。この場合の放棄は、時効の援用権者が時効の利益を受けないということを示す意思表示であるが、その法的性質については、援用学説の差異に伴い、説明が異なる。すなわ

ち，解除条件説によれば，時効の完成によって時効の効果は不確定的に発生するが，放棄は，その効果を発生しなかったことに確定させる意思表示であり，停止条件説によれば，時効の完成だけではまだ不確定であった時効の効果について，それを発生しないことに確定させる意思表示ということになる。また，法定証拠提出説では，時効という法定証拠を裁判所に提出しない旨の意思表示ということになろう。

3　時効完成後の債務の承認

〔設例〕で，Bは時効の完成を知らずに分割払いを申し出ている。このように，時効完成後，債務の全部または一部の弁済，分割払いの約束，弁済の猶予の懇請など債務の弁済や承認をしたとき，債務者は，ふつう時効の完成を知らないままそれらを行っていると考えられる。では，この場合，債務者は時効を援用して，以後の弁済を拒否したり，既に弁済したものの返還を非債弁済（705条）として請求できるであろうか。

この点について，かつての判例は，これを時効利益の放棄の問題ととらえ，時効利益の放棄の意思表示は完成した時効の存在を知ってなすことを要するとしていた。しかるに一方で，債務者が債務を承認すれば債務者は時効の完成を知っていたものと推定され，債務者がその不知を立証しない限り，時効利益の放棄が認定されるものとしたが（最判昭和35・6・23民集14巻8号1498頁等），この立証はなかなか認められなかった。しかし，上述のような推定は明らかにわれわれの経験則に反するものであり，この点，学説からは大いに批判を受けていた。

そこで，その後の最高裁は，この批判を受け入れて，時効完成後に債務を承認した場合，時効完成を知って時効利益を放棄したという推定はできないが，債務者は時効の完成を知らなかったときでも以後時効を援用できない，と判例を変更した（最大判昭和41・4・20民集20巻4号702頁）。そして，同判例によれば，その根拠としては，次の2つがあげられる。①債務者が債務の承認をすれば，相手方は，債務者はもはや援用しない趣旨であると信頼するであろうから，時効の援用を認めないことが信義則に合致する。②このように解しても，永続した社会秩序の維持を目的とする時効制度の存在理由に反するものではない。

時効完成後に債務の弁済または承認をした者は，時効の援用権を喪失する。したがって，時効完成後に弁済したものの返還を請求することもできない。

4 時効利益の放棄および援用権喪失の効果
(1) 相 対 効
時効利益の放棄または援用権の喪失の効果は，援用と同じく，相対的である。そこで，債務者が行った時効利益の放棄または債務承認の効果は，保証人（大判大正5・12・25民録22輯2494頁），連帯保証人（大判昭和6・6・4民集10巻401頁等）や物上保証人（前掲最判昭42・10・27），抵当不動産の第三取得者（大判大正13・12・25民集3巻576頁）などには及ばない。

以上とは逆に，時効完成後に時効利益の放棄または債務の承認をした保証人や連帯保証人は主たる債務の時効を援用できるか。大審院はこれを認める（大判昭和7・12・2新聞3499号14頁）。これに対し，主たる債務の時効完成後に主債務者がその債務を承認し，保証人がそのことを知って保証債務を承認した場合は，保証人が主たる債務の時効を援用することは信義則に照らし許されない，とされる（最判昭和44・3・20判時557号237頁）。

(2) 新しい時効の進行
時効利益の放棄または時効完成後の債務の承認の後は，その時から新しい時効が進行し，債務者は，再度完成した時効について援用が可能となる（最判昭和45・5・21民集24巻5号393頁）。

◇ 発展・研究 ◇

時効完成後の承認による援用権喪失の根拠

時効完成後の債務の承認については，その理論構成はともあれ，各学説とも判例と同様に，時効完成の知・不知にかかわらず，以後の時効の援用を否定する。しかし，長期間が経過した場合の債権消滅の蓋然性を根拠に，弁済などにより既に債務を免れた者の立証困難を救済するという点に債権の消滅時効の存在理由を求めるならば，債務の承認は，それが時効完成後になされた場合であっても，時効中断事由としての承認と同じく，債務者が債務の存在を認める行為であり，これによって債権消滅の蓋然性は破られることになる，と考えら

れよう。したがって，この場合に，債務者が時効を援用できないことは，当然のことだといえる。もっとも，取引の短期決済の要請を主たる存在理由とする商事時効については，判例のように，信義則が前面に出てくることになろう。

§14 時効類似の制度にはどのようなものがあるか

〔設例〕 BはAにだまされて北海道の原野を購入し，代金500万円を払った。その後Bは，Aの詐欺に気づいて売買契約を取り消し，代金の返還を求めて訴えを提起した。

1 除斥期間
(1) 除斥期間とは
　権利行使の期間を制限する制度としては，消滅時効以外に，除斥期間をあげることができる。**除斥期間**とは，権利関係が速やかに確定されることを目的とするものであり，権利者による権利行使がその期間内に行われないと，権利は絶対的に消滅する。

　このため，除斥期間は，以下の点で消滅時効と異なるとされる。①中断がなく，期間は固定されている。②援用の必要がなく，期間が満了すれば，裁判所は当然に権利の消滅を認定できる。③期間の起算点は，消滅時効のように権利行使可能時ではなく，権利発生時である。④消滅時効のような遡及効は存在しない。以上に対し，権利者にとって酷となることを避けるため，⑤天災・事変による時効の停止を定めた161条は，除斥期間にも類推適用すべきものとされる（我妻・437頁以下等）。また，最近の判例には，不法行為による損害賠償請求権に関する724条後段の20年の期間を除斥期間と解した上で，同期間満了前6ヵ月内に心神喪失の常況にある者（旧7条参照）が法定代理人を有しなかった場合について，158条の法意に照らし除斥期間の効果は生じない，と判示し

たものがある（最判平成10・6・12民集52巻4号1087頁）。

(2) 具体的検討

起草者は，民法に期間制限がある場合，時効は明文で示したもののみがそれにあたり，他の期間はすべて除斥期間である，と考えていた（梅・前掲書370頁）。しかし，近時は，必ずしも民法の字句にこだわる必要はなく，権利の特質に応じた解釈をすべきだ，とする説が主流になっている。以下，とくに問題となる**形成権**について検討する。

(a) 明文で時効期間が定められている形成権　一般に，形成権にはその性質上消滅時効はありえず，除斥期間のみが問題となる，とされる。しかし，民法には，取消権（126条）のように，形成権であるにもかかわらず「時効ニ因リテ消滅ス」という明文があり，しかも，長期・短期の二重の期間が設けられている権利もある。

従来，このような場合については，条文上はっきりしている短期の期間のほうは時効期間であるが，長期の期間は除斥期間である，という解釈がなされていた。これに対して，有力説は，形成権の性質から，長短両期間とも除斥期間であり，しかも，権利関係を速やかに確定するという趣旨から，形成権行使の結果生じる請求権（不当利得返還請求権など）も含めた期間制限である，とする（我妻・404頁以下，439頁）。したがって，〔**設例**〕のBは，詐欺にかかったことを知った時から5年以内に（126条前段），単に取消の意思表示をするだけではなく，代金の返還を求める訴えの提起もしなければならない（我妻・438頁参照）。

一方，少数説は，形成権は請求権などを発生させるための手段的権利にすぎず，取消権のように，形成権に時効が規定されている場合は，形成権の行使によって生じる請求権の時効を意味する，と主張する（川島・441頁以下）。そこで，この説では，〔**設例**〕において，もしAが代金の返還を約束したような場合は，承認があったものとして時効が中断すると考えられよう（なお，Bがまだ代金を払っていない場合は，抗弁権の永久性により，時効は問題とならないことになる→§9◇論点◇）。

(b) 期間の定めのない形成権　解除権（541条以下）・売買予約完結権（556条）のように，期間の定めのない形成権はどうであろうか。これについて

は，167条2項が財産権一般の時効を規定しているような表現のため，一見20年の期間制限に服するように見えないわけでもない。

しかし，判例は，これらの権利は特定の人に対する権利であるから，債権に準じて10年（商事の場合は5年）の時効により消滅する，と判示する（大判大正5・5・10民録22輯936頁，大判大正10・3・5民録27輯493頁，最判昭和56・6・16民集35巻4号763頁，最判昭和62・10・8民集41巻7号1445頁）。また，解除権行使の結果生じる原状回復請求権の時効は，解除権の時効とは別個に，契約解除のときから進行する，とされる（大判大正7・4・13民録24輯669頁）。

これに対して，有力説は，とくに解除権について，解除権行使の結果生じる請求権が10年の時効にかかることとの権衡上，解除権は10年（商事は5年）の除斥期間に服し，解除の結果生じる請求権もその期間内に行使すべきものとする（我妻・439頁，497頁以下）。さらに，債務不履行を理由とする解除権については，本来の債務が時効消滅すれば，もはや解除権も，解除後の請求権も行使できないという（我妻『債権各論上巻』207頁以下）。一方，少数説は，手段的な権利である形成権の時効を考える必要はなく，解除権や予約完結権の行使によって生じる請求権の時効のみを考えればよい，とする（川島・542頁）。

(c) 短い期間の定めがある形成権　たとえば，売主担保責任における買主の解除権・代金減額請求権には1年の権利行使期間が規定されているが（564条，565条，566条3項，570条），その期間の性質については，なんら定められていない。判例は，これを除斥期間と解する。そして，代金減額請求権などは1年以内に裁判外で行使されればよく，その行使があれば減額による代金返還請求権は保全され，その時から独自に時効が進行する，という考えをとる（大判昭和10・11・9民集14巻1899頁）。これに対して，有力説は，問題を速やかに解決しようとする立法の趣旨から，1年の期間内に請求の訴えを提起する必要がある，とする（我妻『債権各論中巻1』279頁）。しかし，最近は，形成権に短期の除斥期間が適用される場合，有力説の解釈は実質的妥当性の点で疑問があるとして，判例に賛成する説も登場している（内田・315頁）。

2　権利失効の原則

消滅時効や除斥期間のほかに，長期間の権利不行使によって権利の行使が否

定される制度として，学説上**権利失効の原則**が唱えられることがある。権利失効の原則とは，権利者が長期間自己の権利を行使しないでいると，相手方がその権利はもはや行使されないであろうという期待を抱くことがあるが，その結果，権利者の権利行使が信義に反すると認められるようになった場合に，その行使を否定する考え方である。権利失効の原則は，消滅時効や除斥期間のように，一定の期間が定められているわけではなく，また，当事者の援用を要しない，という点に特徴がある。この原則は，時効期間や除斥期間が満了する以前に権利行使を拒絶できるという点に，その実益が見出される。

　判例は，解除権の行使について，一般論としてはこの原則を肯定しているようにも評価できるが，具体的事案の解釈としては，解除権の行使が信義則に反するものと認むべき事由は存在しなかったとして，解除を有効と判断している（最判昭和30・11・22民集9巻12号1781頁）。また，その後の判例においても，権利失効の原則の適用は否定されている（最判昭和40・4・6民集19巻3号564頁，最判昭和41・12・1判時474号15頁）。

〔参考文献〕

(1) 星野英一『民法論集第4巻』（有斐閣，1978年）（「時効に関する覚書――その存在理由を中心として――」）
(2) 星野英一編集代表『民法講座1』（有斐閣，1984年）（松久三四彦「時効制度」，山崎敏彦「抗弁権の永久性」）
(3) 内池慶四郎『消滅時効法の原理と歴史的課題』（成文堂，1993年）
(4) 金山直樹『時効理論展開の軌跡』（信山社，1994年）
(5) 草野元己『取得時効の研究』（信山社，1996年）
(6) 広中俊雄＝星野英一編『民法典の百年Ⅱ』（有斐閣，1998年）（山本豊「民法145条」，松久三四彦「民法162条・163条」，金山直樹「民法166条1項・167条，173条・174条」）

事項索引

い

意思主義 …………………………130
意思能力 ……………………………32
意思の通知 ………………………110
意思表示 …………………………128
　——の解釈 …………………………129
　——の欠缺 …………………………129
　——の効力発生時期 …………160,161
　——の到達 …………………………161
一部請求 …………………………266
一物一権主義 ………………………97
一部無効 …………………………200
一般条項 ……………………………22
委任状 ……………………………172
インスティテュティオーネン ……15,18

え

営利法人 ……………………63,65,77,89
NPO法人の設立 ……………………70
エストッペル ………………………21
援用の時期 ………………………271
援用の相対効 ……………………272
援用の撤回 ………………………271
援用の場所 ………………………271

お

応訴 ………………………………260

か

外形理論 ……………………………83
解除権 ……………………………277
蓋然性 ………………………230,248

か

改良行為 …………………………173
拡張解釈 ……………………………11
確認の訴え ………………………260
瑕疵 ………………………………238
瑕疵ある意思表示 ………………129
瑕疵担保責任と錯誤 ……………150
果実 ………………………………106
果実収取権 ………………………106
過失責任の原則 ……………………18
過失相殺 ……………………………83
割賦払債権 ………………………250
可分物 ………………………………98
監事 …………………………………72
観念の通知 ………………………110
元物 ………………………………106

き

期間の満了点 …………………225,226
期限
　——に親しまない行為 ……………218
　——の到来 …………………………219
　——の利益 …………………………220
　——の利益喪失 ……………………221
　——の利益喪失約款 …………222,253
　——の利益放棄 ……………………220
期限付き権利 ……………………219
起算点 ……………………………225
起算日 …………………………225,244
期待権 …………………………210,215
規範的解釈 ………………………116
寄付行為 ……………………63,64,68
強行規定 …………………………124
強迫による意思表示 ……………157

強迫の効果 …………………………159
強迫の要件 …………………………158
共　有………………………………62
共有説………………………………92
許可主義 ……………………………66
虚偽表示 ……………………………134
居　所 ………………………………51
禁制物 ………………………………98
禁反言（エストッペル）……………23

け

形成権 ……………………………21, 256
契　約 ………………………………111
契約解除と第三者 …………………138
原始取得 ……………………………244
現受利益 ……………………………203
顕名主義 ………………………86, 169
権利確定説 ……………………259, 261
権利行使説 …………………………258
権利行使の継続 ……………………245
権利得喪原因 ………………………234
権利の上に眠れる者 ……………230, 259
権利能力 ……………14, 16, 27, 28, 57
　——の始期 ………………………28
　——の終期 ………………………30
権利能力制限説 ……………………75
権利能力なき社団 …………61, 88, 89, 90
　——の代表者の責任 ……………93
権利の客体 …………………………95
権利濫用 …………………………25, 87
　——の禁止 ………………………23
　——の法理 ………………………24
権利濫用説 …………………………87

こ

行為規範 ……………………………8
行為能力 ……………………………34
行為能力制限説 ……………………76

公益財団法人 ………………………58
　——の設立要件 …………………68
公益社団法人 ………………………58
　——の設立要件 …………………67
公益法人 ………………………63, 65, 89
後　見 ………………………………39
合資会社 ……………………………62
公序良俗 ………………………120, 121
公序良俗違反の効果 ………………123
公信力 ………………………………138
合成物 ………………………………97
合同行為 …………………………67, 112
公　物 ………………………………239
抗弁権 ……………………………21, 256
公法上の行為 ………………………192
公法人 ………………………………62
合名会社 ……………………………62
合　有 ………………………………62
合有説 ………………………………92

さ

債権者意思説 ………………………253
債権者代位権 ………………………145
債権の不行使 ………………………248
催告権 ……………………………49, 183
財産権 ………………………………20
財産行為 ……………………………113
財　団 ………………………………58
財団法人 …………………………63, 64
裁判規範 ……………………………8
詐欺による意思表示 ………………153
詐欺の効果 …………………………154
詐欺の要件 …………………………153
錯　誤 ………………………………140
　——の効果 ………………………144
　——の無効 ………………………145
錯誤と詐欺の峻別 …………………145
錯誤と詐欺の二重効 ………………149

282　事項索引

詐　術………………………………50

し

時　効
　──の援用 …………………………233
　──の援用権者 ……………………270
　──の進行 …………………………248
　──の存在理由 …………………229, 232
　──の法律構成 ……………………232
時効完成後の債務承認 ………………274
時効完成後の放棄 ……………………273
時効完成前の放棄 ……………………273
時効期間 …………………………236, 249
　──の起算点 ………………………239
時効取得の登記 ………………………242
時効中断事由 …………………………258
時効中断の根拠 ………………………258
時効中断の当事者 ……………………264
時効利益の放棄 ………………………273
自己契約 ………………………………174
自己のためにする意思 ………………245
自己の物の時効取得 …………………243
事実行為 …………………………111, 193
事実たる慣習 …………………………13
事実的契約関係説 ……………………111
使　者 …………………………………170
自然人 …………………………………57
自然中断 ………………………………246
質　権 …………………………………245
失踪宣告 ………………………………53
実体法 …………………………………6
実体法説 …………………………233, 269
私的自治（意思自治） ………………198
　──の拡充 …………………………167
　──の原則 ………………………18, 114
　──の補充 …………………………166
　──の裏面 …………………………18
支配可能性 ……………………………96

支配権 …………………………………21
私法人 …………………………………63
社員権 …………………………………21
社員総会 ……………………………61, 68, 72
社会法 …………………………………4
社　団 …………………………………58
社団法人 ………………………………63
集合物 …………………………………97
住　所 …………………………………51
修正的解釈 ……………………………118
自由設立主義 …………………………67
従たる権利 ……………………………105
重複適用 ………………………………192
従　物 …………………………………103
縮小解釈 ………………………………11
授権行為 ………………………………172
出世払債務 ……………………………222
取得時効 ………………………………229
　──の目的物 …………………239, 244
主　物 …………………………………103
準則主義 ………………………………66
準物権 …………………………………245
準法律行為 ……………………………110
承継人 …………………………………241
条　件 …………………………………222
　──に親しまない行為 ……………212
　──の成就 ……………………213, 214
条件事実 ………………………………211
条件付き権利 …………………………215
使用者責任 ……………………………82
承諾の効力発生時期 …………………164
消費物 …………………………………98
消滅時効 ………………………………247
　──の起算点 ………………………252
　──の存在理由 ……………………252
職務行為 ………………………………82
除斥期間 ………………………………206
　──の推定 …………………………240

所有権絶対の原則 …………………17
所有権の永久性 ……………………255
所有権の取得時効 …………………235
所有ノ意思 …………………………235
自力救済 ………………………………6
人格権 …………………………………20
信義誠実の原則（信義則）……22, 25
信義則違反 …………………………87
新権原 …………………………225, 241
信託説 ………………………………92
心裡留保 ………………………87, 131
　──と第三者 ……………………132
　──における無効の主張権者 …132

せ

請求権 …………………………………21
制限能力者 …………………………203
　──の現受利益 …………………206
清算人 ………………………………88
清算法人 ……………………………88
成年擬制 ……………………………38
成年後見制度 ………………………35
成文法主義 …………………………8, 9
絶対的無効 …………………………199
設立中の会社 ………………………89
善意 …………………………………236
占有回収の訴え ……………………238
占有継続 ……………………………237
　──の推定 ………………………238
占有承継 ………………………238, 240
先例拘束性 …………………………9

そ

相殺 …………………………………254
相対的無効 …………………………199
双方代理 ……………………………174
総有 ………………………………62, 90
遡及効 ………………………………254

遡及的無効 …………………………203
即時取得 ……………………………232
即時進行説 …………………………253
属人主義 ……………………………12
属地主義 ……………………………12
訴訟法説 ………………………233, 269

た

体系的解釈 …………………………10
大祭日 ………………………………226
対人主義 ……………………………12
代替物 ………………………………98
代理権授与行為 ……………………172
代理権消滅による表見代理 ………195
代表権制限説 ………………………76
代理権の濫用 ………………………133
代理の三面関係 ……………………167
脱法行為 ……………………………126
単一物 ………………………………97
短期取得時効 …………………231, 232
　──の目的物 ……………………237
単純随意条件 ………………………215
単独行為 …………………………68, 112
単独所有説 …………………………92
担保責任 ……………………………239
担保物権 ……………………………255

ち

地役権 ………………………………246
中間法人 ……………………………65
長期取得時効 ………………………231

つ

追認拒絶権 …………………………182
追認権 ………………………………182
追認権者 ……………………………205
通知預金債権 ………………………249

て

定款 ……………………………………63, 67
定期給付債権 …………………………250
定着物 ……………………………100, 101
手続法 ……………………………………6
転得者の法的地位 ……………………139
天然果実 ………………………………107

と

動機の錯誤 ………………141, 142, 146, 148
動産 ……………………………………102
到達主義 ………………………………161
特定非営利活動促進法 ……………58, 69
特定物 …………………………………98
特許主義 ………………………………67
取消 ………………………………198, 203
　　──と第三者 …………………138
取り消しうる行為 ………………199, 203
取消権 ……………………183, 257, 277
取消権者 …………………………199, 203
取消後の第三者 ………………………156
取消的無効 ……………………………199
取締規定 ………………………………125

な

名板貸 …………………………………190
内部責任説 ……………………………76

に

二重弁済 ………………………………231
任意規定 ………………………………124
任意後見 ………………………………45
任意後見契約の内容 …………………47
任意的記載事項 ………………………67
認証 ……………………………………70

の

能力外の法理 …………………………75

は

白紙委任 ………………………………191
白紙委任状 ……………………………172
発信主義 …………………161, 164, 165
反訴 ……………………………………260
反対解釈 ……………………………8, 11
パンデクテン方式 …………………15, 18

ひ

非営利法人 ……………………………78
非消費物 ………………………………98
必要的記載事項 ………………………67
非配偶者間人工受精 …………………32
表見代理 …………………………85, 189
　　──の規定 …………………………87
　　代理権授与表示による── …192
　　代理権踰越による── ………195
表見代理責任 …………………………84
表見代理説 ……………………………87
表示主義 ………………………………130
表示の錯誤 ……………………………141

ふ

不確定期限 ……………………212, 222
不確定的無効 …………………………200
不可分物 ………………………………98
復代理 …………………………………176
復任権 …………………………………176
不在者の財産管理 ……………………52
不真正連帯債務 ………………………84
付随義務 ………………………………195
不代替物 ………………………………98
負担付き遺贈 …………………………210
負担付き贈与 …………………………210

物権的請求権 …………………256
不動産 ……………………………100
不特定物 …………………………98
不能条件 …………………………215
不文法主義 ……………………8,9
不法原因給付 …………………123
不法行為 …………………………84
不法条件 …………………………214
不融通物 …………………………97
不要式行為 ……………………112
文理解釈 …………………………8

へ

平穏・公然の占有 ……………236

ほ

法人 …………………………57,89
　──の権利能力 ………………75
　──の設立主義 ………………67
　──の能力 ……………………74
　──の不法行為責任 …80,82,84
　──の目的の範囲 …………74,77
法人格 ……………………………89
法人格否認の法理 ………………61
法人擬制説 …………………59,81
法人実在説 …………………59,81
法人否認説 ………………………59
法人法定主義 …………58,61,89
法定果実 ………………………107
法定証拠 ………………………233
法定証拠説 ……………………233
法定代理人 ………………………38
法定追認 ………………………205
法的人格 …………………………27
法的人格平等の原則 ……………27
暴利行為 ………………………121
法律意思 …………………………11
法律行為 ………………………109

──の解釈 ……………………115
法律行為自由の原則 …………113
　──の修正 …………………114
法律効果 ………………………109
法律上の推定 …………………232
法律的行為 ……………………110
法律不遡及の原則 ………………12
法律要件 ………………………109
保佐 ………………………………41
補充的解釈 ……………………117
補助 ………………………………44
保存行為 ………………………173

み

未成年者 …………………………37
身分権 ……………………………21
身分行為 ………………………113
民法上の組合 …………………60,89
民法法人 …………………………66
　──の消滅 ……………………88
　──の登記 ……………………68
民法法人制度 ……………………65

む

無過失 …………………………237
無記名債券 ……………………102
無権代理 …………………87,181
無権代理行為の追認 …………201
無効 ………………………195,198
　──の主張権者 ……………144
　──の対抗不能 ……………135
無効行為の追完の法理 ………201
無効行為の追認 ………………201
無体財産権 ……………………245
無体物 ……………………………96

め

名義貸 …………………………190

286　事項索引

明認方法 …………………………102

も

目的解釈（目的論的解釈） ………8, 11

ゆ

融通物 ……………………………97
有体物 ……………………………95

よ

用益物権 …………………………245, 255
要式行為 …………………………112

り

利益相反行為 ……………………174
利益衡量説 ………………………92
理　事 ……………………………62, 71
　　――の個人責任 ………………84
　　――の代表機関 ………………71
　　――の代表権 …………………72, 75
　　――の代表権制限 ……………73
立証困難の救済 …………………233
立法者意思 ………………………11
利用行為 …………………………173
領土主義 …………………………12

る

類推解釈 …………………………12

れ

連帯債務 …………………………84

ろ

論理解釈 …………………………10

わ

和解と錯誤 ………………………151

判 例 索 引

大判明治32・3・25民録 5 輯 3 巻37頁 ……120
大判明治35・12・22民録 8 輯133頁 …………82
大判明治36・1・29民録 9 輯102頁 …………77
大判明治36・5・21民録 9 輯874頁 …………98
大判明治37・3・29民録10輯335頁…………251
大判明治38・5・11民録11輯706頁 …………33
大判明治40・2・12民録13輯99頁……………77
大判明治40・3・27民録13輯359頁…………179
大判明治40・6・13民録13輯643頁…………250
大判明治41・12・15民録14輯1276頁 ………11
大判明治42・4・40民録15輯439頁…………261
大判明治43・1・25民録16輯22頁 …………270
大判明治43・12・9 民録16輯910頁…………213
大判大正元・12・25民録18輯1078頁…………77
大判大正 8・7・4 民録25輯1215頁…………269
大判大正 2・6・16民録19輯637頁…………236
大判大正 2・7・2 民録19輯598頁…………237
大判大正 2・7・9 民録19輯619頁 …………77
大判大正 3・3・12民録20輯152頁…………249
大判大正 3・11・2 民録20輯865頁…………127
大判大正 4・3・24民録21輯439頁…………249
大判大正 4・6・23民録21輯1005頁 ………241
大判大正 5・5・8 民録22輯931頁…………158
大判大正 5・5・10民録22輯936頁…………278
大判大正 5・6・23民録22輯1161頁 ………256
大判大正 5・9・20民録22輯1440頁 ………102
大判大正 5・10・13民録22輯1886頁 ………264
大判大正 5・12・6 民録22輯2359頁…………50
大判大正 5・12・25民録22輯2404頁 ………275
大判大正 6・2・24民録23輯284頁…………142
大判大正 6・9・6 民録23輯1331頁 ………120
大判大正 6・9・6 民録23輯1319頁 ………154
大判大正 6・9・18民録23輯1342頁 ………152
大判大正 6・9・26民録23輯1495頁…………50
大判大正 6・11・8 民録23輯1772頁 ………238
大判大正 7・3・2 民録24輯423頁……242, 243
大判大正 7・3・17刑録24輯241頁 …………82
大判大正 7・4・13民録24輯669頁…………278
大判大正 7・7・6 民録24輯1467頁…………271
大判大正 7・10・12民録24輯1954頁 ………121
大判大正 7・12・3 民録24輯2284頁…………144
大判大正 8・3・3 民録25輯362頁……………24
大判大正 8・4・21民録25輯624頁…………179
大判大正 8・6・24民録25輯1095頁 ………272
大判大正 8・6・30民録25輯1200頁 ………262
大判大正 8・7・4 民録25輯1215頁…………271
大判大正 8・10・8 民録25輯1859頁 ………249
大判大正 8・10・13民録25輯1863頁 ………237
大判大正 8・12・16民録25輯2316頁 ………143
大判大正 9・5・25民録26輯759頁…………254
大判大正 9・5・28民録26輯773頁…………120
大判大正 9・6・5 民録26輯812頁…………179
大判大正 9・7・23民録26輯1171頁 ………136
大判大正 9・10・18民録26輯1551頁 ………136
大決大正 9・12・18民録26輯1947頁…………23
大判大正10・3・5 民録27輯493頁…………278
大判大正10・6・2 民録27輯1038頁 ………117
大判大正10・6・4 民録27輯1062頁 ………250
大判大正10・9・29民録27輯1774頁 ………121
大判大正10・11・15民録27輯1959頁 …105, 120
大判大正10・12・15民録27輯2160頁 ………150
大判大正12・3・26民集 2 巻182頁…………271
大判大正12・4・26民集 2 巻272頁…………142
大判大正12・12・12民集 2 巻668頁…………120
大判大正13・10・7 民集 3 巻509頁……101, 240
大判大正13・12・25民集 3 巻576頁…………275

大判大正14・7・8民集4巻412頁 …………242
大判大正14・12・3民集4巻685頁 …………23
大判大正14・12・21民集4巻743頁 …………197
大連判大正15・10・13民集5巻785頁 ………82
大判大正15・12・25民集5巻897頁 …………237
大判昭和2・5・27民集6巻307頁 ……………99
大判昭和2・10・10民集6巻558頁 …………242
大判昭和4・1・23新聞2945号14頁 …………158
大判昭和4・5・3民集8巻447頁 ……………191
大判昭和5・5・24民集9巻468頁 ……………224
大判昭和5・6・27民集9巻619頁 ……………260
大判昭和5・11・7評論19巻民1478頁 ……237
大判昭和6・6・4民集10巻401頁 ……………275
大判昭和6・8・7民集10巻763頁 ……………241
大判昭和7・5・27民集11巻1069頁 …………84
大判昭和7・10・6民集11巻2023頁 …………29
大判昭和7・10・26民集11巻1920頁 ……55, 204
大判昭和7・10・29民集11巻1947頁 …………121
大判昭和7・11・25新聞3499号8頁 …………192
大判昭和7・12・2新聞3499号14頁 …………275
大判昭和9・2・26民集13巻366頁 ……………23
大判昭和9・5・1民集13巻875頁 ……………121
大判昭和9・5・4民集13巻633頁 ……………142
大判昭和9・9・15民集13巻1839頁 …………221
大判昭和10・1・29民集14巻183頁 …………143
大判昭和10・10・1民集14巻1671頁 ………102
大判昭和10・10・5民集14巻1965頁 …………24
大判昭和10・11・9民集14巻1899頁 ………278
大判昭和13・2・4民集17巻87頁 ……………264
大判昭和13・2・7民集17巻59頁 ………………55
大判昭和13・3・30民集17巻578頁 …………123
大連判昭和14・3・22民集18巻238頁 …259, 260
大判昭和14・10・26民集18巻1157頁 …204, 207
大判昭和14・11・21民集18巻1224頁 ………120
大判昭和15・2・27民集19巻441頁 ……………83
大判昭和15・3・13民集19巻544頁 …………253
大判昭和16・3・7判決全集8輯12号405頁
　……………………………………………260

大判昭和16・8・26民集20巻1108頁 ………126
大判昭和16・10・29民集20巻1367頁 ………262
大判昭和16・12・6判決全集9輯13号3頁
　……………………………………………191
大判昭和17・9・30民集21巻911頁 …………156
最判昭和23・12・23民集2巻14号493頁 ……132
最判昭和27・4・15民集6巻4号413頁 ………51
最判昭和27・11・20民集6巻10号1015頁 …122
最判昭和29・1・28民集8巻1号234頁 ………23
最判昭和29・2・12民集8巻2号465頁 ……143
最判昭和29・8・20民集8巻8号1505頁 ……12
最判昭和29・10・20民集8巻10号1907頁 ……51
最判昭和29・11・26民集8巻11号2087頁 …142
最判昭和30・3・22判時56号17頁……………77
最判昭和30・6・24民集9巻7号919頁 ……101
最判昭和30・10・7民集9巻11号1611頁 …121
最判昭和30・11・22民集9巻12号1781頁
　………………………………………………22, 279
東京高判昭和31・8・17下民集7巻8号
　2213頁 ……………………………………118
最判昭和32・11・14民集11巻12号1943頁……91
最判昭和32・12・5新聞83＝84号16頁 …184
最判昭和33・3・28民集12巻4号648頁 ……78
最判昭和33・6・14民集12巻9号1492頁
　………………………………………………150, 152
最判昭和33・6・17民集12巻10号1532頁 …185
最判昭和33・7・1民集12巻11号1601頁 …158
最判昭和33・8・28民集12巻12号1936頁 …242
最判昭和33・9・18民集12巻13号2027頁……79
最判昭和34・2・20民集13巻2号209頁 ……266
最判昭和34・7・1民集13巻7号960頁 ……194
最判昭和34・7・24民集13巻8号1176頁 …193
最判昭和35・2・19民集14巻2号250頁 …193
最判昭和35・3・18民集14巻4号483頁 ……126
最判昭和35・3・22民集14巻4号551頁 ……52
最判昭和35・5・25判時896号551頁 ………194
最判昭和35・6・23民集14巻8号1498頁 …274
最判昭和35・7・27民集14巻10号1871頁 …239

最判昭和35・10・4民集14巻12号2395頁 …214
最判昭和35・10・21民集14巻12号2661頁 …190
最判昭和35・12・27民集14巻14号3253頁 …262
最判昭和36・5・26民集15巻5号1404頁 …214
最判昭和36・5・30民集15巻5号1471頁 …251
最判昭和36・8・31民集15巻7号2027頁 …264
最判昭和37・4・20民集16巻4号955頁
　………………………………………22, 188
最判昭和37・5・18民集16巻5号1073頁 …251
最判昭和37・5・24民集16巻5号1157頁……25
最判昭和37・8・10民集16巻8号1700頁 …201
最判昭和37・10・12民集16巻10号2130頁
　…………………………………………261, 266
最判昭和38・1・30民集17巻1号99頁 ……263
最判昭和38・5・24民集17巻5号639頁……24
最判昭和38・9・5民集17巻8号909頁
　……………………………………………86, 133
最大判昭和38・10・30民集17巻9号1252頁
　…………………………………………………266
最判昭和38・12・23民集17巻12号1696頁 …240
最判昭和39・1・23民集18巻1号37頁 …126
東京高判昭和39・3・3判時372号23頁……194
最判昭和39・5・23民集18巻4号621頁……191
最判昭和39・7・28民集18巻6号1220頁……23
最判昭和39・10・15民集18巻8号1671頁……89
最判昭和40・3・9民集19巻2号233頁……26
最判昭和40・4・6民集19巻3号564頁……279
最判昭和40・6・18民集19巻4号986頁……186
最判昭和40・9・10民集19巻6号1512頁 …145
最判昭和40・10・8民集19巻7号1731頁 …143
最判昭和41・3・18民集20巻3号451頁
　…………………………………………130, 135
最判昭和41・4・15民集20巻4号675頁……236
最大判昭和41・4・20民集20巻4号702頁
　……………………………………………23, 274
最判昭和41・4・22民集20巻4号752頁……192
最判昭和41・4・26民集20巻4号849頁……79
最判昭和41・10・11金法460号7頁…………197

最判昭和41・12・1判時474号15頁…………279
最判昭和42・4・20民集21巻3号697頁
　…………………………………………133, 178
大阪地判昭和42・6・12下民集18巻5＝
　6号641頁…………………………………122
最判昭和42・6・22民集21巻6号1479頁 …135
最判昭和42・6・23民集21巻6号1492頁 …253
最判昭和42・7・21民集21巻6号1643頁 …244
最判昭和42・10・27民集21巻8号2110頁
　…………………………………………270, 275
最判昭和42・11・24民集21巻9号2278頁…83
最判昭和42・11・30民集21巻9号2497頁 …197
最判昭和43・3・1民集22巻3号491頁……237
最判昭和43・3・8民集22巻3号540頁……174
最判昭和43・8・2民集22巻8号1571頁……23
最判昭和43・9・26民集22巻9号2002頁 …270
最判昭和43・10・8民集22巻10号2145頁 …245
最判昭和43・10・17民集22巻10号2188頁 …138
最大判昭和43・11・13民集22巻12号2510頁
　…………………………………………………261
最判昭和43・11・21民集22巻12号2741頁 …119
最大判昭和43・12・17民集22巻13号2998頁
　…………………………………………………162
最判昭和44・2・13民集23巻2号291頁…50, 51
最判昭和44・2・27民集23巻2号511頁……62
最判昭和44・3・20判時557号237頁………275
最判昭和44・3・28民集23巻3号699頁……105
最判昭和44・6・26民集23巻7号1157頁……90
最判昭和44・7・15民集23巻8号1520頁 …271
最判昭和44・11・4民集23巻11号951頁……90
最判昭和44・11・27民集23巻11号2251頁 …261
最判昭和44・12・18民集23巻12号2476頁
　……………………………………196, 244, 245
最判昭和45・3・26民集24巻3号151頁
　…………………………………………143, 145
最判昭和45・5・21民集24巻5号393頁……275
最判昭和45・5・29判時598号55頁…………142
最判昭和45・6・18判時600号83頁…………235

最判昭和45・6・24民集24巻6号625頁 ……78
最大判昭和45・7・15民集24巻7号771頁 …253
最判昭和45・7・24民集24巻7号1116頁
　……………………………………137, 139
最判昭和45・7・24民集24巻7号1177頁 …266
最判昭和45・9・10民集24巻10号1389頁 …267
最判昭和45・9・22民集24巻10号1424頁 …137
最判昭和45・12・15民集24巻13号2081頁 …197
最判昭和46・4・23民集25巻3号351頁 ……11
最判昭和46・6・3民集25巻4号455頁 …193
新潟地判昭和46・9・29判時642号96頁 ……82
最判昭和46・11・5民集25巻8号1087頁
　……………………………………237, 244
最判昭和46・11・11判時654号52頁 …………237
最判昭和46・11・30民集25巻8号1437頁 …241
最判昭和47・2・18民集26巻1号46頁 ……188
最大判昭和47・3・9民集26巻2号213頁 …105
最判昭和47・6・2民集26巻5号957頁 ……90
熊本地判昭和48・3・20判時696号15頁 ……82
最判昭和48・7・3民集27巻7号751頁 ……188
最判昭和48・10・9民集27巻9号1129頁 ……91
最判昭和48・12・14民集27巻11号1586頁 …270
最判昭和49・9・26民集28巻6号1213頁 …155
最判昭和49・10・24民集28巻7号1512頁 …197
最判昭和50・7・14民集29巻6号1012頁 ……83
最判昭和50・9・25民集29巻8号1320頁 …242
最判昭和50・11・21民集29巻10号1537頁 …263
最判昭和51・6・25民集30巻6号665頁 …197
最判昭和51・12・24民集30巻11号1104頁 …239
最判昭和52・3・3民集31巻2号157頁 …236
最判昭和53・3・6民集32巻2号135頁 …239
最判昭和54・2・15民集33巻1号51頁 ………99
最判昭和54・9・6民集33巻5号30頁 ……116
札幌地判昭和56・3・18金融商事判例639号
40頁 ……………………………………207
最判昭和56・4・28民集35巻3号696頁 ……135
最判昭和56・6・16民集35巻4号763頁 ……278
最判昭和57・6・7判時1049号36頁 ………136
最判昭和57・10・19民集36巻10号2163頁 …226
最判昭和58・3・24民集37巻2号131頁 ……240
最判昭和60・11・26民集39巻7号1701頁 …270
最判昭和60・11・29民集39巻7号1760頁 ……73
最判昭和61・3・17民集40巻2号420頁 …269
最判昭和61・9・4判時1215号47頁 ………123
最判昭和61・11・20民集40巻7号1167頁 …120
最判昭和61・12・16民集40巻7号1236頁 …103
最判昭和62・4・24判時1243号24頁 ………204
最判昭和62・7・7民集41巻5号1133頁
　……………………………………184, 185
最判昭和62・9・3判時1316号91頁 ………264
最判昭和62・10・8民集41巻7号1445頁 …278
最判昭和63・3・1判時1312号92頁 ………188
最判平成元・9・14判時1336号93頁 …142, 140
最判平成2・6・5民集44巻4号599頁 ……271
最判平成4・3・19民集46巻3号222頁 ……271
最判平成5・1・21民集47巻1号265頁 ……187
最判平成5・3・26民集47巻4号3201頁 …262
最判平成6・5・31民集48巻4号1029頁 …217
最判平成6・9・13民集48巻6号1263 ……188
最判平成7・3・10判時1525号59頁 ………265
最判平成7・12・15民集49巻10号3088頁 …240
最判平成8・3・19民集50巻3号615頁 ……79
最判平成8・11・12民集50巻10号2591頁 …241
前橋地判平成8・12・3判タ923号277頁……80
最判平成10・4・24判時1661号66頁 ………249
最判平成10・6・12民集52巻4号1087頁 …276
最判平成10・6・22民集52巻4号1195頁 …270

ファンダメンタル法学講座
民 法 1 総則

2000年3月30日　第1版第1刷発行
2001年5月15日　第1版第2刷発行
2003年4月30日　第1版第3刷発行

　　　　　　　　Ⓒ著　者　岸　上　晴　志
　　　　　　　　　　　　　中　山　知　己
　　　　　　　　　　　　　清　原　泰　司
　　　　　　　　　　　　　鹿　野　菜穂子
　　　　　　　　　　　　　草　野　元　己

　　　　　　　発　行　不　磨　書　房
　　　　　　〒113-0033 東京都文京区本郷6-2-9-302
　　　　　　　TEL 03-3813-7199／FAX 03-3813-7104

　　　　　　　発　売　㈱信　山　社
　　　　　　〒113-0033 東京都文京区本郷6-2-9-102
　　　　　　　TEL 03-3818-1019／FAX 03-3818-0344

制作：編集工房INABA　　　印刷・製本／松澤印刷
2003, Printed in Japan

ISBN4-7972-9242-3　C3332

不磨書房

◆ ファンダメンタル 法学講座 ◆

民法 〈民法 全5巻 刊行予定〉

1 総則 草野元己(三重大学)／岸上晴志(中京大学)／中山知己(桐蔭横浜大学) 9242-3
清原泰司(桃山学院大学)／鹿野菜穂子(立命館大学) 本体 2,800 円(税別)

2 物権 清原泰司／岸上晴志／中山知己／鹿野菜穂子 9243-1
草野元己／鶴井俊吉(駒沢大学) ★近刊

商法 〈商法 全3巻 刊行予定〉

1 総則・商行為法 9234-2 定価：本体 2,800 円(税別)
今泉邦子(南山大学)／受川環大(国士舘大学)／酒巻俊之(日本大学)／永田均(青森中央学院大学)
中村信男(早稲田大学)／増尾均(松商学園短期大学)／松岡啓祐(専修大学)

民事訴訟法 9249-0 定価：本体 2,800 円(税別)
中山幸二(明治大学)／小松良正(国士舘大学)／近藤隆司(白鴎大学)／山本研(国士舘大学)

国際法 9257-1 定価：本体 2,800 円(税別)
水上千之(広島大学)／臼杵知史(明治学院大学)／吉井淳(明治学院大学) 編
山本良(埼玉大学)／吉田脩(筑波大学)／高村ゆかり(静岡大学)／高田映(東海大学)
加藤信行(北海学園大学)／池島大策(同志社女子大学)／熊谷卓(新潟国際情報大学)

～～～～～～ 導入対話 シリーズ ～～～～～～

導入対話による**民法講義（総則）【新版】** 9070-6 ■ 2,900 円(税別)
導入対話による**民法講義（物権法）** 9212-1 ■ 2,900 円(税別)
導入対話による**民法講義（債権総論）** 9213-X ■ 2,600 円(税別)
導入対話による**刑法講義（総論）【第2版】** 9083-8 ■ 2,800 円(税別)
導入対話による**刑法講義（各論）** ★近刊 9262-8 予価 2,800 円(税別)
導入対話による**刑事政策講義** 土井政和ほか 9218-0 予価 2,800 円(税別)
導入対話による**商法講義（総則・商行為法）【第2版】** 9084-6 ■ 2,800 円(税別)
導入対話による**国 際 法 講 義** 廣部和也・荒木教夫 9216-4 ■ 3,200 円(税別)
導入対話による**医事法講義** 佐藤司ほか 9269-5 ■ 2,700 円(税別)
導入対話による**ジェンダー法学** 浅倉むつ子監修 9268-7 ■ 2,400 円(税別)